PEDRO GONZÁLEZ MUNNÉ

I0093907

EBRIO DE LUZ

LA EMIGRACIÓN CUBANA EN LOS EEUU – SIGLO XIX

EDITORIAL LETRA VIVA
CORAL GABLES, LA FLORIDA

ISBN: 0996107150
ISBN-13: 978-0-9961071-5-0

Printed in the United States of America

ÍNDICE

PEDRO GONZÁLEZ MUNNÉ

ÍNDICE

A MODO DE INTRODUCCIÓN   15
MI MARTÍ, POR LUIS SEXTO   17

EXORDIO   21
EBRIO DE LUZ Y HAMBRIENTO DE PELEA.   23

CAPÍTULO I   25

DE *PARAÍSO PERDIDO* A NACIÓN   27
LA INDEPENDENCIA CONDUJO A LA DESIGUALDAD   28
ESPAÑA ALIMENTÓ LA *SANGRE MULATA*   29
EL ALIENTO CARIBE   31
LA *CUBANIDAD*   33
DESGAJAR LAS ATADURAS COLONIALES   36
LAS MIGRACIONES COMO ALIMENTO DEL TEJIDO SOCIAL   38

CAPÍTULO II   43

LA EMIGRACIÓN ¿RUPTURA DE LA *CUBANIDAD*?   45
NO TODO ES LA ECONOMÍA   46
EL DESTIERRO COMO PARTE DE NUESTRO LEGADO   47
MARTÍ, EL EXILIADO   51
LOS *EMIGRADOS BUENOS*   54

CAPÍTULO III   58

INFLUENCIA DEL DESTIERRO   59
MARTÍ, EL REVOLUCIONARIO   63
DEPORTADO A ESPAÑA   65
EL CONCEPTO DE PATRIA   67
NO ES UNA GUERRA CONTRA LOS ESPAÑOLES   69

EL CONCEPTO DE DESTIERRO   71

CAPÍTULO IV   73

TESTIGO Y PROTAGONISTA DE LA EMIGRACIÓN   75
PREJUICIO Y ODIO CONTRA LO CUBANO EN LOS EEUU   79
LA MANIPULACIÓN DE LA PRENSA   80
MITO DE LA MECA DE LA LIBERTAD   81

CAPÍTULO V   85
LA *OTRA* INMIGRACIÓN:
EL DESENFRENADO DESAGÜE BÁRBARO DESDE EUROPA   87
IMPULSO AL CAPITALISMO SALVAJE   89
DENUNCIA A LA CODICIA Y LA BAJEZA MORAL   90
LA IMPORTANCIA DE LOS VALORES   92
LA CENSURA A LAS IDEAS MARTIANAS   94

CAPÍTULO VI   99

EL LADO *BUENO* DE LA INMIGRACIÓN   101
SER INMIGRANTE NO IMPLICA PERDER LOS VALORES PROPIOS   102
EL IMPERIO SE EXPANDE CON EL GENOCIDIO Y LA RAPIÑA   104
DENUNCIA DE LA CONFERENCIA MONETARIA INTERNACIONAL   108
CONCEPTO BOLIVARIANO EN MARTÍ   111

CAPÍTULO VII   115

LAS ESPECIFICIDADES DEL FENÓMENO MIGRATORIO CUBANO   117
NORTEAMÉRICA COMO UN REFUGIO DE LOS PATRIOTAS   118
LOS INMIGRANTES CUBANOS SE INTEGRAN   119
LOS EMIGRADOS POBRES: SOPORTE DE LA REVOLUCIÓN   121

CAPÍTULO VIII   123

IMPORTANCIA DE LA FLORIDA EN LA LIBERTAD DE CUBA   125
VISITA A SAN AGUSTÍN   125
TAMPA EN MARTÍ   126

LOS DISCURSOS TRASCENDENTALES DE MARTÍ 131
LOS PINOS NUEVOS 132

CAPÍTULO IX 137

CONFLICTOS OBREROS Y ÉTNICOS EN LA FLORIDA 139
CONTRA EL RACISMO 140
EL *MIEDO AL NEGRO* 144
LA HUELLA DE MARTÍ EN TAMPA 146
DETRACTORES Y ENEMIGOS, EXTERNOS E INTERNOS 147
EL FRACASO DE PLAN DE LA FERNANDINA 149
CAYO HUESO: TODO POR LA REVOLUCIÓN 153
SE FUNDAN LOS CLUBES Y EL SAN CARLOS 154
EL *DÍA DE LA PATRIA* 155
TODO PARA EL FONDO DE LA LIBERTAD 158

CAPÍTULO X 161

MARTÍ: LÍDER NATURAL Y LÓGICO DE LA EMIGRACIÓN 163
LA BÚSQUEDA DE LOS VERDADEROS PATRIOTAS 164
EL PELIGRO DEL ANEXIONISMO 165
LA AMENAZA ERA REAL 170
POR NUESTRA AMÉRICA 172

CAPÍTULO XI 175

EL PARTIDO REVOLUCIONARIO CUBANO 177
UN PARTIDO PARA TODOS LOS CUBANOS 178
FUNDAR UN PUEBLO 180
LA CONSTITUCIÓN DEL PRC 182
LA MISIÓN PATRIÓTICA DE MARTÍ 184
PATRIA, LA PRENSA DE LA REVOLUCIÓN 186

CAPÍTULO XII 191

TODO POR LA REVOLUCIÓN 193
LA VISIÓN DE MARTÍ 198

La Impostura del Autonomismo 199
Un *Mar de Sangre* nos separaba 201
Antimperialismo e Independencia 206
Visión sobre la economía norteamericana 208
Trascendencia del pensamiento martiano 210

Capítulo XIII 213

Nuestra America: El latinoamericanismo del Apóstol 215
Su defensa del aborigen 218
Respetar los valores nacionales 221
Soberanía y respeto entre los pueblos 223

Capítulo XIV 227

Dos frentes de lucha: contra España
y el naciente imperio norteamericano 229
Tras la *neutralidad* norteamericana:
otros intereses hegemónicos 230
Manifesto de Ostende 232
Declaración de Guerra a España 234
Cuba: la *Fruta Madura* 238
Las verdaderas razones de los EEUU 240
España y EEUU: enemigos comunes
de la independencia de Cuba 241
El desprecio como arma 243

Capítulo XV 247

Destino Manifiesto Colonia del Imperio 249
La Fruta que no madura 251
Inmediata oposición a la imposición imperial 253
El Feudo americano 255

Capítulo XVI 257

Viví en el monstruo y le conozco las entrañas 259

EL MITO NORTEAMERICANO   262
EL NACIENTE IMPERIALISMO   264
EL IMPERIO RAPAZ   266

CONCLUSIONES   271

TEXTOS IMPORTANTES   275

TABLA CRONOLÓGICA DE LA VIDA DE JOSÉ MARTÍ   277
CON TODOS Y PARA EL BIEN DE TODOS   331
NUESTRA AMÉRICA   342
EL PARTIDO REVOLUCIONARIO CUBANO
A CUBA (MANIFIESTO DE MONTECRISTI)   351
LOS PINOS NUEVOS   360
CARTA A ENRIQUE COLLAZO   365
CARTA A MANUEL MERCADO   371
ENMIENDA PLATT   375

BIBLIOGRAFÍA CONSULTADA   377

ANEXOS   407

PERSONALIDADES CITADAS   405
TÉRMINOS Y CONCEPTOS UTILIZADOS   421
ABREVIATURAS UTILIZADAS   435

José Martí en Jamaica, Octubre de 1892.

PEDRO GONZÁLEZ MUNNÉ

A MODO DE INTRODUCCIÓN

MI MARTÍ[1]
Por Luis Sexto[2]

Soy egoísta o acaso presuntuoso cuando pretendo tener un Martí propio, según mis lecturas, mis experiencias, mis deseos? Tal vez algún lector estime que no pueden coexistir tantas apropiaciones diferentes en una sola persona verdadera, carne y sangre en la historia. Pero si para Lezama, como suele repetirse, Martí era un misterio, y para otros un soñador, un fundador, un apóstol o un estilo inimitable e insuperable, tendré cierto derecho a crear y creer en mi Martí.

El nombre de Martí empezó a intranquilizarme en su centenario, cuando aún este niño que fui no había cumplido siete años. Recuerdo que en la escuela pública de General Carrillo, mi pueblito remediano, la profesora Antonia Núñez preparó un acto patriótico, y entre otros alumnos me eligió para recitar una estrofa martiana al pie del busto que ese día inaugurábamos en el patio. He contado la anécdota, no sé cuándo. Pero preciso reiterarla, porque mi Martí comenzó a forjarse el 28 de enero de 1953 como un sabor de algo incomprensible, pero hermoso. Aquellos versos quizá trazaron tiernamente las primeras líneas de esa especie de lírico que me empecino en ser, que no renuncia a poner el yo por delante, con la

---

1 Publicado en el periódico *Juventud Rebelde*, La Habana, Cuba 1/26/ 2013
2 Luis Sexto (General Carrillo, Remedios, Villa Clara, Cuba. 1945). *Premio Nacional José Martí Por la Obra de la Vida*, 2009, que otorga la Unión de Periodistas de Cuba. Ejerce esta profesión desde 1972. Profesor adjunto de la Facultad de Comunicación Social en la Universidad de La Habana. La Editorial *Letra Viva* le ha publicado en su colección Testimonio *El cabo de las mil visiones, Yo me peino de memoria y Nosotros, que nos queremos tanto.* La Editorial *Pablo de la Torriente* de La Habana tiene en su catálogo *El día en que me mataron y otras crónicas personales*; *Periodismo y literatura, el Arte de las Alianzas*; *Asunto de opinión, ensayo sobre el periodismo reflexivo*; y *Con luz en la ventana* y *Estaciones del ocaso*, poesía.

misma limpia tozudez con que hace poco defendía esa actitud Nancy Morejón.

Aquella mañana —fría, porque recuerdo haber llevado un abrigo puesto— recité: «Mírame, madre, y por tu amor no llores/ si esclavo de mi edad y mis doctrinas/ tu mártir corazón llené de espinas/ piensa que nacen entre las espinas flores».

Ese, ese es mi Martí. Y cómo podré explicarlo mediante los versos de un adolescente de 16 años que conmovió a un niño que aún le restaban seis meses para los siete. Con los años, mientras leía sus obras, y un dibujo enmarcado de Lopito escoltaba mi litera en tiempos de estudiante becario, o en el barracón de algún ingenio, mi Martí fue esclareciéndose. Fue el Martí héroe de la abnegación, el hombre que sabía soportar incomprensiones, que sabía desaparecer para no estorbar, el Martí que andaba a pie por Nueva York para no gastar un centavo del dinero de la Revolución.

Ese, mi Martí, lo vi más claramente cuando, hace casi una década, visité por primera vez el rincón recoleto de su desembarco con Gómez y una «mano de valientes».

Playitas de Cajobabo continuaba solitaria, arriscada, sirviendo de caja de resonancia al agua cuando se echaba un tanto airadamente contra las rocas. El golpe de las olas acentuaba la sensación de soledad, como de espacio sagrado, donde a Martí y a sus compañeros el pecho se les hinchó por la dicha íntima que reclamaba tanto espacio hacia fuera.

Pude imaginar a mi Martí en aquella noche tormentosa, mientras recogían armas y jolongos antes de adentrarse en el monte inmediato. El periodista, que soñaba la escena bajo un sol colgado del mediodía, impresionado por el forcejo del mar, pensó que ese ha sido uno de los hechos fundamentales de la patria que ningún reportero pudo cubrir.

Al menos, puedo contar el parto del Martí de mi predilección, en tanto me agachaba para tomar una piedra pulida. En mi alma, se convertía en acto, en sacrificio, en estoica y ética conducta, la imagen con sabor a cosa incompresible, a destello sacro que el niño aquel pudo sentir sin entender al recitar unos versos.

Y si hubiera estado allí, en Playitas, aquel día de marzo de 1895, qué habría preguntado o qué habría escrito. Posiblemente, mientras caminaba junto a los seis expedicionarios, a la primera pregunta, José Martí, con la delicadeza como de miel que humedecía su voz, me habría respondido que él, él también, es periodista y ahora redactaba su más vívida y urgente crónica. Mira, la pluma y el cuaderno de notas van en mi bolsillo. Y sobre sus espaldas, la mochila abultada, y de su hombro izquierdo cuelga un fusil, casi del tamaño físico de aquel poeta ahora soldado. El Viejo, Máximo Gómez, se aproxima y me advierte que las palabras hoy no hacen falta. Ni siquiera el Delegado las necesita, él, tan señor del verbo. Martí hoy supera su grandeza: Nunca antes —dice Gómez, que lo reafirmará en el periódico El Mundo el 19 de mayo de 1902— lo vi tan grande como ahora, cuando sube lomas bajo un peso que le dobla el cuerpo frágil, pero le empina el alma.

Y ese, ese es mi Martí: ese hombre que entre espinas, sin quejarse, encontraba el olor de las flores.

PEDRO GONZÁLEZ MUNNÉ

Exordio

PEDRO GONZÁLEZ MUNNÉ

EBRIO DE LUZ Y HAMBRIENTO DE PELEA.[3]

Toca a un exiliado conocer a otro y salvando las distancias universales con José Martí, quien de niño, de adolescente y luego de padre, mantiene su capacidad inmensa de regocijo y asombro, que cautiva y atrapa esa prosa acerada de filo de aljófar.

Los buenos se van primero y ya no es misterio para mí el por qué aquellos que cambiaron placer por humanidad y encontraron antídotos para los males, evidentemente sabían algo que nosotros no: la piedra no conserva la memoria, el agradecimiento de la humanidad, sí.

Pequeños de cuerpo, escasos de salud, pobres de fortuna, pero con la flama del ideal por dentro, se diferencia con el destello de la verdad de aquellos a quienes la apatía y el individualismo marcan en nuestras aceras y trillos, espectros del consumo, vividores del odio, esclavos de placeres efímeros.

El mundo se ha convertido en el imperio de la codicia, determinando la ética del botín el carácter, mientras se nubla la justicia y colocamos en los anaqueles polvorientos de los mitos a aquellos, héroes redactores de nuestra libertad, con la sangre de sus venas y el polvo de sus huesos.

Uno de esos escogidos por la historia, José Martí, soñó la libertad en país condenado a la servidumbre, enredado en las mallas del desprecio al conquistado y siempre con la sombra del imperialismo a la vuelta de la esquina.

No influyeron en él ni la miseria, ni la cárcel a temprana edad, ni el dolor del destierro, ni el destino del exiliado

---

3 Martí-Pérez, 2001, 21:284. A partir de ahora todas las referencias a citas de José J. Martí Pérez en la edición de las Obras Completas de 2001 aparecerá como OC.

errante, sin tener lar que llamar suyo u hogar del descanso, su convicción y fe en la libertad fue auténtica y vital, donde a través de sus ensayos, artículos, poemas y discursos descuella la moral del honor por encima de las miserias personales del humano.

Dentro de la desfachatez y el vicio estridente de nuestras modernas sociedades, figuras como la de Martí, con su certeza inmune en la esperanza, me devuelven, junto con la inocencia en la pura mirada de mis nietos, la fe en que lo mejor de la especie humana radica precisamente en las causas del amor, la entrega y el honor.

Quiero creer que las pequeñas claves de Dios en la maravilla cotidiana de la vida, sigue existiendo la esperanza de nuevos héroes, pastores de hombre hacia el futuro de paz que nos merecemos, sin profetas de oropel, líderes de hollín, y sobre todo, de los temibles heraldos del odio.

Algún día nuestros hijos desempolvarán esas imágenes antiguas, descubrirán los ideales de su espíritu inmortal y volverán las alamedas a llenarse de risas y flores, de paz y armonia, del destino humano que ha deformado al hombre.

Gracias José Martí, por el camino que trazaste por nosotros.

El Autor

CAPÍTULO I

PEDRO GONZÁLEZ MUNNÉ

DE *PARAÍSO PERDIDO*[4] A NACIÓN

Nuestra nación es un *ajiaco*[5] cultural, una mezcla maravillosa y como producto humano, no siempre perfecto, pero en el cual se entrelazan culturas y planta la simiente cotidiana, traspasando territorios y desbordando fronteras insulares de nuestro hermoso archipiélago plantado en el centro del Caribe, lo cual, conjuntamente con los sabores de nuestras sangres negra, blanca y amarilla, engendra el mulato que somos.

La cultura cubana ha sido producto de las tensiones y negociaciones constantes con las presencias foráneas dictadas por las emigraciones y las fuerzas impositivas de la política en el caso del colonialismo español con la *Guerra de los Diez Años*[6], la *Guerra de Independencia*[7] y del capital con el control hegemónico de la economía por los norteamericanos.

Como bien describe Antonio Vera-León:

"Los sujetos políticos generados en Cuba han pensado desde una razón que no es idéntica a las razones manejadas por los sujetos proyectados por la cultura. Cabe aquí hablar de una relativa autonomía cultural con respecto a las pulsiones que generaban y constituyeron a la política" (Vera-León, 2013).

---

4 *El paraíso perdido* (*Paradise Lost* en inglés), poema narrativo de John Milton (1608-1674), publicado en 1667. Clásico de la literatura inglesa. Es una epopeya acerca del tema bíblico de la caída de Adán y Eva, del mal y el sufrimiento (Milton, 2012). N. del E.]
5 **Ajiaco** Ver Anexo Términos y Conceptos Utilizados (Anexo).
6 **Guerra de los Diez Años**, Ver Anexo.
7 Refiere a la *Guerra de Independencia* de 1895-1898 [N. del E.]

El papel desempeñado por la emigración cubana en las transformaciones generadas por los constantes flujos migratorios, provocaron una seria fisura en el tejido de la sociedad cubana contemporánea, con la dicotomía de quienes emigran y regresan, cargados de valores de una cultura foránea y voraz.

La vulnerabilidad de la sociedad originaria, desde el propio carácter de emigrante de ciudades como La Habana, la capital del país, migrante ella misma en tanto fue fundada, en 1514, a orillas del Golfo de Batabanó[8], y luego trasladada a su ubicación actual.

Pivote de eternos movimientos de entradas y salidas; ha sido La Habana testigo secular de historias de vidas cruzadas por la migración, que durante cinco siglos han ido conformando lo que es hoy el patrón migratorio cubano (Urrutia-Barroso, 1995:78 y Rodríguez-Chávez, 1992: 93).

LA INDEPENDENCIA CONDUJO A LA DESIGUALDAD

Con la independencia del colonialismo español en 1898, la desigualdad social imperaba en la sociedad cubana, como consecuencia de una estructura económica basada en el modelo de producción de azúcar con trabajo esclavo, imperante hasta bien avanzado el siglo XIX.

Esto conllevó a una tremenda desigualdad racial, pues los blancos dueños de los medios de producción utilizaron durante siglos, mano de obra negra, esclava que nunca pudo integrarse plenamente a la sociedad civil cubana (Barcia et al.,1996).

El desarrollo de la colonia se basaba en el incremento desmedido de la esclavitud, desde 1790, en sólo treinta años, se trajeron a la isla más esclavos africanos que en el siglo y medio anterior. En 1841 la población superaba el millón y medio de habitantes, con una sociedad sumamente polarizada, de

---

8 El **Golfo de Batabanó**, Ver Anexo.

una oligarquía de terratenientes criollos y grandes comerciantes españoles y la gran masa esclava, subsistiendo disímiles capas medias de negros y mulatos libres, así como los blancos humildes del campo y las ciudades.

La esclavitud era fuente de inestabilidad social, por las frecuentes manifestaciones de rebeldía de los esclavos y el repudio esa horrenda institución dio lugar a conspiraciones abolicionistas, como la encabezada por el negro libre José Antonio Aponte (1812), y la conocida Conspiración de la Escalera (1844), las cuales fueron reprimidas violentamente por las autoridades coloniales españoles, asesinando a numerosos esclavos, negros y mulatos libres, como el poeta Gabriel de la Concepción Valdés (Plácido).

Dibujo de un autor anónimo de de esclavos
cortando caña en el Caribe.

ESPAÑA ALIMENTÓ LA *SANGRE MULATA*

El proceso de *conquista* y *colonización* a través de un flujo infinito de españoles, ya ellos mismos *desgarrados* "transplantados [sic] a un Nuevo Mundo" ... "donde tenían a su vez que reajustarse a un nuevo sincretismo de culturas".[9]

---

9 En *Del fenómeno social de la «transculturación» y de su importancia en Cuba* (Ortiz, 1996). Ortiz se refiere a la teoría del conocido antropólogo británico de origen polaco, Bronislaw Malinowski (1884-1942). Ver Anexo.

A la vez el arribo de esclavos africanos procedentes de todas las comarcas costeras de África, como Senegal, Guinea, Nigeria, Congo, Mozambique y Angola, trasplantado de sus "núcleos sociales originarios y con sus culturas destrozadas, oprimidas bajo el peso de las culturas aquí imperantes, como las cañas de azúcar son molidas entre las masas de los trapiches" (Ortiz, 1987:86-87).

Esa arribazón desmedida no se detuvo ahí, en su flujo variopinto: indios continentales, judíos, lusitanos, anglosajones, franceses, norteamericanos y hasta chinos de Macao, Cantón y otras regiones de China, cada uno de ellos con su desarraigo a cuestas, morriña de la: "desculturación [sic] o exculturación [sic] y de aculturación o inculturación, y al fin, de síntesis de transculturación" (Ortiz, 1987:93).

Las expresiones utilizadas en Cuba al categorizar como ciboney[10], taíno[11], español, judío, inglés, francés, angloamericano, negro, yucateco[12], chino y criollo[13], no significa indicar solamente los diversos elementos formativos de la nación cubana en sus etnias primarias, sino muestras de la integración y coexistencia, a veces por suprema violencia e imposición que han sido la síntesis de lo que somos, sucesiva y hasta coetáneamente, produciéndose a veces los más terribles impactos.

Recordemos aquél de la *Destrucción de las Indias* (González-Munné, 1991:109) que reseñó magistralmente el Padre Bartolomé de las Casas[14].

---

10 **Siboney** o **ciboney** Ver Anexo.
11 Los **taínos.** Ver Anexo.
12 **Yucateca** o **yucateco** Ver Anexo.
13 **Criollo** Ver Anexo.
14 **Bartolomé de Las Casas** (1472-1566). Ver Anexo de Personalidades Citadas. (Anexo).

Fue así que el colonialismo español, aliado con la oligarquía criolla, creó una sociedad dual, en la cual estaban bien delimitados los blancos y los negros, los cuales son traídos de Africa cuando la esclavitud y el trabajo forzado diezman a la población indígena (Tornero, 1998: 26).

Nuestros indios recibieron a los españoles, quienes fulminaron su raza con trabajo forzado y calamidades y enfermedades exóticas, luego trajeron encadenados a los africanos de quienes surge, con la vitalidad del continente originario, la base de nuestras tradiciones y sabores, a ello se unen los chinos, franceses, haitianos y tantos otros en el caldo maravilloso que genera al cubano actual.

En 1887 es abolida la esclavitud, pocos años después el machete mambí triunfa contra las tropas de la colonia, con el brío y el empuje de los criollos, variopintos negros, mulatos, blancos y chinos. Nacía una nueva nación (Barcia-Zequeira, 1987:104).

EL ALIENTO CARIBE

Uno de nuestros pensadores contemporáneos más preclaros en la obra de José Martí, Armando Hart Dávalos[15] expresa sobre el pensamiento cubano en el siglo XIX:

"Hay, pues, que estudiarlo no con una óptica europea, sino latinoamericana y caribeña … En nuestra América, y en especial en Cuba, los más importantes héroes de la guerra tuvieron una alta sensibilidad filosófica y en algunos casos un pensamiento maduro en relación con la historia cultural y espiritual" (Hart-Dávalos, 2008:4).

Hart plantea sobre las especificidades del desarrollo humanístico y cultural de nuestras naciones iberoamericanas en la época: "la necesidad de abolir la esclavitud … liquidar el

---

15 **Armando Enrique Hart Dávalos** Ver Anexo.

sistema colonial europeo en América; el desarrollo y la expansión de Estados Unidos a lo largo de aquella centuria, que sentó las bases del imperialismo moderno; el crecimiento acelerado de la población esclava de origen africano y de trabajadores blancos traídos de España y de otras latitudes", todo lo cual dio como resultado en el continente de "una composición social de masas que sufrían la doble explotación nacional y de clases" (Hart-Dávalos, 2008:5).

José Ortega y Gasset interpreta el tema de la nación y la negación a las *islas de humanidad* examinando críticamente su análisis esquemático y desnudando el espejismo de esta definición, así como el sentimiento de *pertenencia* a la comunidad.

Emigrados europeos llegando a *Ellis Island* en el puerto de Nueva York, Bibliothèque Nationale de France.

El etnos no escapa a ese análisis (Ortega y Gasset, 1983, XIV:149), pero como el hombre constituye un ser social, fruto de sus genes y del tejido sociológico, mecánico y climático en el cual prospera como réplica de sus orígenes, es trascendente de humanidad, único en sí mismo, parte integral de la amalgama de civilizaciones americanas que dieron origen a nuestras repúblicas en el continente.

Al respecto planteaba el Apóstol en un artículo en *El Partido Liberal* (México):

> "Cree el aldeano vanidoso que el mundo entero es su aldea, y con tal que él quede de alcalde, o le mortifique al rival que le quitó la novia, o le crezcan en la alcancía los ahorros, ya da por bueno el orden universal, sin saber de los gigantes que llevan siete leguas en las botas y le pueden poner la bota encima, ni de la pelea de los cometas en el Cielo16, que van por el aire dormidos engullendo mundos. Lo que quede de aldea en América ha de despertar" (OC, 2001, 6(I):15).

LA *CUBANIDAD*

Ampliando el concepto a través de la pluma e intelecto de otro de nuestros grandes, si la *cubanidad* se cifra en origen, tradiciones y cantos ancestrales fundidos al nuevo ser en el remolino de las transculturaciones edificando civilizaciones (Portuondo, 1998), esa transculturación, imagen de la *cubanidad* (González-Echevarría, 1997) para Don Fernando Ortiz[17], conjuga la representación integradora del pasado con la intuición de la *nascencia* [sic] de un sentido de futuridad (Zambrano, 1991).

Ese sincretismo conceptual característico del pensamiento de Ortiz abrió la perspectiva de lo cubano en su singularidad, desde la búsqueda de los orígenes con una trayectoria inequívocamente demostrada temporal.

Es entonces que el ideal martiano de la integración nacional es asimilado por Ortiz en sus investigaciones, convencido

---

16 **La pelea de los cometas en el cielo**. Ver Anexo.
17 **Fernando Ortiz** Ver Anexo.

de que sin realizarse la nacionalidad cubana no alcanzaría la madurez. A juicio clave del preclaro Ortiz, la antropología debía contribuir al valor sustantivo de la cubanidad, donde podría ser reconocida la raíz ontológica de todos sus orígenes (Portuondo, 2000).

En Fernando Ortiz resulta evidente el influjo martiano, como en los temas de la potencialidad de la cultura y la cuestión étnica, central un su obra. Para él, en la medida en que conociéramos nuestra identidad cultural podríamos salvar nuestra nación (Argüelles, 1982: 219).

Por ello, hacia 1934, plantea que los cubanos debíamos "conocernos a nosotros mismos y aquilatar nuestras esencias, para mantener puras las de valor sustantivo y perenne y apartar aquellas que, nuestras o extrañas, sean de pútrida ranciedad o traigan a nuestra vida una letal ponzoña" (Ortiz,1934:113), y consideraba que para progresar debemos, como quería Martí, "cientifizar" [sic] la educación y la vida (Argüelles, 1982: 233): "La república por imperiosa condición de su existir no puede olvidar las ideas fuerzas del *martismo*" (Ortiz,1955:165).

La consecución de la identidad, las estrategias en esta dirección, tradicionalmente se cimentan en las culturas surgen de las culturas retadas por la metrópolis de turno o por mensajes hostiles al interés nacional.

Como destacara recientemente Ambrosio Fornet:[18]

---

18 **Ambrosio Fornet.** Ver Anexo.

"Desde Saco hasta nuestros días, toda reflexión sobre la identidad ha de entenderse en el marco más amplio de las relaciones con los Estados Unidos, pues ser cubano es, entre otras cosas, la forma más radical de no ser norteamericano que se haya dado por estas tierras..." (Fornet, 1996).

Pelea de gallos

Volviendo a esa búsqueda de la *cubanidad*, la cual inspiró a toda una generación de intelectuales cubanos contemporáneos, el escritor y político Juan Marinello[19], un gran conocedor del pensamiento de José Martí, en su ensayo fechado en el *Presidio Modelo* [20] en Isla de Pinos [21] en mayo de 1932, recalcó lo difícil de distinguir entre lo propio y lo ajeno en el plano del lenguaje: "Somos a través de un idioma que es nuestro siendo extranjero" (Marinello, 1977:403).

Aunque con una definición mucho más estricta y definitoria del concepto enunciado del *elemento traductor* (Marinello, 1977:48), al otorgarle menos importancia para la condición cubana que otros intelectuales después (Pérez Firmat, 1989:10),

---

19 **Juan Marinello y Vidaurreta**. Ver Anexo.
20 El presidio **Modelo** Ver Anexo.
21 La **Isla de la Juventud** Ver Anexo.

Marinello acentuó en no buscar la configuración de lo cubano y la *cubanidad* atrincherándonos detrás de lo supuestamente *propio*; porque a nivel lingüístico uno era siempre inseparable del *otro*.

El motor e ingrediente que constituye la transculturación constituye la fuerza central de los movimientos migratorios, desde la perspectiva cubana, es decir, de indígenas antillanos y continentales, españoles, africanos, judíos, portugueses, británicos, franceses, norteamericanos y asiáticos de los más diversos meridianos, los cuales se complementan con patrones de movimiento centrífugo, enmascarados con el *huracán de cultura* (Ortiz, 1987:94).

DESGAJAR LAS ATADURAS COLONIALES

Esto hacía indispensable un movimiento en todo caso paradójico entre *lo cubano* y *lo universal*: "para lograr un puesto en la cancha difícil de lo universal no hay otra vía que la que nos lleve a nuestro cubanismo recóndito, que, por serlo, dará una vibración capaz de llegar al espectador lejano" (Marinello, 1977:48), lo cual no implica una simple dialéctica entre lo local y lo global ni mucho menos una tentativa de alcanzar exclusivamente a un lector lejano (Ette, 2005:737).

Todo lo contrario, desde la perspectiva de la cárcel, Marinello reconocía en la especificidad de la situación poscolonial, en la que el escritor americano, debido al uso del español, seguía siendo un prisionero, un encarcelado en el idioma de los antiguos señores coloniales (Pérez-Firmat, 1990:151).

Estas reflexiones esbozan la oportunidad para la literatura latinoamericana, y cubana en particular, de no permanecer estérilmente desgarrada entre lo ajeno y lo propio, sino universalizar lo propio dentro de lo ajeno y viceversa (lo ajeno en lo propio).

El proceso a principios del siglo XX a partir de la experiencia colonial todavía reciente, luego de la independencia de España y la simultánea dependencia neocolonial de los Estados Unidos, plantea un proceso dinámico, cuyo conflicto se inscribe en obras, como la extraordinaria del antropólogo y escritor cubano Fernando Ortiz, en una de sus obras clásicas, texto imprescindible en la etnología Americana: *Contrapunteo cubano del Tabaco y el Azúcar*[22] (Ortiz, 1987).

Juan Marinello

Su concepto trascendental de transculturación –o como el mismo Ortiz reconoce el menos apropiado "aculturación" (Ortiz, 1947:93)- es motor e ingrediente del volumen que en el nivel del contenido pone en el centro los movimientos transitorios y transfronterizos de los más diversos tipos.

El genio de Ortiz concreta el pensamiento anterior y marca el futuro, enfocando a la raíz de la problemática económica, política y social de la isla por el paralelismo azúcar-tabaco, determinante en el destino del país y su dependencia extranjera.

"Hay cubanos", subraya Ortiz, que "no quieren ser cubanos y hasta se avergüenzan y reniegan de serlo". En ellos, "la cubanidad carece de plenitud, está castrada" (Ortiz,1993:4). Se imponen, pues, algunas distinciones y un nuevo concepto:

---

22 **Contrapunteo**. Ver Anexo.

"No basta para la cubanidad tener en Cuba la cuna, la
nación, la vida y el porte; aún falta tener la conciencia.
La cubanidad plena no consiste meramente en ser cubano por cualquiera de las contingencias ambientales
que han rodeado la personalidad individual y le han forjado sus condiciones; son precisas también la conciencia
de ser cubano y la voluntad de quererlo ser. Acaso con-
vendría inventar o introducir en nuestro lenguaje una
palabra original que sin precedentes roces impuros pudiera expresar esa plenitud de identificación consciente
y ética con lo cubano .... Pienso que para nosotros los
cubanos nos habría de convenir la distinción de la cubanidad, condición genérica de cubano, y la *cubanía*, cubanidad plena, sentida, consciente y deseada; cubanidad responsable, cubanidad con las tres virtudes, dichas teologales, de fe, esperanza y amor" (Ortiz, 1993).

En una interesante evaluación, las investigadoras Macías
Reyes y Peña Frómeta coinciden en destacar la "dualidad dinámica y contradictoria" que desde entonces perfilaría a la
cubanidad: "El simbolismo de tabaco como autoctonía y el
azúcar como elemento exógeno apuntará hacía un proceso de
movimiento, creación y recreación, a través de su concepto
de *transculturación* la solvencia conceptual de la antropología como ciencia" (Macías-Reyes, 2010:8).

LAS MIGRACIONES COMO ALIMENTO DEL TEJIDO SOCIAL

Los movimientos migratorios, centrípetas desde la perspectiva cubana, es decir, migraciones de indígenas antillanos y
continentales, españoles, africanos, judíos, portugueses, británicos, franceses, norteamericanos y asiáticos de los más diversos meridianos, se complementan con patrones de movimiento centrífugo, que se solapan con el *huracán de cultura*
intensificado por Europa de manera violenta en el sentido de

la palabra, alcanzan quizás su mejor expresión en las metáforas transitorias que transcienden los territorios de las permanentemente amenazadas aves de paso:

"No hubo factores más transcendentes para la cubanidad que esas continuas, radicales y contrastantes transmigraciones geográficas, económicas y sociales de los pobladores, que esa perenne transitoriedad de los propósitos y que esa vida siempre en desarraigo de la tierra habitada, siempre en desajuste con la sociedad sustentadora" (Ortiz, 1987:133).

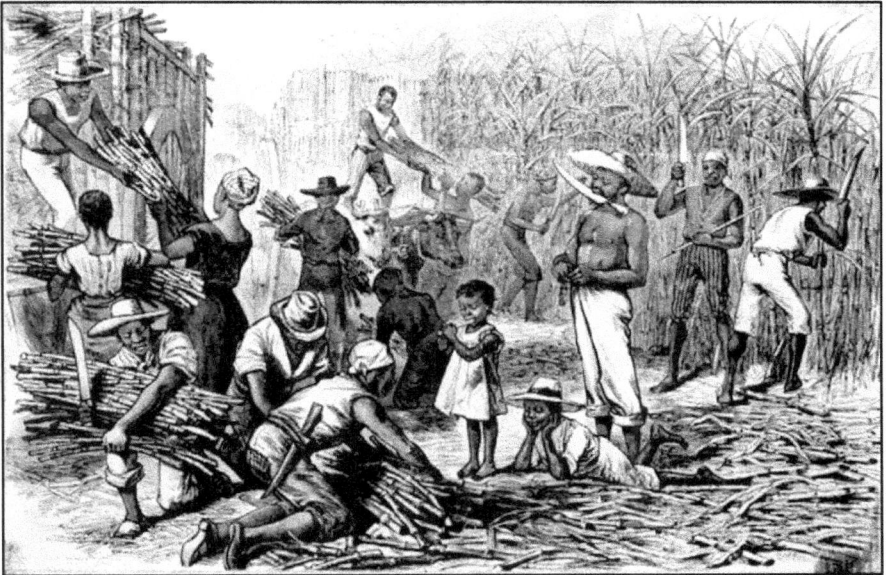

Cuba. Empacando y cargando en sembradío de cañas de azúcar. Grabado, Walter Yeager. Apareció en el periódico ilustrado de Frank Leslie (1880) justo antes de la abolición de la esclavitud.

Si en Europa necesitó milenios de formación cultural, en Cuba se concentró en pocos siglos, una aceleración increíble cuyo resultado fue un progreso a *saltos y sobresaltos* (Ortiz, 1987:100), una característica tanto de la historia cubana como del propio *Contrapunteo*.

Si en Europa fue un desarrollo cultural de más de cuatro milenios, en Cuba, fueron menos de cuatro siglos. De aquella *rampa y escalones*, aquí fue progreso a *saltos y sobresaltos*.

Desde *Ciboneyes* y *Guanajatabeyes*[23], en el paleolítico, la Edad de Piedra a los indios *Taínos,* neolíticos, con los cuales llega, por conquista y sangre, la agricultura, el *cacique*[24] y el sacerdote, saltando entonces al huracán de cultura europeo.

"Llegaron juntos y en tropel el hierro, la pólvora, el caballo, el toro, la rueda, la vela, la brújula, la moneda, el salario, la letra, la imprenta, el libro, el señor, el rey, la iglesia, el banquero … Y un vértigo revolucionario sacudió a los pueblos indios de Cuba, arrancando de cuajo sus instituciones y destrozando sus vidas.

Litografía de la conquista de las tierras de Norteamérica a manos de Ponce de León y sus hombres. Tomado de *ABC* de Madrid, España.

"Se saltó en un instante de las soñolientas edades de piedra a la edad muy despertada del Renacimiento … Fueron dos mundos que recíprocamente se descubrieron y entrechocaron" (Ortiz, 1987:95).

---

23 Los **guanajatabeyes** (o **guanahatabeyes**) Ver Anexo.
24 **Cacique** Ver Anexo.

Como era de esperar, el *encuentro* las dos culturas fue terrible, los indios perecieron, casi totalmente fulminados ante la conquista violenta de una cultura superior en hierro y organización, repitiéndose el origen: "Esa vida siempre en desarraigo de la tierra habitada, siempre en desajuste con la sociedad sustentadora. Hombres, economías, culturas y anhelos todo aquí se sintió foráneo, provisional, cambiadizo, "aves de paso" sobre el país, a su costa, a su contra y a su malgrado [sic]."

"Curioso fenómeno social éste de Cuba, el de haber sido desde el siglo XVI igualmente invasores, con la fuerza o a la fuerza, todas sus gentes y culturas, todas exógenas y todas desgarradas, con el trauma del desarraigo original y de su ruda trasplantación, a una cultura nueva en creación ...

"Hombres, economías, culturas y anhelos todo aquí se sintió foráneo, provisional, cambiadizo, "aves de paso" sobre el país, a su costa, a su contra y a su malgrado [sic] ..." (Ortiz, 1987:133).

CAPÍTULO II

PEDRO GONZÁLEZ MUNNÉ

La emigración ¿ruptura de la cubanidad?

Los movimientos migratorios, a pesar de ser un fenómeno tan real como la propia existencia humana trascienden las etapas de desarrollo social.

Los paradigmas de la teoría del *Pull & Push (Tracción y Empuje)* [25] definen las motivaciones básicas de su origen (Olivera-Pérez, 2000:70), partiendo de un planteamiento socio estructural proveniente del impacto de las relaciones económicas y sociales dentro de un sistema económico multinacional, marcado por la penetración económica política y social del más desarrollado sobre el menos desarrollado (Uriarte, 1995:67).

Por lo tanto en el proceso de *Pull* (tracción) la persona para satisfacer sus necesidades, debe echar mano a recursos que están fuera de su entorno. Estas necesidades exógenas pueden ser genuinas o fabricadas (tentaciones) pero en función causan el mismo efecto.

Por esa causa su sociedad de origen no puede retener al agente que decide salir a buscar afuera lo que no encuentra adentro y esto constituye una traición al colectivo social original (Boyle, 2008) y la causa de una presión externa constituye el *Push (Empuje)*, pues ante una opresión ejercida por el entorno el ser rompe con su mundo social y deserta, esta vez, en busca de un futuro más promisorio.

De esta manera con movimientos *Push-Pull* el ser humano cambia de entorno y se moviliza por motivaciones individualistas, rompiendo el tejido conectivo social, se va, reposiciona y cambia con la deriva de su viaje. Si es contingente el proceso de cambio será colectivo, si lo separa del grupo iniciará un proceso de individualización (Deleuze & Guattari, 1972:60).

---

25 Los teóricos de las ciencias sociales acuñaron un término: *The push-pull theory* [Teoría de la atracción – repulsión]. Ver Anexo.

NO TODO ES LA ECONOMÍA

El factor económico tradicionalmente se considera primordial o se enmascara como el único condicionante del proceso migratorio, pero en el vasto campo de estudio de las migraciones existe una progresiva diversificación de motivos causantes de las rutas de la emigración, lo cual, en la lógica de un estudio profundo explica un fenómeno complejo, sin caer en simplismos acerca de la realidad migratoria.

Entre ellos se destacan el deterioro de las condiciones de vida, la inestabilidad política, los problemas ecológicos, los factores culturales e históricos, así como el influjo de los medios de comunicación, además de otros relacionados directa o indirectamente a estos.

En palabras de la socióloga cubanoamericana Miren Uriarte:

> "La tendencia es justamente a estimar que la decisión migratoria está condicionada por factores sociales y económicos, lo que quiere decir que el migrante no decide migrar, sino que su decisión está constreñida por condiciones económicas, políticas y sociales que limitan su capacidad de acción y que apuntan a la migración como una solución a su dilema" (Uriarte, 1995:67).

En todo lo cubano, tanto en la cultura, la ciencia, la técnica y la filosofía, hasta lo más lúcido del pensamiento, existe la huella de la migración en cada sentido, en la influencia de los que llegan, o la presencia de los que se van, y su reflejo, en la emigración o el regreso constituye una huella valedera en la sociedad.

Por supuesto que hay migraciones forzadas, tráfico con inmigrantes, por insidia o promesas, o desplazamientos por razones eminentemente económicas y laborales, o como el caso cubano, por el destierro y el exilio de quienes se oponían al colonialismo feroz de la metrópoli.

EL DESTIERRO COMO PARTE DE NUESTRO LEGADO

Un elemento fundamental para la comprensión del fenómeno de la diáspora en la historia social y política cubanas, está en la raíz misma de la hechura de la nación cubana, pues tanto lo que somos como pueblo, como nuestra cultura, música y tantos otras huellas de nuestro ser, no son solamente el resultado de las influencias externas y las invasiones o estampidas, de los tránsitos y asentamientos en la Isla de grupos de inmigrantes de las más disímiles procedencias étnicas o culturales.

Un vuelo llegando a Miami, La Florida, procedente de Varadero, Cuba, 1970, *Juan Clark Cuban Refugee Center* Collection.

Todos ellos, parte de nuestra historia reciente de unos cinco siglos, conforman una tradición migratoria cuyas huellas son parte indeleble de la nación cubana (Sorolla, 2013).

La inmigración, tanto, política, como económica es un fenómeno natural, propio del ser humano que busca un ambiente propicio a su constante crecimiento y bienestar ante factores endógenos[26] que son contradictoriamente negativos a su estancia en su lugar de origen.

La Isla es un país de emigración, donde priman los "destierros con móviles políticos" (Aja-Díaz, 2013), como capítulo focal de los factores de movimiento poblacional, lo cual concedemos, es parte de una historia mucho más compleja.

Gran parte del siglo XIX recoge con tremendo movimiento de cubanos a los Estados Unidos de Norteamérica, sobre todo debido a la terrible situación económica como consecuencia de las guerras por la independencia y la represión desatada por España contra los opositores.

Imágenes como ésta, repetidas en nuestra historia reciente, nos marcaron como tierra de emigrantes, aparte de la significación real o no, de las cantidades de cubanos emigrados.

En ello incidiremos posteriormente, pero volvamos al tema de la emigración en la época de José Martí y su innegable vínculo con la formación de la Nación cubana, así como la personalidad del Apóstol y su influencia en la emigración cubana en los Estados Unidos.

Importantes personalidades de la historia de Cuba pasaron parte de sus vidas en el *destierro*[27] y podemos mencionar algunas figuras reconocidas como el caso de: Domingo del Monte[28], José María Heredia[29], Cirilo Villaverde[30], Félix Varela[31], José Antonio Saco[32], Antonio Maceo[33] y el propio Héroe Nacional para mencionar algunos ejemplos, siendo ellos, su obra, participación prestigio, parte fundamental del proceso de liberación del pueblo cubano contra el colonialismo español.

---

26 **Desarrollo endógeno** Ver Anexo.
27 **El destierro** Ver Anexo.
28 **Domingo M. de las Nieves del Monte y Aponte** Ver Anexo.
29 **José María Heredia** Ver Anexo.
30 **Cirilo Villaverde de la Paz** Ver Anexo.
31 **Félix Varela y Morales** Ver Anexo.
32 **José Antonio Saco** Ver Anexo.
33 General **Antonio de la Caridad Maceo y Grajales** Ver Anexo.

En un discurso pronunciado por el historiador de la Ciudad de la Habana, Eusebio Leal[34], este decía:

Padre Felix Varela y Morales.

"Martí se daba cuenta que muchos de los cubanos que conoció en Estados Unidos, no era ese su destino particular, ya no regresarían a la Patria, se habían asentado allí, habían visto crecer sus hijos, eran triunfadores en Norteamérica o en otras partes del mundo, habían fundado familia, en Centroamérica fueron incontables, me cuentan los que llegan de Honduras, de Costa Rica, de El Salvador que son numerosísimas las familias cubanas que están allí desde hace más de un siglo, y que con

---

34 **Eusebio Leal Spengler** Ver Anexo.

todo orgullo exhiben cartas de Maceo y de Martí, y en algunos casos, los propios nombres de nuestros libertadores, porque son sus descendientes, los hijos del amor o de la legitimidad. Lo cierto es que se dio cuenta y se percató de que allí también los cubanos estaban fundando, y que para muchos cubanos, la realidad de la emigración, que había comenzado como un tema transitorio, a veces por razones económicas y otras veces por razones políticas, se convertía en una razón que ahondaba la raíz..." (Leal, 1995).

Desde sus inicios, la literatura cubana no ha contado con una residencia fija: entre Cuba y México (José María Heredia), entre Cuba y España (Gertrudis Gómez de Avellaneda[35]), entre Cuba y Estados Unidos (Cirilo Villaverde) o entre Cuba, Europa y las Américas (Jose Martí), para solo mencionar las grandes figuras del siglo XIX (Ette, 2005:729).

Los conflictos generacionales e independentistas fueron en el siglo XIX decisivos para el surgimiento de la literatura nacional cubana en el siglo XIX, como caso de los textos fundacionales del poeta Heredia no habrían sido posibles sin las tensiones entre la isla y el exilio, entre la Cuba colonial y el México independiente; o *Cecilia Valdés* o *La Loma del Ángel* [36] de Cirilo Villaverde, que se inscribió en el espacio de tensión entre Cuba y los Estados Unidos, como la novela fundacional de la literatura nacional cubana, así como la gran poetisa del romanticismo de lengua española, Gertrudis Gómez de Avellaneda, tanto de España como de Cuba, sin duda se situó con sus poemas y textos, sin la condición del exilio, como en Heredia o Villaverde, pero clave en la relación entre la *madre patria* [37] (Navarro, 2008) y su patria cubana.

---

35 **Gertrudis Gómez de Avellaneda.** Ver Anexo.
36 **Cecilia Valdés** o **La Loma del Angel**. Ver Anexo.
37 Termino utilizado para referise a España en la isla desde los tiempos de la colonia. [N. del E.]

MARTÍ, EL EXILIADO

Martí es un exiliado, el cual a pesar de alimentarse de la cultura de otras naciones donde reside temporalmente, donde fundamenta su esencia de cubano, su amor por la patria, su convencimiento de que la única solución para Cuba esté en la independencia.

El Apóstol nunca pierde la esperanza a pesar de sus tribulaciones y luchas por la supervivencia, persevera y triunfa, primero, en el destierro a España donde vivió cuatro años como deportado; luego, México, donde en apenas dos años de permanencia consigue insertarse en la vida cultural de la nueva república; después, sus estancias fugaces en Guatemala y Venezuela, para finalmente, su madurez política en el período en los Estados Unidos, desde 1881 hasta el año de su muerte en combate, 1895.

Este éxodo de Martí alimenta su visión americanista, comparable solo con la de Bolívar, e intensifica su deseo de continuar el proyecto de la independencia de América, con la prioridad de la Revolución por la libertad de Cuba y Puerto Rico.

Es necesario destacar que el genio militar de Simón Bolívar está articulado con una profunda concepción cultural, pues "estaba acompañada de una visión trascendente y de una exaltación del papel de la educación y de la cultura en la transformación del hombre" (Hart-Dávalos, 2008:5).

Es a través de su exilio fecundo que José Martí desarrolla un ideario político y social cuyos conceptos siguen vigentes; enriquecieron su formación cultural y literaria con experiencia personal en otras culturas, experiencias que no sólo marcan sus ideas revolucionarias, actuales y modernas en su genio y fe en la libertad (Schulman, 2003:928).

El Apóstol fue un exiliado, no un inmigrante, gran diferencia entre el *desterrado* [38] y el que emigra, con conductas distintas y motivaciones diametralmente diferentes, pues aquel

---

38 **Desterrado.** Ver Anexo.

que emigra deja por propia voluntad su país para establecerse en otro, y aunque siempre permanezca lejos de él, no ve renunciada la posibilidad del regreso (Ripoll, 2001).

El exilio no es solamente nostalgia por el pasado, muchas veces de tanto adorno un mito absurdo, sino sobre todo desarraigo que ningún bien material o excusa consigue ocultar la lejanía y el desarraigo.

Simón Bolívar, El Libertador.

Esa dicotomía de realidad y añoranza, desgarra la siquis del ser humano y provoca una incoherente cultura del destierro, conmovedora en su fin, patética tal vez en su búsqueda incoherente de los rastros del pasado, pero real en su universo metafórico de representación del exilio (Fornet, 2013).

El exiliado es desterrado de su tierra violentamente, no puede regresar y Martí pone el ejemplo del genocidio contra los indios norteamericanos y la apropiación violenta de sus territorios en su artículo *Los indios en los Estados Unidos* en La Nación de Buenos Aires, uno de los periódicos más importantes de su época en América Latina: "le obligan a ceder su tierra por tratados onerosos lo sacan de la comarca en que ha nacido, que es como sacar a un árbol las raíces, con lo que pierde el mayor objetivo de la vida..." (OC, 2001, 10:323).

Indios norteamericanos, siglo XIX.

Según un texto de Carlos Ripoll la palabra *exilio* no existía en español (Ripoll, 2001) y fue introducida en España, partiendo del término italiano *esilio* por Juan de Mena[39], el traductor de Virgilio, a principios del siglo XV.

El término exilio se encuentra en la obra de Marti, como es el caso de su artículo sobre el poeta ruso Alexander Pushkin[40], publicado originalmente en inglés en el periódico *The Sun* de Nueva York, y luego en español en *La Nación*, de Buenos Aires: "Los fieros anhelos que atormentaban un alma

---

39 **Juan de Mena** Ver Anexo.
40 **Aleksandr Serguéyevich Pushkin** Ver Anexo.

poética en el exilio no tenían límites cuando llegó la hora inesperada de felicidad"[41] (OC, 2001, 15:419).

LOS *EMIGRADOS BUENOS*

El Apóstol se refiere a los cubanos en Norteamérica como *emigrados buenos* en su *Lectura en la reunión de emigrados cubanos* (Steck Hall, NY, 24 de enero de 1880);

"¡Pero vosotros, emigrados buenos, sufridores de hoy, triunfadores de mañana; vosotros que bautizáis a vuestros hijos con el nombre de nuestros héroes más queridos, de nuestros mártires, de nuestros inválidos; que habéis probado vuestra fe, donde la prueban los amigos leales, en el abandono y en la desventura..." (OC, 2001, 4:186).

A partir de ése, su primer discurso político a su llegada a los Estados Unidos, continúan profusamente las referencias a los emigrados, no solamente los fieles patriotas de Cayo Hueso, Tampa, San Agustín, Nueva York y Filadelfia, sino de Santo Domingo y Centroamérica.

Como dijera en su carta inconclusa a Manuel Mercado[42], escrita el 18 de mayo 1895 en Dos Ríos, Cuba, el día de su muerte en combate ante las fuerzas colonialistas españolas:

"seguimos camino, al centro de la Isla, a deponer yo, ante la revolución que he hecho alzar, la autoridad que la emigración me dio, y se acató adentro, y debe renovar conforme a su estado nuevo, una asamblea de delegados del pueblo cubano visible, de los revolucionarios en armas..." (OC, 2001, 4:169).

---

41 The Sun. 25 de Agosto de 1880. Pushkin. *A memorial to the man who blazed the pathway leading to Russian liberty* [Pushkin. Un monumento al hombre que abrió el camino hacia la libertad rusa, Trad. Del E.]. *La Nación*, 3 marzo 1889. [N. del E.]
42 **Manuel Antonio Mercado y de la Paz** Ver Anexo.

Tabaqueros cubanos en una fábrica en los EEUU, siglo XIX.

La palabra destierro aparece profusamente en la obra martiana, sobre todo destacando la obra de otros intelectuales que, como él, se dedicaron a la causa de la libertad.

Dice del poeta cubano Francisco Sellén[43]: "como el único modo de ser poeta de la patria oprimida es ser soldado, no afeó el destierro con quejumbres pueriles, ni puso tienda de rimar..." (OC, 2001, 5:182); o de Cirilo Villaverde (Martí, 2001, 5:241), entre otros.

El Apóstol siempre se consideró un exiliado, no un inmigrante, y nunca perdió la fe de volver a una Cuba libre: cuando desembarca en Nueva York por tercera vez, proveniente de Venezuela, en el vapor alemán *Claudius* (1881), declaró: "Edad, 28 años. Ocupación, abogado. País de origen, Cuba. País donde piensa residir, Cuba"[44] (Ripoll, 1976:70).

---

43 **Francisco Sellén** Ver Anexo.
44 "El manifiesto de pasajeros, fechado en NY, Agosto 10, contiene la siguiente información: J. A. Wiese, capitán del vapor alemán *S. S. Claudius*, llegó con pasaje de La Guaira y Puerto Cabello. Nueve, en total, incluyendo a Martí, cuyo nombre va seguido de estos datos: Edad, 28 años; Ocupación,

Calle de Nueva York en la época.

Por eso declara en Carta a Valero Pujol, director de *El Progreso* de Guatemala del 27 de noviembre de 1877: "Yo nací en Cuba -dijo-, y estaré en Cuba aun cuando pise los no domados llanos de Arauco. El alma de Bolívar nos alienta; el pensamiento americano me transporta" (OC, 2001, 8:111)

Aquí se manifiesta su visión de los problemas fundamentales de *Nuestra América* recogiendo el ambiente polémico creado por Martí en su corta estancia en Guatemala, en su actuación y todas las tribunas a su alcance, como en el folleto *Guatemala*, repitiéndose esta situación en Venezuela, de donde también se vio obligado a partir.

---

abogado; País de origen, Cuba; País donde piensa residir, Cuba" (National Archives, 1958).

Capítulo III

PEDRO GONZÁLEZ MUNNÉ

INFLUENCIA DEL DESTIERRO

En la trayectoria del Apóstol de la independencia cubana son evidentes las influencias de su formación que lo convirtieron en un ejemplo moral universal, aparte de la influencia familiar, la escuela y sobre todo, el maestro, Mendive[45], en cuya escuela recibe su legado espiritual durante su tránsito hacia la adolescencia (Vitier, 2002:68).

La decisión tomada por el adolescente José Martí al sumarse, aun siendo hijo de españoles, al ideal de la independencia, es clásica. Sin embargo su experiencia decisiva es el presidio político, el cual con solo 16 años, lo define y forja en la lucha por la independencia.

Es sin embargo importante comprender la "empedernida discreción histórica" (Martínez, 2003:19), la falsificación de la imagen martiana en el montaje del arquetipo de la imagen del Martí héroe, cobertura y manto para montajes políticos de todo tipo en nuestro pasado reciente, mientras se pierde el verdadero hombre, José Martí.

Su muerte fue más allá de sí misma, la corrupción de lo que él mismo calificaba de *substancia*: "En el ser humano, el cuerpo es la sustancia" (OC, 2001, 21:66). Es un Martí bien real el que a los dieciocho años escribe el conmovedor texto *Presidio político en Cuba*, donde esa presencia de cuerpo, se expresa llena de angustia, cuando apenas tiene 18 años de edad, durante la primera deportación a España: "Dolor infinito debía ser el único nombre de estas páginas. Dolor infinito, porque el dolor del presidio es el más rudo, el más devastador de los dolores, el que mata la inteligencia, y seca el alma, y deja en ella huellas que no se borrarán jamás" (OC, 2001, 1:45).

---

45 **Rafael María de Mendive y Daumy** Ver Anexo.

A nuestro entender el presidio y el destierro constituyen los acontecimientos vitales más importantes de la personalidad del Apóstol -sin olvidar la formación familiar y de sus maestros- quien nunca idealizó su imagen, pues como el mismo dijera en *La Edad de Oro* (Tres Héroes):

José Martí, prisionero No. 113. No había cumplido los 17 años.

"Los hombres no pueden ser más perfectos que el sol. El sol quema con la misma luz con que calienta. El sol tiene manchas. Los desagradecidos no hablan más que de las manchas. Los agradecidos hablan de la luz" (OC, 2001, 18:306).

El destierro conforma la universalidad del pensamiento martiano, con su capacidad de evaluar y rechaza esquemas para asumir aquellos identificados con nuestras realidades (Pino-Torrens, 2000:89) y es desde dónde proclama su destino de lucha *con los pobres de la tierra*[46] (Baeza-Flores, 1992).

Su ética, el enriquecimiento social, educativo y familiar, junto a los elementos mencionados del presidio político y el destierro, forjan los rasgos éticos de la personalidad del Apóstol de la independencia de Cuba, un intelectual verdaderamente universal.

> "Pero el alma de nuestro pueblo, desgregada [sic] en girones, paseando su nostalgia por tierras frías, que carecen del fuego de nuestro sol y la dignidad de nuestra palma, puedo decir, sin temor a equivocarme, que su mayor suma congregada, siempre la vi, y la palpa más de cerca ahora unas veces con intensísimo dolor, otras con admiración, pero siempre con respetuoso recogimiento....." (OC, 2001, 4:259).

Su desarrollo y crecimiento, en medio de la sociedad colonial cubana de entonces, donde forma su pensamiento, abundan personalidades como Félix Varela, José de la Luz y Caballero[47], y José Antonio Saco, en medio de una cruenta lucha ideológica entre la independencia y el anexionismo a la metrópoli.

Su prisión temprana, siendo un adolescente, le da a José Martí el temple para enfrentar su vida posterior, de hombre altruista que en su cuerpo adolescente. Como bien dijo Cintio

---

46 *Versos Sencillos* de Jose Martí, 1891. "Con los pobres de la tierra, quiero yo mi suerte echar, el arroyo de la sierra, me complace más que el mar..."(Martí, 2001,16:67).
47 **José Cipriano de la Luz y Caballero** Ver Anexo.

Vitier "estas lesiones en la carne no se convirtieron en lesiones morales *porque él no quiso*" (Vitier, 2002,69) y esta es otra de las claves en su formación ética.

José de la Luz y Caballero.

Es allí precisamente donde aparece ante los ojos con meridiana claridad, el espíritu pues como dijera en *El Presidio Político en Cuba*:

"Odiar y vengarse cabe en un mercenario azotador de presidio, cabe en el jefe desventurado que le reprende con acritud sino azota con crueldad, pero no cabe en el alma joven de un presidiario cubano, más alto cuando se eleva sobre sus grillos, más erguido cuando se sostiene sobre la pureza de su conciencia y la rectitud indomable de sus principios" (OC, 2001, 1:57).

MARTÍ, EL REVOLUCIONARIO

Un poeta e intelectual cubano de la talla de Cintio Vitier propone sustituir el término presidiario por el concepto de revolucionario y estamos de acuerdo, tanto más que en nuestra tesis en el postgrado con Roberto Fernández Retamar[48], en la Universidad de La Habana a finales de la década de los 80, no coincidimos en su aproximación a Martí como "demócrata revolucionario"[49].

Para nosotros, José Martí, es un revolucionario cubano cuya ética se basa en la pureza de conciencia, fidelidad a los principios, así como saber sobreponerse a privaciones y torturas por su ideal.

Aquellos que acusan a nuestra generación de *fascinación* por la imagen de José Martí y su trayectoria, por el desinterés y la fe de los emigrados cubanos del siglo XIX no pueden estar más equivocados, puesto que es en nuestras raíces históricas, en las personalidades gestoras donde los valores de nuestra nación toman fuerza y raíz.

Si el Apóstol no hubiera entendido claramente que de los cubanos debía partir la solución y no de aquellos soñando en que España solucionaría *pacíficamente* el llamado *problema* de Cuba, no hubiéramos tenido un adalid de la independencia como él, por ello expresa que el espíritu español es el espíritu de Pizarro[50] (OC, 2001, 21:176), del conquistador viviendo de su colonia.

Estaba claro para Martí que, por "el carácter rudimentario y venal de la política española, y la ignorancia y hábitos despóticos de la nación" (OC, 2001, 2:194) no se reconocerían los derechos de los cubanos a su independencia y la única solución posible era la lucha armada.

---

48 **Roberto Fernández Retamar** Ver Anexo.
49 "En su evolución llegá a ser un *demócrata revolucionario* extremadamente avanzado; y lo propio de un demócrata revolucionario es que no es *ya* ideólogo de la burguesía, sin serlo *todavía* de un proletariado que a la sazón carece de suficiente desarrollo" (Fernández-Retamar, 1975:37).
50 **Francisco Pizarro** Ver Anexo.

El encarcelamiento del Apóstol se produce cuando el 4 de Octubre de 1869, al pasar una escuadra del Primer *Batallón de Voluntarios* [51] por la calle Industrias No. 122, donde residían los Valdés Domínguez, de la vivienda se oyen risas y los voluntarios toman esto como una provocación.

Voluntarios españoles en una calle de La Habana, 1896.

Regresan de noche y registran minuciosamente la casa, donde entre la correspondencia ocupada encuentran una carta dirigida a Carlos de Castro y Castro, compañero de estudios, al cual calificaban de apóstata, por alistarse como voluntario en el ejército español para combatir a los independentistas.

La Carta en cuestión, firmada por Martí y Valdés Domínguez, decía:

"Habana, 4 de octubre de 1869. Sr. Carlos de Castro y de Castro. Compañero: ¿Has soñado tú alguna vez con la gloria de los apóstatas? ¿Sabes tú cómo se castigaba en la antigüedad la apostasía? Esperamos tu contestación, que no puede faltar a su patria ni a sus

---

51 **Cuerpo de Voluntarios Españoles.** Ver Anexo.

deberes como cubano un discípulo de Rafael María de Mendive. Te abrazamos..."[52] (De Quesada y Miranda, 1940: 35-36).

Por tal razón, el 21 de Octubre de 1869 Martí es sancionado a prisión en la Cárcel Nacional acusado de traición por escribir esa carta, junto a su amigo Fermín Valdés Domínguez y es condenado el 4 de marzo de 1870, a seis años de cárcel, pena posteriormente conmutada por el destierro a la entonces Isla de Pinos (hoy Isla de la Juventud) al suroeste de la principal isla cubana.

DEPORTADO A ESPAÑA

Ante gestiones de sus padres logra ser deportado a España en enero de 1971, donde comienza estudios y se gradúa de Licenciado en Derecho Civil y en Filosofía y Letras.

Cuando llega a España con 17 años de edad, conoce dos formas de gobierno: la Monarquía y la República. Allí comprendió que la República española no sería capaz de concederle a Cuba lo que para sí misma había conquistado, pues una cosa pretendían los políticos de la época para la península y otra para las colonias.

Dice entonces Martí:

"Y si Cuba proclama su independencia por el mismo derecho que se proclama la República, ¿cómo ha de negar la República a Cuba su derecho de ser libre, que es el mismo que ella usó para serlo? ¿Cómo ha de negarse a sí misma la República? ¿Cómo ha de disponer de la suerte de un pueblo imponiéndole una

---

52 Ambos reconocieron haberla escrito y Martí con solo 16 años sufre presidio en las canteras de San Lázaro [N. del E.]

vida en la que no entra su completa y libre y evidentísima voluntad?".[53] (OC, 2001, 1:92).

La República española (1871-1873) se pronuncia en la época por la integridad nacional, manteniendo sin embargo el espíritu colonizador de la España monárquica.

Cuba, Puerto Rico y el resto de las colonias españolas son incluidas injustamente en lo que calificaban de integridad de la patria, por ello Martí en *El presidio político en Cuba* (OC, 2001, 1:45-74), en *La República española ante la Revolución Cubana* (OC, 2001, 1:89-98), en diferentes textos de la época desenmascara este concepto como absurdo.

53 En *La República Española ante la Revolución Cubana*, Madrid, 1873. Por la proclamación de la primera República Española publicó un folleto en la imprenta de Segundo Martínez, Travesía de San Mateo 12, Madrid.

Para justificar el deseo de posesión "se *habla de integridad del territorio*", pero afirma Martí: "El Océano Atlántico destruye este ridículo argumento" (OC, 2001, 1:93) pues ahora (1873) se han separado más por los muertos que han caído por el ideal independentista en la patria cubana.

EL CONCEPTO DE PATRIA

Por ello Martí define, en *La República española ante la revolución cubana* su concepto de Patria:

> "Y no constituye la tierra eso que llaman integridad de la patria. Patria es algo más que opresión, algo más que pedazos de terreno sin libertad y sin vida, algo más que derecho de posesión a la fuerza. Patria es comunidad de intereses, unidad de tradiciones, unidad de fines, fusión dulcísima de amores y esperanzas" (OC, 2001, 1:93).

El Apóstol contrapone el concepto de Patria que abandera la lucha de los cubanos, con el concepto de integridad nacional que postulan los republicanos españoles. Patria es un sentimiento, una emoción que se evidencia por la existencia de la comunidad de intereses, no el sometimiento de un pueblo por otro, no puede ser la opresión con la que España subyuga a Cuba, la cual genera sentimientos de rechazo (Díaz-Versón, 2002).

Martí se cuestiona ante la doble moral de los políticos españoles de la época: "¿Cómo ha de haber republicano honrado que se atreve a negar para un pueblo el derecho que él usó para sí?" (OC, 2001, 1:91). Y arremete de nuevo contra la injusticia de quienes intentan en Madrid, con su doble estándar, llamarse políticos honrados a no permitir la injusticia que se cometía con Cuba, al desear su libertad tanto como la España republicana aspiraba, por ello "solo hay honra en la satisfacción de la justicia" (OC, 2001, 1:90).

Justicia no solo palabras, es conducta de los hombres y el Maestro reclama de los republicanos españoles, que no se deshonren al negar a la Patria cubana su libertad, convocándolos "a que no infamen nunca la conciencia universal de la honra, que no excluye por cierto la honra de la patria, pero que exige que la honra de la patria viva dentro de la honra universal" (OC, 2001, 1:90).

La Bailarina Española. Poema de la colección Versos Sencillos, X *El alma trémula y sola*. Refleja la historia de Agustina Otero Iglesias ó Carolina Otero (1868-1965). *La bella Otero*, como la llamaban sus contemporáneos. Carolina era muy joven y pobre cuando viajó de España a París (foto Charles Reutlinger):

"...Ya llega la bailarina
Han hecho bien en quitar
El banderón de la acera;
Porque si está la bandera,
No sé, yo no puedo entrar.

Ya llega la bailarina:
Soberbia y pálida llega:
¿Cómo dicen que es gallega?
Pues dicen mal: es divina. "
(OC, 2001, 16:80).

Basado en la justeza de sus principios y del ideal libertario Martí afirma:

"Nosotros combatimos a España por el derecho natural de rebeldía que tiene todo pueblo contra el conculcador de su libertad, pero no somos enemigos de los españoles. Somos sus hermanos porque de ellos es nuestra religión, nuestra lengua, nuestras costumbres, nuestra sangre" (Martí-Pérez, 1973, 28: 523).

NO ES UNA GUERRA CONTRA LOS ESPAÑOLES

La guerra no se es contra los españoles, sino contra su gobierno tiránico, Cuba ha de ser libre y acogerá a todos, tanto cubanos, como españoles que respeten su derecho a la independencia. Este concepto martiano aparecerá en el *Manifiesto de Montecristi* [54] (OC, 2001, 4:91-101) en 1895.

"¿Qué suerte elegirán los españoles: la guerra sin tregua, confesa o disimulada, que amenaza y perturba las relaciones siempre inquietas y violentas del país, o la [única] paz definitiva, que jamás se conseguirá en Cuba sino con la independencia? [¿Con Ni con qué derecho?] "¿Enconarán y ensangrentarán los españoles arraigados en Cuba la guerra en que puedan quedar vencidos? ¿Ni con qué derecho nos odiarán los españoles, si los cubanos no los odiamos?
"La revolución [lo] emplea sin miedo este lenguaje, porque [la] el decreto de emancipar de una vez a Cuba de la ineptitud y corrupción irremediables del gobierno de España, y abrirla [libre] franca para todos los hombres al mundo nuevo, es tan terminante como la voluntad de mirar como a cubanos, sin tibio corazón ni amargas memorias, a los españoles que por su pasión de libertad [nos] ayuden a conquistarla en Cuba, [o amen a los que la conquistaran] y a los

---

54 **Manifiesto de Montecristi.** Documento firmado por José Martí y Máximo Gómez (25 Marzo 1895) para reiniciar la lucha armada contra el colonialismo español. [N. del E.]

que con su respeto a la guerra de hoy rescaten la sangre que en la de ayer manó a sus golpes de pecho de sus hijos..." (OC, 2001, 4:98-99).

Después de recibirse de Licenciado en Derecho Civil y Canónico y en Filosofía y Letras en España se traslada a París por breve tiempo y posteriormente pasa por Nueva York y llega a Veracruz, México, el 8 de febrero de 1875, regresando de incógnito a La Habana brevemente en los meses de enero y febrero de 1877.

Con el Generalísimo Máximo Gómez.

Viaja nuevamente a Guatemala, luego a México y de nuevo regresó a Guatemala.

Concluida la *Guerra De los Diez Años* en 1878 vuelve a Cuba, el 31 de agosto, para radicarse en La Habana, y el 22 de noviembre nace José Francisco, su único hijo.

Comenzó sus labores conspirativas figurando entre los fundadores del *Club Central Revolucionario Cubano* en Nueva

York, del cual fue elegido vicepresidente el 18 de marzo de 1879.

Es posteriormente que el *Comité Revolucionario Cubano*, presidido entonces por el Mayor General Calixto García Iñíguez[55], lo nombra subdelegado en la isla.

EL CONCEPTO DE DESTIERRO

El concepto de destierro es bien claro para el Apóstol. En 1871, le escribe a su maestro Rafael M. Mendive al salir de Cuba: "De aquí a dos horas embarco desterrado para España..." (OC, 2001, 20:247) y ya al final de su vida, en 1894, le advierte a sus compatriotas en el extranjero en un artículo en *Patria*: "Quien desee patria segura, que la conquiste. Quien no la conquiste, viva a látigo y destierro, oteado como las fieras, echado de un país a otro..." (OC, 2001, 3:51).

Y la palabra no se ausenta de sus versos, como el que describe esa pena:

> "Todos quieren vivir: ¡mas se ha notado
> Que hay uno allí que ve demás la vida;
> Uno en el pueblo entero! -Un desterrado"[56]
> (OC, 2001, 16:289).

Martí pasó por los Estados Unidos en viaje de España a México, en los primeros días de 1875, cuando iba a reunirse con su familia. Había embarcado en Queenstown, hoy Cobh, Irlanda, en el *Celtic*, llegando a Nueva York el 14 de enero de 1875.

No es fácil explicar por qué Martí, en esa ocasión, según el Manifiesto del capitán del barco que se transcribió en el libro *José Martí: letras y huellas desconocidas* (Ripoll, 1976), publicado en Nueva York en 1976 se hizo pasar como un "músico italiano" que se iba a establecer en los Estados Unidos.

---

55 **Calixto García Iñíguez** Ver Anexo.
56 *Cruje la tierra, rueda hecha pedazos*. En Flores del Destierro.

Aparecía así como un verdadero inmigrante, pero días más tarde embarca con rumbo a Veracruz en el *City of Merida*, para radicarse en México y el 3 de enero de 1880, en su segundo destierro, vuelve a llegar a Nueva York, esta vez en el vapor *France*, saliendo de Le Havre, declarando en el Manifiesto ser un abogado procedente de España con la intención de residir en los Estados Unidos.

CAPÍTULO IV

TESTIGO Y PROTAGONISTA DE LA EMIGRACIÓN

Hay que separar con justicia y distinción, las evaluaciones del Maestro sobre la emigración cubana y la de otros países, sobre todo Europa hacia los Estados Unidos. No existe mejor apunte que el de su amigo y colega, el mulato puertorriqueño Sotero Figueroa[57], en su artículo *Martí y las Emigraciones*, publicado originalmente en la revista *Cuba Libre* el 29 de Mayo de 1902:

"No ha llegado aún la hora de hacer el recuento glorioso de las virtudes y sacrificios que las emigraciones cubanas, dispersas por la gran República de Washington, realizaron por el ideal de independencia: ni son las estrechas columnas de una revista, por más que sean éstas tan hermosas y bien nutridas con las de *Cuba Libre*, escenario amplio donde se exhiba en toda su magnitud la obra colosal de esas emigraciones. Empresa es ésta que ha de acometerse en las páginas del libro histórico y después de diligentes investigaciones, con alto espíritu de justicia, crítica emuladora y rectitud a prueba de apasionamientos personales.

"Pero es meritorio, y por ello debe felicitarse a la ejemplar directora de *Cuba Libre*, que al glorificar ella en número espléndido a la naciente república cubana, quiera que no falte, en ese "*hosanna*"[58] de gratitud, la nota vehemente y entrañable de todos los que, en el destierro voluntario y forzoso, le dieron a

---

57 **Sotero Figueroa**. Ver Anexo.
58 Voz, originariamente de súplica, que en la liturgia católica se usa como exclamación de júbilo. [N. del E.]

la patria, los recursos constantes e inagotables, alimento de la guerra costosa y
formidable contra la dominación española.

Y el que quiera poner en
duda que las emigraciones,
en Base sustantivas y armó-
nicas, metodizaron la guerra,
acallaron rivalidades, se
unieron en íntima cordiali-
dad para que la metrópoli
egoísta no pudiera vencer a
nuestro ejército por faltarle

Sotero Figueroa

los elementos de combate; el que se atreva a desconocer —ingrato o egoísta en esta hora del triunfo de-
finitivo- que las emigraciones antillanas con Martí
por guía, fueron el yunque donde se forjaba el arma
libertadora, y demostraron al mundo que Cuba po-
seía todas las virtudes necesarias para el mantenimiento de la libertad..." (Figueroa, 1942:95).

El propio Maestro lo dijo, en su Discurso en conmemoración
del 10 de Octubre de 1868 en el *Masonic Temple* de Nueva
York el 10 de Octubre de 1887:

"Esta no es hora de decir cómo no han sido inútiles
para la emigración cubana veinte años de experiencia, de manifestación y roce francos, de choque de
ambiciones y noblezas, de prueba y quilate de los caracteres, de lucha entre la pasión desconsiderada y
el juicio que desea someterla al desinterés de la virtud.

"No es hora de decir, cuando se conmemoran hazañas
a cuyo lado palidece el simple cumplimiento del deber, cómo en la obscuridad, grata al verdadero patriotismo, se procura con sagrada pureza librar de

estorbos, no para todos visibles, el porvenir del país, y en vez de trabajar sin fe y desconcertados en pro de una fórmula postiza, condenada de antemano, por la fuerza de lo real, a corta duración, se atiende, con el oído puesto al suelo, que no ha cesado todavía de hervir, al espíritu vivo de la patria; a la recomposición de sus elementos históricos, más temibles mientras

Jose Marti (al centro) con tabaqueros cubanos en la fábrica de Ybor City en Tampa, La Florida, 1893

más desatendidos, y más reales, en su descanso natural e inacción aparente, que las sombras que sólo tienen aparato de cuerpo palpable porque se amparan de ellos y les sirven de transitoria vestidura; a la preparación de la guerra posible,-puesto que mientras sea la guerra un peligro, será siempre un deber prepararla, de manera que en el seno de ella vayan las semillas, ¡de no muy fácil siembra! que después de ella han de dar fruto.

"Agitar, lo pueden todos: recordar glorias, es fácil y bello: poner el pecho al deber inglorioso [sic], ya es algo más difícil: prever es el deber de los verdaderos estadistas: dejar de prever es un delito público: y un delito mayor no obrar, por incapacidad o por miedo, en acuerdo con lo que se prevé.

"No es hora de decir que puesto que la guerra es, por lo menos, probable en Cuba. Serán políticos incapaces todos los que no hayan pensado en el modo de evitar los males que pueden venir de ella.

"¡Pero todas las horas son buenas para declarar que aquí los corazones no son urnas de devastación, prontas al menor empuje a volcarse sin miramiento sobre el país, sino aras valientemente defendidas, donde se guardan sus últimas esperan de manera que las pasiones interesadas no las pongan en manos del enemigo, ni la traición disimulada las defraude!..." (OC, 2001, 4:221-222).

Ese, como otros llamados a las armas, a la unión necesaria y al apoyo a la lucha libertadora, se desarrollaba en un medio hostil, de acoso por parte de las autoridades norteamericanas y en medio de la impunidad del espionaje colonial de España, pero como bien dijera Sotero Figueroa en su artículo:

En esta fotografía de 1880, tres agentes de la Agencia de privado de Detectives Pinkerton Agency. Precisamente en el medio está William Pinkerton, hijo del fundador del grupo. El Gobierno español contrataba sus Servicios para espiar a los patriotas cubanos.

"Eran los emigrados, y lo decimos con honra, un ala del ejército libertador que peleaba a retaguardia y no perdía una batalla por más que un clima inclemente en la confabulación con el espionaje sagaz de la Embajada española, en Washington, tendía a segar vidas y a arrebatar arteramente los recursos valiosos que tras incertidumbre sin cuento se acopiaban para enviarse a la isla heroica en arriesgadas expediciones ..." (Figueroa, 1942:96).

PREJUICIO Y ODIO CONTRA LO CUBANO EN LOS EEUU

Una de las muestras más miserables del espíritu racista y anticubano imperante en los Estados Unidos de la época lo fue el ataque estereotipado a los cubanos en los diarios norteamericanos *The Manufacturer* (OC, 2001, 1:232-234), de Filadelfia del 16 de marzo de 1889, titulado "¿Queremos a Cuba?" y *The Evening Post* (Ibídem, 234-241), de Nueva York del 21 de Marzo de ese año ("Una opinión proteccionista sobre la anexión a Cuba"), donde se plantea con insolencia prepotente, que los cubanos no tenían suficiente fuerza viril y respeto propio, lo que se había *demostrado* por la apatía con que nos habíamos sometido durante largo tiempo a la opresión española y, planteaba además que nuestras mismas tentativas de rebelión habían sido tan infelizmente ineficaces que apenas se levantaban un poco de la dignidad de una farsa (Barnet-Rodríguez, 2011).

Ante la infamante semblanza de un "pueblo afeminado", "de vagabundos míseros y pigmeos morales", "de inútiles verbosos, incapaces de acción, enemigos del trabajo recio" (OC, 2001, 4:237-238), el Apóstol se indigna en *Vindicación de Cuba, publicado por The Evening Post*, en Nueva York el 25 de marzo de 1889.

José Martí responde:

"No somos los cubanos ese pueblo de vagabundos míseros o pigmeos inmorales que a *The Manufacturer* le place describir; ni el país de inútiles verbosos, incapaces de acción, enemigos del trabajo recio, que, junto con los demás pueblos de la América española, suelen pintar viajeros soberbios y escritores.

"Hemos sufrido impacientes bajo la tiranía; hemos peleado como hombres, y algunas veces como gigantes, para ser libres; estamos atravesando aquel período de reposo turbulento, lleno de gérmenes de revuelta, que sigue naturalmente a un período de acción excesiva y desgraciada; tenemos que batallar como vencidos contra un opresor que nos priva de medios de vivir, y favorece, en la capital hermosa que visita el extranjero, en el interior del país, donde la presa se escapa de su garra, el imperio de una corrupción tal que llegue a envenenarnos en la sangre las fuerzas necesarias para conquistar la libertad. Merecemos en la hora de nuestro infortunio, el respeto de los que no nos ayudaron cuando quisimos sacudirlo..." (OC, 2001, 4:237).

LA MANIPULACIÓN DE LA PRENSA

El papel de la prensa en la manipulación de la opinión pública puede apreciarse con claridad, quizás por primera vez, en relación con la gesta independentista de Cuba, siendo un caso clásico el papel jugado por los periódicos norteamericanos de la época a la hora de orientar esa opinión en su país hacia el intervencionismo en el conflicto hispano cubano (Sevilla-Soler, 1998).

Es evidente, hojeando las páginas de las ediciones de la época de *The Morning Journal,* de William Randolph Hearst[59], o *The World,* de Joseph Pulitzer; sus instigaciones a la intervención estadounidense en Cuba, con tendenciosos artículos, muchos de ellos sin fuentes reales, los cuales sin embargo fueron decisivos para convencer a la opinión pública norteamericana de la necesidad de esa intervención y la consecuente anexión de las Antillas españolas a los Estados Unidos, lo cual solo se mantuvo en el caso de Puerto Rico.

---

59 **William Randolph Hearst** Ver Anexo.

Los principales periódicos norteamericanos mandaron a las islas a sus mejores corresponsales para cubrir la colonia y al no existir grandes noticias de combates y atrocidades de los españoles uno de ellos envió un telegrama: "Todo está en calma. No hay guerra. Quiero volver", la respuesta de su jefe, Willian Randolph Hearst no se hizo esperar: "Usted suministre las ilustraciones que yo suministro la guerra" (Vaquero, 2009:3).

Pulitzer (a la derecha) y Hearst (a la izquierda) combaten sobre la Guerra Hispano-Cubano-Norteamericana. Caricatura de la época

MITO DE LA MECA DE LA LIBERTAD

También aprovechó esa ocasión para golpear en su centro el mito de Estados Unidos como meca y modelo de las naciones libres, arremetiendo desde las páginas de *Patria* en Nueva York (27 de Marzo de 1894), escribe con pluma acerada *La Verdad sobre los Estados Unidos*:

"Es de supina ignorancia, y de ligereza infantil y punible, hablar de los Estados Unidos, y de las conquistas reales o aparentes de una comarca suya o grupo de ellas, como de una nación total e igual, de libertad unánime y de conquistas definitivas: semejantes Estados Unidos son una ilusión, o una superchería.

"De las covachas de Dakota, y la nación que por allá va alzándose, bárbara y viril, hay todo un mundo a las ciudades del este, arrellanadas, privilegiadas, encastadas, sensuales, injustas.

"Hay un mundo, con sus casas de cantería y libertad señorial, el norte de Schenectady a la estación zancuda y lúgubre del sur de Petersburg, del pueblo limpio e interesado del norte, a la tienda de holgazanes, sentados en el coro de barriles, de los pueblos coléricos, paupérrimos, descascarados, agrios, grises, del Sur.

"Lo que ha de observar el hombre honrado es precisamente que no sólo no han podido fundirse, en tres siglos de vida común, o uno de ocupación política, los elementos de origen y tendencia diversos con que se crearon los Estados Unidos, sino que la comunidad forzosa exacerba y acentúa sus diferencias primarias, y convierte la federación innatural en un estado, áspero, de violenta conquista" (Martí-Pérez, 1975, 28: 290).

Durante su estancia en los Estados Unidos, Martí produjo una serie de excepcionales análisis sobre la política, la educación y la cultura norteamericanas, no solamente como experimentado periodista, sino en la acertada comprensión de la evolución de la sociedad norteamericana de 1880 a 1895, o sea la estratificación de las clases económicas, la alienación de los trabajadores, la transformación del capitalismo competitivo en monopolista y su impacto con el expansionismo norteamericano (Foner, 1980: 219).

Martí no odiaba a los Estados Unidos, es más, se confiesa deslumbrado en sus primeros en los 1880 por las instituciones democráticas y el poder creativo de la sociedad. Dijo al respecto:

"Estoy, al fin, en un país donde cada uno parece ser su propio dueño. Se puede respirar libremente, por ser aquí la libertad, fundamento, escudo, esencia de la vida. Aquí uno puede estar orgulloso de su especie. Todos trabajan, todos leen ... Estoy hondamente reconocido a este país, donde los que carecen de amigos encuentran siempre uno, y los que buscan honestamente trabajo encuentran siempre una mano generosa. Una buena idea siempre halla aquí terreno propicio, benigno, agradecido. Hay que ser inteligente; eso es todo. Dése algo útil y se tendrá todo lo que se quiera. Las puertas están cerradas para los torpes y perezosos; la vida está asegurada para los fieles a la ley del trabajo"60 (OC, 2001, 19:107).

Pero la transformación de la sociedad norteamericana y su propia evaluación de la realidad que presenciaba, época de luchas obreras y contrastes que supo recoger y reportar

"Admiran esta nación, la más grande de cuantas erigió jamás la libertad; pero desconfían de los elementos funestos que, como gusanos en la sangre, han comenzado en esta república portentosa su obra de destrucción. Han hecho de los héroes de este país sus propios héroes, y anhelan el éxito definitivo de la Unión Norteamericana, como la gloria mayor de la humanidad; pero no pueden creer honradamente que el individualismo excesivo, la adoración de la riqueza, y el júbilo prolongado de una victoria terrible, estén preparando a los Estados Unidos para ser la nación típica de la libertad, donde no ha de haber opinión basada en el apetito inmoderado de poder, ni adquisición o triunfos contrarios a la bondad y a la

---

60 En *Impresiones de América. The Hour*, NY 10/7/1880. Original inglés.

justicia. Amamos a la patria de Lincoln, tanto como tememos a la patria de Cutting"[61] (OC, 2001, 1:237).

Patria, el periódico de la Revolución.

Los años de Martí en los Estados Unidos le permitieron conocer las dos caras de la nación. Por una parte quienes apoyaban las grandes tradiciones democráticas y por otra las fuerzas que empujaban a la república a ser "cesárea e invasora". Aunque admiró y respetó las fuerzas progresistas en los Estados Unidos, observó con creciente aprehensión la agresividad que emergía del imperialismo norteamericano y el peligro que representaba para Cuba e Hispanoamérica en general (Foner, 1980: 236).

---

61 En *Vindicación de Cuba. The Evening Post,* NY. 25/3/1889.

CAPÍTULO V

LA *OTRA* INMIGRACIÓN:
EL DESENFRENADO DESAGÜE BÁRBARO DESDE EUROPA.

José Martí destaca en sus artículos los peligros de una inmigración ignara y violenta, promotora de la violencia, portadora de los peores valores de Europa, pues desde Alemania, Francia, Irlanda, Italia, Rusia y los países nórdicos, entre otros, llegando en oleadas y se esparciéndose sin orden ni concierto, definiendo el Maestro las raíces de cada etnia y su integración a los Estados Unidos y evalúa en una de sus cartas, publicada en *El Partido Liberal*, México, *en* julio de 1886: "la nación se ha hecho de inmigrantes" (Martí-Pérez, 1980, 7), escribe en 1886; y agrega: "por cada hombre del país cincuenta extranjeros" (Martí-Pérez, 1980, 7).

El alimento al desarrollo, tanto económico, como político y social, fueron los grandes desplazamientos humanos que entre la segunda mitad del siglo XIX y comienzos del XX, impulsaron al creciente y voraz capitalismo, siendo las ciudades en el Occidente la cuna de este empuje al progreso salvaje del capital.

Los movimientos humanos desde Europa hacia América y desde los bordes occidentales de Asia, en muchos casos a la fuerza, incluyó a trabajadores de diversos orígenes, principalmente asiáticos, como la genocida trata de esclavo negros africanos en otros momentos de la historia.

Al respecto evaluaba Martí en *Carta al Director del periódico La Nación*, Nueva York, 28 de septiembre de 1886:

"Vienen generaciones hambrientas de hombres abandonados a sí propios, que emplean con ansia la segunda mitad de la vida en librarse de la miseria en que han pasado la primera. No tienen la patria propia, que nutre con su tradición y calienta con sus pasiones el espíritu del más miserable de sus hijos; no tienen aquí el círculo de familia que conserva al hombre en la fuerza de sí, con la certidumbre de no verse abandonado en la hora de la agonía; no tienen aquí el pueblo nativo, cuya estimación ayuda a vivir, y cuya censura es temida" (OC, 2001, 11: 83).

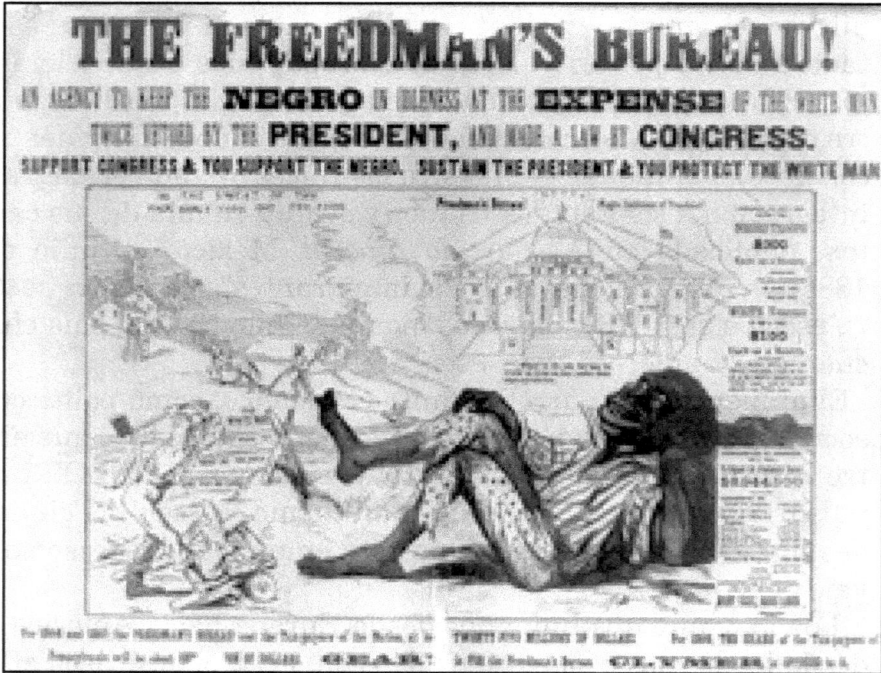

Uno de una serie de carteles atacando a los republicanos radicales sobre la cuestión del sufragio negro, distribuido durante las elecciones para gobernador de Pennsylvania de 1866.

La permanente presencia de la ignominiosa discriminación racial y el tratamiento despectivo de la nación norteamericana a sus ciudadanos negros, no pasó inadvertida para Martí, quién señaló como a pesar de haber obtenido los Estados Unidos su independencia de Inglaterra y adoptado una Constitución proclamando la igualdad para todos los hombres, se mantuvo la ignominiosa institución de la esclavitud.

A pesar de esa Constitución seguían existiendo diferencias sustanciales entre los ciudadanos de primera categoría, los blancos y los de segunda categoría, donde si incluyen los negros, otros ciudadanos de origen latino, asiático, árabe y todo aquel cuya piel tuviera una pigmentación distinta a la de los de piel blanca, incluidos los indios, descendientes de los primitivos habitantes de la nación (García-Iturbe, 2010).

IMPULSO AL CAPITALISMO SALVAJE

Pasada la *Crisis Financiera* (1857-58)[62] y posteriormente la sangrienta *Guerra de Secesión* (1861-65)[63], el impulso final al desarrollo capitalista norteamericano, el cual necesitaba ya la mano de obra barata proveniente de las masas inmigrantes europeas.

Por ejemplo, escribe en 1882 de los alemanes: "¿Qué han de hacer en Alemania, donde es el porvenir del hombre pobre ser pedestal de fusil, y coraza del dueño del imperio?" (OC, 2001, 9:224).

Y luego agrega: "mas [sic] cuando los brazos robustos se fatigan de no hallar empleo, que nada fatiga tanto como el reposo, o cuando la avaricia o el miedo de los grandes trastorna a los pueblos, la inmigración como marea creciente, hincha sus olas en Europa y las envía a América" (Ibídem, 224).

Tampoco resulta difícil aseverar que el principal punto de inmigración eran los Estados Unidos debido a las oportunidades y los paradigmas de *libertad* que ofrecían al mundo.

Sin embargo censura a Europa, "más sobrada de hijos que de beneficios" (OC, 2001, 9:223). Describe cómo era el maltrato a los inmigrantes en los barcos:

"Les dan a comer manjares fétidos, les dan a beber agua maloliente, como a riqueza que no tienen dere-

---

62 La **Crisis Financiera** o *Pánico de 1857* (EEUU) Ver Anexo.
63 La **Guerra de Secesión**. Ver Anexo.

cho, los sacan en manadas a respirar algunos instantes sobre la cubierta del buque el aire fresco. ¡No se concibe cómo reclusión semejante no los mueve al crimen! ¿Dónde está la piedad?" (OC, 2001, 9:225).

No discrimina, ni disminuye a los emigrados de otras nacionalidades, pero analiza sus valores, destacando a los individuos con conductas negativas del concierto general de la inmigración.

DENUNCIA A LA CODICIA Y LA BAJEZA MORAL

El desmedido interés material por las posesiones y el desprecio de las potencialidades creativas de la naturaleza, son conceptos develados por el escalpelo implacable de la prosa martiana.

Una de sus aspiraciones esenciales, la necesidad de relacionar la capacidad intelectual del hombre y sus facultades emocionales, está presente en sus escritos de la época sobre la inmigración desbocada desde Europa, plagada de males de violencia e ignorancia (Hart-Dávalos, 2008).

Por ejemplo de los irlandeses: "con su chaquetón raído, por cada uno de cuyos remiendos y bolsillos asoma un chicuelo"; los alemanes: "en una mano la fe y en la otra la pipa; ambas encendidas"; los suizos: "más cultos"; y los italianos: "de ojos ardientes y manos callosas" (OC, 2001, 7:323).

Analiza de cada etnia: italiano: "la holganza es crimen público" (OC, 2001, 8:378); francés, en refinamiento, alemán, ciencia y comercio, mientras del irlandés, menciona su trabajo necio y mezquino, sin embargo contribuyendo a mantener la rebelión pacífica organizada por caudillos presos, a esos irlandeses los califica de: "parásitos", que "no tienen la pujanza ni el valor de la creación" (OC, 2001, 8:383)

Muestra del genio martiano radica en su evaluación de que estas hornadas de gente, empujadas al nuevo mundo en busca de una esperanza se transforman: "porque a los pocos

años ya aquellas manadas de gente tosca se han pulido y bru-
ñido, y como vuelto del revés, y sacando de afuera lo mejor
de adentro"[64] (Martí-Pérez, 1982, 5:18).

John Chinaman on the rail road [John Chinaman –expresion despectiva
utlizada por la prensa de la época para referirse a los Trabajadores de origen Chino- en el ferrocarril, N. del E.]. Union Pacific Rail Road. Tomado de
la colección de la biblioteca del Congreso de los EEUU.
Chinese & Westward Expansion. Origin: E. & H.T. Anthony.

Martí describe, lo importante de las tradiciones y sentimientos religiosos de cada grupo, sus similitudes y diferencias, así como el racismo y el desprecio hacia la naciente comunidad china, vencedores en su penetración y avance en la

64 En *Escenas Neoyorquinas*, *La América*, NY, n *El Triunfo*, 6/9/1884.

nueva sociedad "por su sobriedad y agudeza, al trabajador europeo" (OC, 2001, 10:306), a los cuales rechazaban, por verse desplazados por los chinos, superiores en el trabajo y la solidaridad, con una cultura milenaria enraizada que los separaba de esos grupos.

De los asiáticos dice que viven solos, sin familia, una vida austera y aceptan los peores jornales por trabajos duros, ventajas contra los europeos y norteamericanos. Causa del rechazo hacia ellos: "Es el rencor del hombre fuerte al hombre hábil" (OC, 2001, 9:283).

Sin embargo, no deja de reprochar a los chinos por contribuir a la proliferación del vicio del consumo del opio. Las contradicciones y luchas, con extremos de violencia entre las inmigraciones de distintos países, como el caso de italianos e irlandeses, parejos "en lo ruin de sus empleos y en lo mezquino de sus hábitos"[65] (Martí-Pérez, 1980a, 122), ambos se odian y tratan de expulsarse del país.

LA IMPORTANCIA DE LOS VALORES

"No hay inmigración buena, cuando, aunque traigan mano briosa, trae corazón hostil o frío" (OC, 2001, 7:377), dice el Maestro en 1883 y en 1886, profundizando sobre aquellos inmigrantes cegados por fortuna y riquezas, envolviendo a sus familias de un ambiente de avaricia y ostentación, manifiesta: "consagrado cada uno al culto de sí propio se va extinguiendo el de la patria. No endulzarían las vidas la generosidad, ni el agradecimiento"[66] (Martí-Pérez, 1980a, 47).

Muchas de estas personas sin educación ni valores, ni oficio, creando más conflicto que ofreciendo producto: "la langosta hace estragos en los campos; pero no más que semejantes emigraciones en las ciudades"[67] (OC, 2001, 8:382).

---

65 En *La inmigración en los Estados Unidos y en Hispanoamérica. Aviso a México. El Partido Liberal*, México, 6 de julio de 1886
66 Correspondencia para *El Partido Liberal*, México, 25 julio 1886.
67 *De la Inmigración Inculta y sus peligros. Su efecto en los Estados Unidos.*

En el caso de las ciudades, superpobladas, con concentraciones humanas sin aporte ni beneficio, apunta hacia 1883: "Hay aún mucha selva desierta, mucha llanura no labrada, mucha comarca impaciente de cultivo" (Ibídem, 378).

Barrio obrero en una ciudad norteamericana del siglo XIX.

Posteriormente, con la crisis por la etapa de acumulación de capital industrial, alerta que "no se abrían nuevas fábricas, sino que se cerraban muchas o rebajaban sus salarios o número de obreros"[68] (Martí-Pérez, 1980a, 23), y agregaba: "no se da por la ciudad un paso sin que salten a los ojos como voces que claman, la opulencia indiscreta de los unos y de los otros la miseria desgarradora" (Ibídem, 67).

El negocio de la inmigración, su trasfondo de mano de obra barata para el desarrollo del capital, son parte del análisis martiano y ya en 1888, avizora lo que es hoy desde los antecedentes, la inmigración ilegal.

---

68 Crónica publicada en *El Partido Liberal*, México, 29 mayo 1886.

Entonces, como hoy en muchas partes del mundo, no se emigra en búsqueda de la libertad, sino por hambre, empujando en aquélla época a pobre campesinos, mendigos, viciosos, viles hombres, "turbas leprosas" (Ibídem, 124), conductores de violencia y miseria.

Lo resume cuando dice: "de la inmigración se ha hecho un negocio" (Ibídem, 123).

LA CENSURA A LAS IDEAS MARTIANAS

Las realidades de la sociedad norteamericana de la época y su carácter rapaz, le plantean dificultades en la publicación de sus ideas, como es el caso de cuando colaboró, entre 1881 y 1882, con en el periódico caraqueño *La Opinión Nacional.*

Es el 3 de mayo de ese último año, cuando el director del periódico, Fausto Teodoro de Aldrey[69], le escribe al ponerle distintos reparos a sus colaboraciones (algunas de las cuales habían sido rechazadas): "Hágole [sic] además una recomendación muy encarecida, á saber: que procure en sus juicios críticos no tocar con acerbos conceptos a los vicios y costumbres de ese pueblo [los Estados Unidos, N. del E.], porque esto no gusta aquí, y me perjudicaría" (Quesada y Miranda, 1935, 3:41),

Ese mismo año 1882, al enviar su primera colaboración al periódico *La Nación,* de Buenos Aires, los cuales solía enviar en forma de cartas, recibe, con fecha 26 de septiembre, otra carta, esta vez de su director, Bartolomé Mitre y Bedia, donde le plantea:

---

69 **Fausto Teodoro de Aldrey**. Ver Anexo.

"La supresión de una parte de su primera carta, al darla a la publicidad, ha respondido a la necesidad de conservar al diario la consecuencia de sus ideas en lo relativo a ciertos puntos y detalles de la organización política y social y de la marcha de ese país [los Estados Unidos, N. del E.] Sin desconocer el fondo de verdad de sus apreciaciones, y la sinceridad de su origen, hemos juzgado que su esencia, extremadamente radical en la forma y absoluto en las conclusiones, se apartaba algún tanto de las líneas de conducta que a nuestro modo de ver, consultando opiniones anteriormente comprendidas, al par que las conveniencias de empresas, debía adoptarse desde el principio, en el nuevo e importante servicio de correspondencias que inaugurábamos.

La parte suprimida de su carta, encerrando verdades innegables, podía inducir en el error de que se abría una campaña de "denunciación" contra los Estados Unidos como cuerpo político, como entidad social, como centro económico ... Su carta hubiera sido todo sombras, si se hubiera publicado como vino ..." (Rodríguez-La-O, 2007,29).

Ante tales declaraciones, es evidente que, tan temprano como en 1882, cuando Martí se expresaba aún como liberal, no el revolucionario pleno que llegaría a ser evidente en el futuro próximo, él utilizaba los periódicos como cauce para advertir a sus lectores hispanoamericanos, en prosa de centelleante hermosura, sobre los nuevos peligros históricos (Ferrnández-Retamar, 1981:46).

En *La Opinión Nacional,* a raíz de aquella carta, dejó de colaborar, pero se mantuvo con habilidad en *La Nación,* donde durante diez años procuró trasmitir su mensaje preclaro y patriótico.

La carta a Bartolomé Mitre y Bedia, su director, del 19 de diciembre de 1882, es bien clara:

"Me Dice Vd. que me deja en libertad para censurar lo que, al escribir sobre las cosas de esta tierra [los Estados Unidos, N. del E.], halle la pluma digno de censuras. Y esta es para mí la faena más penosa. Para mí la crítica no ha sido nunca más que el mero ejercicio del criterio. Cuando escribía juicios de dramas, callar sobre los malos era mi única manera de decir que lo eran. Puesto que el aplauso es la forma de la aprobación, me parece que el silencio sea forma de desaprobación sobrada. No tema Vd. la abundancia de mis censuras que se desvanecen delante de mi pluma, como los diablos delante de la cruz. Yo sé que es flaqueza mía; pero no puedo remediarlo. Suelo ser caluroso en la alabanza, y no hay cosa que me guste como tener que alabar, -pero en las censuras, de puro sobrio, peco por nulo. Cuando haya cosas censurables, ellas se censurarán por sí mismas; que yo no haré en mis cartas-pues va dicho sin decirlo que acepto el honor de escribirlas para La Nación,-sino presentar las cosas como sean, que es sistema cuerdo de quien por no ser de la tierra, tiene miedo de pensar desacertadamente, o amar demasiado, o demasiado poco ….

De mí, no pongo más que mi amor a la expansión-y mi horror al encarcelamiento del espíritu humano …

Escribiré para La Nación fuera de todos los respetos y discreciones necesarias en quien sale al público-como si escribiera a mi propia familia. No hay tormento mayor que escribir contra el alma, o sin ella" (OC, 2001, 9:16-17).

Elogio de la pluma y disfrute del espíritu las letras de Martí, como otro grande de su tiempo, el poeta nicaragüense Rubén Darío[70], dijera:

---

70 **Félix Rubén García Sarmiento**. Ver Anexo.

"Quién murió allá en Cuba, era de lo mejor, de lo poco que tenemos nosotros los pobres, era millonario y dadivoso: vaciaba su riqueza á cada instante, y como por la magia del cuento, siempre quedaba rico: hay entre los enormes volúmenes de la colección de *La Nación*, tanto de su metal fino y piedras preciosas, que podría sacarse de allí la mejor y más rica estatua. Antes que nadie, Martí hizo admirar el secreto de las fuentes luminosas. Nunca la lengua nuestra tuvo mejor tintas, caprichos y bizarrías..." (Darío, 1905: 218).

La experiencia del exilio, de la vida en la sociedad colonial cubana, en algunas ciudades europeas, en repúblicas latinoamericanas y finalmente en los Estados Unidos, situaron al Apóstol en un espacio internacional como escritor y periodista, que sin embargo no encontró resonancia en Europa, dedicando los últimos años de su corta vida a la fecunda obra de la independencia, con escritos de alta calidad estética y profundo contenido político.

CAPÍTULO VI

EL LADO *BUENO* DE LA INMIGRACIÓN

Sin embargo el genio y el sentido humanista de nuestro José Martí, no deja aparte los aspectos positivos de la migración, apartando la realidad de una inmigración bárbara e incontrolable, en su mayoría.

Por ejemplo, menciona lo importante de considerarlas en un sentido exploratorio para crecer con experiencias económicas, novedades de la ciencia y la técnica, con vistas a su aplicación en nuestros pueblos en la búsqueda del desarrollo.

"París, pueblo industrial, envía a sus trabajadores a examinar en los pueblos extranjeros las industrias rivales: así la América del Sur, comarca agrícola, debiera enviar sus cultivadores a aprender el cultivo agrícola en las comarcas en que está perfeccionado" (OC, 2001, 8:380), dice en *Inmigración, Trabajadores Franceses*.

Para el Maestro, la migración es una necesidad humana: "la naturaleza, por no perderse a su propio fuego, creó volcanes: los hombres han creado volcanes que andan: como los globos, montes que vuelan"[71] (Martí-Pérez, 1982, 5:19).

Por supuesto, en los tiempos actuales, en sociedades civilizadas, en conglomerados humanos establecidos, debe ser organizada y asimilable, algo no tan fácil cuando el hambre y la necesidad empujan a muchos a buscar tras otras fronteras nuevas oportunidades.

No siempre se logra, aunque la intención exista. Ya en 1884, Martí dijo "En inmigración, como en medicina, es necesario prever"[72] (OC, 2001, 8:384). Esa *previsión* es imprescindible,

---

71 En *Escenas Neoyorquinas* en *La América*.
72 *De la inmigración inculta y sus peligros. Su efecto en los Estados Unidos.* En *La América*, Nueva York, febrero de 1884.

puesto que: "no se debe estimular una migración que no pueda asimilarse al país"(Ibídem).

Y por supuesto que enlace con la naturaleza de la sociedad a insertarse: "Importa poco llenar de trigo los graneros, si se desfigura, enturbia y desgrana el carácter nacional. Los pueblos no viven a la larga por el trigo, sino por el carácter" (Ibídem).

Partiendo de su experiencia de la sociedad norteamericana de la época, se pregunta: "¿qué especie de emigración debe llevarse a nuestras tierras, y con qué privilegios, y hasta dónde debe gozar de los derechos públicos?"[73] (Martí-Pérez, 1980a, 123).

SER INMIGRANTE NO IMPLICA PERDER LOS VALORES PROPIOS

Jefe Apache Gerónimo (derecha) y sus guerreros, 1886.

Lo cual conduce a la oportunidad del inmigrante en un nuevo país de encontrar libremente la oportunidad de

73 Artículo *La inmigración en los Estados Unidos y en Hispanoamérica. Aviso a México*, *El Partido Liberal*, México, 26 sept. 1888.

avance para su vida y fundar una familia, adoptando las normas de la sociedad nueva, siempre sin olvidar sus raíces y tradiciones, pero con el respeto a su nuevo entorno.

Como el propio José Martí genialmente dijo: "en lo de la emigración, la pelea no es de humanidad, sino de conveniencia" (Martí-Pérez, 1983, 291).

Y es por eso que condena la violencia contra los indios norteamericanos, a quienes no debía exterminarse ni reprimir, sino educar y asimilar, con el respeto a sus tradiciones y orígenes y alerta sobre el peligro de imponer con inmigrantes la violencia en los nativos del país:

"Los pueblos que tienen indios, deben educarlos, que siempre fructificarán mejor en el país, y lo condensarán más pronto en nación, y la alterarán menos, los trabajadores del pais propio que los que le traigan brazos útiles, pero espiritu ajeno. Porque esa es la ley capital en la introducción de inmigrantes: sólo debe procurarse la inmigración cuyo desarrollo natural coincida, y no choque, con el espíritu del país.- Vale más vivir sin amigos, que vivir con enemigos. Importa poco llenar de trigo los graneros, sí se desfigura, enturbia y desgrana el carácter nacional. Los pueblos no viven a la larga por el trigo, sino por el carácter" [74] (OC, 2001, 8:384).

Las *guerras indias*[75], que condujeron a la segregación de las poblaciones nativas norteamericanas en campos de concentración dentro de sus anteriores dominios, habían traído el *fin del problema indio*, lo cual se traduce al exterminio o la reubicación forzada de los habitantes originarios (Suárez et al., 2012).

---

[74] *De la inmigración inculta y sus peligros, su efecto en los Estados Unidos* en *La América*, Nueva York, febrero de 1884.
[75] **Guerras Indias** Ver Anexo.

Ya hacia 1860, la trata de esclavos africanos había traído de ese continente a unos 4 millones de Personas (Geschwender, 1978:133). La *conquista del Suroeste* a mediados del siglo XIX, absorbió una vasta población mexicana en los hoy estados de California, Texas, Arizona, Nuevo México, Nevada, Utah, y partes de Colorado (Barrera, 1979:13) y para finales de siglo, los descendientes de los trabajadores chinos traídos para la construcción de los ferrocarriles y el trabajo en las minas, constituían un sector poblacional significativo (De Bary Nee, 13-8).

Esta foto de 1870, es una muestra del exterminio del Bisonte Americano a finales del siglo XIX. Los cazaban por las pieles y luego recolectaban los huesos. Esto afectó grandemente las tradiciones y las posibilidades de supervivencia de los indios norteamericanos.

EL IMPERIO SE EXPANDE CON EL GENOCIDIO Y LA RAPIÑA

La expansión territorial del imperio no se detiene *internamente* con la invasión de parte del territorio mexicano después de la proclamación de la *Doctrina Monroe* [76] de expansión territorial hacia el Pacífico, en lo que en la actualidad constituyen los estados del suroeste de los EEUU. [77]

Al genocidio de los indios norteamericanos, con la *conquista* a sangre y fuego de sus tierras, sigue en 1898 el nacimiento del imperio con la mal llamada *Guerra hispano-norteamericana* [78], la cual concluye un período de campañas de prensa destinadas a crear un ambiente de histeria que justificara la invasión a Cuba, Puerto Rico y las Filipinas, las últimas posesiones del imperio colonial español en América y el Pacífico.

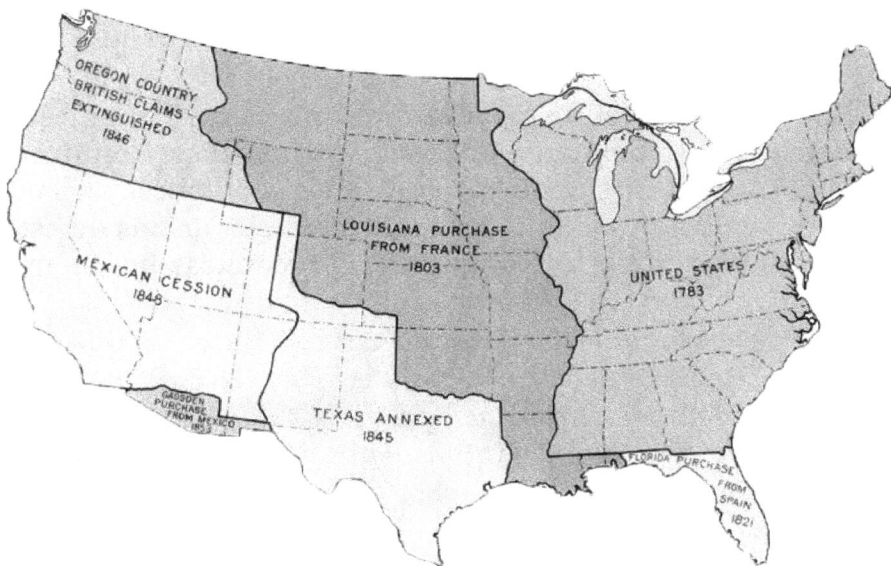

Adquisiciones territoriales de EEUU: 1783-1853: compra u ocupación.

Esa guerra relámpago culminó con el *Tratado de París* [79] y con la recolonización de ese último archipiélago, se establece, hasta 1934, un virtual protectorado sobre Cuba (Bosch, 1981).

---

76 **Doctrina de Monroe** Ver Anexo.
77 **La ocupación del Norte de México.** Ver Anexo.
78 La **Guerra hispano-estadounidense**. Ver Anexo.
79 **El Tratado de París**. Ver Anexo.

En 1898, cuando los patriotas cubanos vencían a las tropas colonialistas españolas, el gobierno de Estados Unidos decidió que la fruta estaba madura y declara la guerra contra España, con el pretexto de contribuir a una Cuba libre, lo cual se conoce, en la historia de Estados Unidos, como la guerra hispanoamericana, pero la historia llama la intervención de Estados Unidos en la guerra de la independencia de Cuba.

Las tropas estadounidenses ocuparon la isla durante cuatro años y a cambio de retirar el ejército de ocupación, imponen a la naciente República la *Enmienda Platt*, a su Constitución, una ley estadounidense que otorga el control de Cuba al gobierno de Estados Unidos, dándole el derecho de intervenir militarmente en cualquier momento y mantener el control de puertos de la isla (Franklin, 2001).

La combinación de campañas diplomáticas, con maniobras financieras y finalmente agresiones e invasiones militares. fue una característica de la época donde el entonces naciente imperialismo estadounidense, mostraba sus ansias de establecer su control sobre las nacientes repúblicas latino-americanas.

Una de esas maniobras diplomáticas en busca de una ideología de la neo-colonia fue la realización en 1889-90 de la *Primera Conferencia Internacional de Estados Americanos*[80]: *madre putativa*[81] del posteriormente llamado "panamericanismo"[82](Conell-Smith, 1997:133-155).

Es el propio José Martí quien describiera con talento mayor en *Nuestra América* [83] las deformidades en el desarrollo de "nuestras repúblicas dolorosas de América" (OC, 2001, 6:16) y

---

80 Primera Conferencia Internacional Americana (Washington, DC, 1890), estableció la Unión Internacional de las Repúblicas Americanas y su Secretaría Permanente, la Oficina Comercial de las Repúblicas Americanas, precursora de la OEA. [N. del E.]
81 Padre o madre putativa, persona que cumple funciones de padre y adopta paternidad, sin ser progenitor biológico. [N. del E.]
82 El **panamericanismo**. Ver Anexo.
83 En *El Partido Liberal*, México, 30 de enero de 1981.

las agresiones contra ellas por el "Norte revuelto y brutal que nos desprecia"[84] (OC, 2001, 4:168)

Y agrega en su artículo sobre el *Congreso Internacional de Washington, su historia, sus elementos y sus tendencias*:

"Jamás hubo en América, de la independencia acá, asunto que requiera más sensatez, ni obligue a más vigilancia, ni pida examen más claro y minucioso, que el convite que los Estados Unidos potentes, repletos de productos invendibles, y determinado a extender sus dominios en América, hacen a las naciones americanas de menos poder, ligadas por el comercio libre y útil con los pueblos europeos, para ajustar una liga contra Europa, y cerrar tratos con el resto del Mundo...

Tropas norteamericanas en La Habana.

"De la tiranía de España supo salvarse la América española; y ahora, después de ver con ojos judiciales los antecedentes, causas y factores del convite, urge decir porque es la verdad, que ha llegado para la

---

84 En *Carta a Manuel Mercado.*Campamento Dos Ríos18/5/1895

América española la hora de declarar su segunda independencia"[85] (OC, 2001, 6:46)

John Hay, Secretario de Estado estadounidense, firmando
la ratificación del tratado de París. No hubo representación
del Gobierno en Armas cubano, ni de los otros territorios
"transferidos" al control de los EEUU.

Finalmente, el mismo *Tratado de París*, otorgándole la
seudo independencia a Cuba en 1898, traspasó Puerto Rico
al control norteamericano, desde donde décadas después co-
menzaría la migración de trabajadores de esa isla hacia el
continente.

DENUNCIA DE LA CONFERENCIA MONETARIA INTERNACIONAL

Es en la conferencia Monetaria Internacional de 1891,
donde participara en representación de la República del Uru-

---

85 Nueva York, 2 noviembre 1889.

guay, Martí expone la aspiración imperial de someter económicamente al continente, lo denuncia en el evento y en sus reportajes sobre las manipulaciones de la asamblea.

Su posición vertical acerca de las tendencias expansionistas del naciente imperio norteamericano era pública y es por ello que el propio Secretario de Estado de los EEUU se opuso a su presencia, tal fue así que no pudo participar en la primera sesión.

El Sr. Blaine[86], al percatarse de la personalidad e influencia de un talento como José Martí en aquella reunión, donde fuera el representante con más intervenciones pronunciadas, se propuso atraerlo a sus intereses electoreros.

Como revelara en un libro testimonial Carlos A. Aldao[87], secretario entonces de la legación diplomática de Argentina en Washington en el cual este recuerda a Martí "animado por un patriotismo ascético":

"Encantaba oírlo exponer el papel que representaría en el futuro su Cuba libre, como llave del istmo perforado y centinela avanzado para resistir el empuje absorbente de las razas del norte. Admiraba á [sic] los Estados Unidos, pero no los quería y solía narrar con cierto orgullo haber acompañado hasta la escalera de su modesta vivienda al emisario de Blaine que había entrado en ella á [sic] proponerle ventajas pecuniarias en cambio de cuatro mil votos cubanos de que él podía disponer en Florida y que acaso decidieran en aquel Estado la elección presidencial" (Aldao, 1907: 42-43).

La conferencia no produjo los resultados esperados por los círculos del poder norteamericanos, pero sentó las bases de la expansión imperial de los Estados Unidos sobre la América Latina y el Caribe destinada a convertir en neo-colonias

---

86 **James Gillespie Blaine**. Ver Anexo.
87 **Carlos A. Aldao**. Ver Anexo.

estadounidenses a muchos de nuestros países (Salazar, 2008:69). El Maestro en un artículo publicado en la *Revista Ilustrada de Nueva York*, en mayo de 1891, sobre la evidencia de las intenciones de la *Conferencia Monetaria de las Repúblicas de América* convocada por los Estados Unidos, escribía:

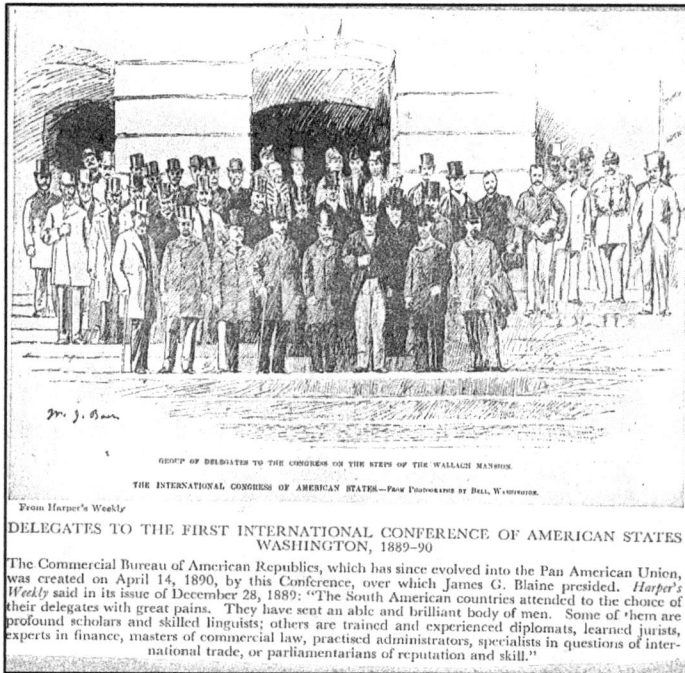

DELEGATES TO THE FIRST INTERNATIONAL CONFERENCE OF AMERICAN STATES
WASHINGTON, 1889–90

The Commercial Bureau of American Republics, which has since evolved into the Pan American Union, was created on April 14, 1890, by this Conference, over which James G. Blaine presided. *Harper's Weekly* said in its issue of December 28, 1889: "The South American countries attended to the choice of their delegates with great pains. They have sent an able and brilliant body of men. Some of them are profound scholars and skilled linguists; others are trained and experienced diplomats, learned jurists, experts in finance, masters of commercial law, practised administrators, specialists in questions of international trade, or parliamentarians of reputation and skill."

Página sobre la Conferencia, revista política
Harper's Weekly, NY, Octubre 12 de 1889.

"Si dos naciones no tienen intereses comunes, no pueden juntarse. Si se juntan, chocan. Los pueblos menores, que están aún en los vuelcos de la gestación, no pueden unirse sin peligro con los que buscan un remedio al exceso de productos de una población compacta y agresiva. Creen [los Estados Unidos, N. del E.] en la necesidad, en el derecho bárbaro, como único derecho: "esto será nuestro, porque lo necesitamos". Creen en la superioridad incontrastable de "la raza anglosajona contra la raza latina". Creen en la bajeza de la raza negra que esclavizaron ayer y vejan hoy, y de la india, que exterminan. Creen que los pueblos de Hispanoamérica están formados, principalmente, de indios y de negros. Mientras no sepan más de Hispanoamérica los Estados Unidos y la respeten más, -como con la explicación incesante, urgente, múltiple, sagaz, de nuestros elementos y recursos, podrían llegar a respetarla,- ¿pueden los Estados Unidos convidar a Hispanoamérica a una unión sincera y útil para Hispanoamérica? ¿Conviene a Hispanoamérica la unión política y económica con los Estados Unidos? (OC, 2001, 6:158).

La pregunta de Martí entonces, mantiene su vigencia ya que la unidad e integración de los países de América Latina, en la estrategia martiana era fundamento del equilibrio continental para frenar la expansión imperialista de los Estados Unidos.

CONCEPTO BOLIVARIANO EN MARTÍ

El concepto bolivariano de la unidad de nuestros pueblos, del Río Grande a la Patagonia, es constante en Martí, no predicando una unidad intangible, sino la concertación necesaria precisa para lograr la segunda independencia y cuya finalidad no estriba únicamente en el combate contra el imperialismo norteamericano, sino también contra el orden social vigente en América Latina (Pacheco, 2002:4).

A finales del siglo XIX existían las condiciones para la gran mezcla multinacional, racial y étnica, basada en la cual se desarrollaron las candentes luchas económicas, políticas y culturales que definieron el marco ideológico del imperialismo norteamericano y sus preceptos de dominio continental.

Su visión preclara lo lleva a vislumbrar el deber continental de Cuba en el enfrentamiento a las posiciones hegemonistas del naciente imperio, ya desde la Conferencia Internacional Americana.

El término *panamericanismo,* empleado por primera vez en el periódico *New York Evening Post*, el 27 de junio de 1882, fue utilizado en los reportes de un evento del que Martí dijera ser un congreso cuyas entrañas están, "como todas las entrañas, donde no se las ve"[88] (OC, 2001, 6:35).

El Apóstol desentraña, como Cronista del diario *La Nación* de Buenos Aires, los verdaderos propósitos de ese acontecimiento al analizar su historia, elementos y sus tendencias", con la denuncia de las intenciones ocultas del naciente imperialismo norteamericano formuladas en las teorías de diversas personalidades políticas de la época del calibre de Thomas Jefferson[89], John Quincy Adams[90], Henry Clay[91] y James G. Blaine [en la imagen], entre otros.

En síntesis, el *panamericanismo* promovido en ese momento histórico por el señor Blaine, secretario de Estado del país norteño, contribuía a la aplicación práctica de la *Doctrina Monroe*, complementada por la del "destino manifiesto"[92] y que sería enarbolada de forma explícita o implícita por muchos políticos e intelectuales norteamericanos, aún hasta nuestros días.

En un libro del diplomático e intelectual argentino Carlos A. Aldao, se recoge su descripción sobre un evento en homenaje al libertador Simón Bolívar[93]:

88 *El Congreso de Washington*. New York, 28 de septiembre de 1889, *La Nación*, Buenos Aires, Argentina.
89 **Thomas Jefferson**. Ver Anexo.
90 **John Quincy Adams**. Ver Anexo..
91 **Henry Clay**. Ver Anexo.
92 La doctrina del **Destino Manifiesto**. Ver Anexo.
93 **Simón José Antonio de la Santísima Trinidad Bolívar y Palacios Ponte y Blanco**, conocido como **Simón Bolívar** (1783-1830). Ver Anexo.

"Llególe [sic] el turno á [sic] José Martí y subiendo á [sic] la tribuna hizo, con la palabra suelta, fácil, brillante que le era habitual, un estudio analítico de la revolución de la independencia sudamericana en que no se sabría qué admirar más, si la precisión, profundidad y lógica de sus ideas ó [sic] la música de su oratoria. Revelando conocimiento acabado de los elementos étnicos y sociales que habían contribuido á [sic] la formación de nuestras naciones, puso en claro la acción eminentemente personal y absoluta de Bolívar, proyectándola sobre la de nuestro taciturno Libertador y evocó las hazañas de la bravia [sic] democracia del sud [sic] ante la que Bolívar detuvo su caballo de guerra. La brillante peroración producía en la médula una sensación análoga á [sic] la que despierta la vista del acróbata lanzado al aire en un ejercicio peligroso y cuando todos los circunstantes *oræ tenebant* [94] (Fowler, 1958:24,86) ante el encanto de su palabra, Martí se detuvo, tomó aliento, irguióse [sic] aún más y con la mirada perdida y voz que era casi un grito que expresaba el dolor y la esperanza, concluyó así: "Señores, el que tenga patria que la honre y el que no que la conquiste." (Aldao, 1907:45).

Es la frase de honor a Bolívar de José Martí: "Quien tenga patria, que la honre; y quien no tenga patria, que la conquiste: ésos son los únicos homenajes dignos de Bolívar" [95] (OC, 2001, 8:253).

94: Vix ea fatus erat, defixique ora tenebant [caiga en la región tenebrosa, poseídos en su oratoria], N. del E.
95 En *La Fiesta de Bolívar en la Sociedad Literaria Hispanoamericana. Patria*, Nueva York, 31 de Octubre 1893.

Capítulo VII

LAS ESPECIFICIDADES DEL FENÓMENO MIGRATORIO CUBANO

La emigración cubana es más antigua que la existencia de la nación y, no es exclusiva hacia los Estados Unidos; es un proceso intenso durante el siglo XIX, pues ya en 1870 había en los EEUU 5,319 cubanos, número que para 1900, luego de concluida la guerra de 1895, superaba los 15,007 (Pérez, 2000:14), con dos causas fundamentales para su asentamiento y desarrollo: las posibilidades de empleo y la realidad política de la época (Tabraue-Castro, 2003:15).

La causa de la libertad y las guerras por la independencia, afectaron grandemente a la economía cubana, arruinando a la gran burguesía cubana del siglo XIX, más exactamente en la Guerra de los Diez Años, quienes se benefician son los españoles y los capitalistas norteamericanos en busca de oportunidades.

José Martí no era un terrateniente como lo fuera Carlos Manuel de Céspedes[96], y Antonio Maceo era un pequeño propietario rural que, no podía compararse en fortuna con Ignacio Agramonte[97] o con Francisco Vicente Aguilera[98] (Rodríguez-Rivera, 2013).

Las primeras oleadas de emigrados cubanos se asentaron fundamentalmente en las ciudades de Nueva York, Nueva Orleans y en Cayo Hueso. Caracterizados como migrantes económicos[141], una parte importante de ellos estaba vinculada a la industria tabacalera.

El flujo de emigrados se agudiza a partir de 1860, cuando el factor político encara el rol preponderante en las salidas

---

96 **Carlos Manuel Perfecto del Carmen de Céspedes y López del Castillo**. Ver Anexo.
97 **Ignacio Agramonte y Loynaz**. Ver Anexo.
98 **Francisco Vicente Aguilera y Tamayo** Ver Anexo.

de cubanos al exterior, cómo resultado de la agudización de las contradicciones con la metrópoli española[142].

Tabaqueros cubanos en Tampa.

NORTEAMÉRICA COMO REFUGIO DE LOS PATRIOTAS

El año 1869, marcó el inicio de uno de los períodos más trascendentales del movimiento poblacional desde Cuba hacia Estados Unidos, con centro en Cayo Hueso y gran parte en Tampa al producirse la derrota de los patriotas en la *Guerra de los Diez Años*[143] (1868-1878), donde para ponerse a salvo de la represión colonial y buscar sobrevivir con sus familias, miles de cubanos se refugiaron en Norteamérica (Gómez-Barata, 2009).

Entonces se produce el traslado de cientos de trabajadores y empresarios vinculados a la manufactura del tabaco. Las razones son diversas: la introducción de más modernas técnicas de elaboración y proceso de la hoja; conjuntamente con el acceso directo a su principal mercado, los Estados Unidos; la inseguridad respecto al futuro de la isla, sufriendo años de crisis económica, política y social, y el inicio de la *Guerra de los Diez Años* contra el dominio español.

La historia compartida de Cuba, Tampa y Cayo Hueso, agrupa tanto el movimiento de los emigrados cubanos, como su participación en los empeños por la independencia de Cuba, donde la figura de José Martí resultó medular (Aja-Díaz, 2000:13),

Sin embargo, el segundo lustro de los noventa del siglo XIX, marcó el descenso de la población de emigrados cubanos, al regresar a la isla gran parte de ellos a combatir por la independencia.

La guerra fue cruenta contra el pueblo cubano, pues según el censo de 1887, Cuba contaba con 1,572,000 personas, y perdió a ese recuento 58,890 habitantes.

El reporte de 1899 dice sobre la disminución de los niveles de población que:

"se puede atribuir a la reciente guerra civil y al sistema de reconcentración empleado en ella y los guarismos citados no expresan más que una parte de la pérdida debida a dichas causas. A juzgar por la historia de Isla y por el exceso de nacimientos sobre las defunciones, según está manifestado en los registros civiles, por defectuosos que éstos sean, es de creerse que la población aumentó desde el año de 1887 hasta principios de la guerra y que en dicha época ascendió a poco menos de 1,800,000 habitantes. Es probable, pues, que las pérdidas, directas e indirectas, causadas por la guerra y el sistema de reconcentración, incluso la disminución en los nacimientos, en la inmigración y el aumento en las defunciones, ascendieron a un total aproximado de 200 000 almas (Departamento de Guerra, 1900:103).

LOS INMIGRANTES CUBANOS SE INTEGRAN

Es ya con el fin de la Guerra que se acentúa la integración de los inmigrantes cubanos que permanecieron en los EEUU a la sociedad norteamericana.

Muchos patriotas cubanos sobrevivientes de la guerra de 1868 y otras luchas posteriores y sus familiares, junto con los obreros tabaqueros en Cayo Hueso y Luisiana, apoyaron a José Martí, quien residiera y trabajara durante 15 años en los Estados Unidos, en el proceso de maduración política de la emigración cubana.

En 1896 el General español Valeriano Weyler creó los campos de "reconcentrados," o campos de concentración, internando a 300,000 civiles (Van Stone, 2011).

Mientras en la isla seguían las dudas entre algunos, en el destierro los cubanos confiaban en la justeza de la causa, como recoge en uno de sus libros Enrique Collazo[99], quien una vez dudara de Martí:

---

99 **Enrique Collazo**. Ver Anexo.

"Realmente en la población de La Habana entre la gente de posición, la Revolución no sólo no encontró apoyo, sino manifiesta hostilidad, mientras que la juventud esperaba con ansias la señal y la gente del campo estaba a la expectativa esperando el momento, aunque con desconfianza. Mientras tanto, en el extranjero crecía el entusiasmo y aumentaba la fe en el éxito, y el hombre que la representaba para ellos era Martí; el obrero se quitaba el pan de la boca para aumentar el caudal revolucionario..." (Collazo, 1981:31).

Los tabaqueros de Cayo Hueso, incluso en los momentos más difíciles, nunca dejaron de sostener a la Revolución, no los ricos, sino los más pobres, luchando para poder subsistir y sostener a sus familias en un país extraño, continuaban aportando a la causa de la libertad.

La otra cara de la emigración era diferente pues ya desde 1875, la fortuna de los hacendados cubanos radicados en Estados Unidos, era una de las más importantes entre los grupos de emigrantes, incrementándose las acciones que poseían en las principales industrias norteamericanas.

LOS EMIGRADOS POBRES: SOPORTE DE LA REVOLUCIÓN

Fueron los cubanos emigrados en los Estados Unidos y principalmente los tabaqueros del sur de La Florida, claves en el soporte económico y político al movimiento revolucionario e independentista (Guerra-Díaz, 2010), en ellos Martí contó con apoyo incondicional en el afán de organizar la *Guerra Necesaria*[100]. De ellos dijo en *Patria*: "¡De los tabaqueros suelen hablar con desdén los que no tienen el valor del trabajo, ni el de ganar con sus manos, sea cual quiera labor, una vida libre y honrada![101] (OC, 2001, 5:417).

---

100 La **Guerra Necesaria** o *Guerra del 95*. Ver Anexo.
101 Artículo del 24 de Marzo de 1893.

Y agrega sobre el patriotismo y el sacrificio de los emigrados cubanos:

Voluntarios mambises en Tampa (FL).

"...Y si algún bribón le dice que por ser pobre, ha dejado de amar la libertad, que por perder el asiento en la tabaquería ha perdido su amor de hermano al hombre, y el deseo de buscarle en tierra propia una casa feliz y el dolor de la venganza de sus compatriotas oprimidos, y todo lo que hace la limpieza y la dignidad del ser humano, el tabaquero sin asiento clavará de un revés contra la pared a quien crea que por perdido su jornal ha perdido la honra"[102] (OC, 2001, 2:371).

---

102 Artículo *Pobreza y Patria*. E *Patria* 19 de agosto de 1883.

Capítulo VIII

IMPORTANCIA DE LA FLORIDA EN LA LIBERTAD DE CUBA

VISITA A SAN AGUSTÍN

En San Agustin[103], en la Florida, se dieron pasos importantísimos en la organización no solo de la lucha armada por la independencia cubana sino de la fundación de la república, pues allí también existían comunidades importantes de exilados cubanos a fines del siglo XIX.

Sin embargo, la emigración por sí sola no podía imponer la lucha armada, era desde Cuba de donde debía surgir el llamado a las armas y entonces podría enviarse la ayuda en recursos, armamento y hombres, llegarían los jefes militares exiliados y se podría comenzar la verdadera guerra por la independencia (García, 2001).

Los estudiosos de la obra martiana sabían que Martí había visitado la ciudad en 1892, pues desde San Agustín, en agosto de ese año, se envió una crónica a *Patria* sobre la visita no solo de Martí sino de otros líderes del movimiento revolucionario (Schulman, 2003:929).

Entre el momento de la primera visita martiana a San Agustín y 1895, la actividad revolucionaria floridana se intensificó, viajando el Apóstol con frecuencia desde Nueva York a las ciudades de la Florida por ferrocarril.

Pero en su correspondencia después del 92 en las ediciones de las obras completas no hay mención alguna de otra visita a San Agustín, aunque hay dos o tres breves alusiones a la ciudad: "los hoteles de San Agustín, y el río de la Matanza, y el arte muzárabe..."[104] (OC, 2001, 5:408).

---

103 **San Agustín** (o Saint Augustine en inglés). Ver Anexo.
104 En *Patria*, 28 de enero de 1893.

En la organización de la lucha por la independencia la presencia y fortalecimiento de comunidades de emigrados cubanos en La Florida a partir de 1890, transformó profundamente el carácter y el sentido del movimiento por la independencia cubana (Schulman, 2003:929).

Martí en Cayo Hueso en 1892, con líderes
de la comunidad emigrada cubana.

Desde 1892 las comunidades de exilados en Ybor City, Tampa, Cayo Hueso, Martí City[105] y Jacksonville fueron centro del movimiento patriótico, base de la Revolución independentista.

La combinación de esta *base* revolucionaria y sobre todo la presencia y la imagen de la figura de José Martí como el líder innegable, apoyado en sus flameantes discursos, constituyeron en básicos para el propósito de la independencia.

---

105 Ubicada cerca de la población Ocala al centro del estado de La Florida. **Martí City** fue posteriormente abandonada [N. del E.]),

Dibujo sobre discurso de José Martí en La Florida.

TAMPA EN MARTÍ

El primer contacto de José Martí con la combativa emigración de La Florida se produjo en noviembre de 1891 al aceptar la invitación de Néstor L. Carbonell[106], presidente del *Club Agramonte*, para hablar en el Liceo Cubano de Tampa.

En la medianoche del día 25 de noviembre de 1891, llegó por primera vez José Martí a Tampa, donde acuden a recibirlo los emigrados revolucionarios cubanos, muchos de ellos, por supuesto, eran tabaqueros (Nabel Pérez, 2011).

Hacia 1891 existían dos organizaciones patrióticas allí: la *Liga Patriótica Cubana* y el *Club Ignacio Agramonte*. La Liga tenía la primacía pues el club se había fundado en ese mismo año, pero ambos tenían objetivos similares entre la emigración en Tampa, la cual ya en la década del 90 alimentó el crecimiento de la localidad, la cual alcanzó la cifra de 20,000 habitantes (López-Civeira, 2003).

El movimiento de cubanos fue fuerte y presentó rasgos similares a Cayo Hueso, símbolo de la emigración patriótica. Pronto las autoridades españolas, ya en 1886, informaban al Gobierno General de la Isla de Cuba: "muy pronto dicha ciudad (Tampa) será uno de tantos focos de conspiración separatista, que deberemos vigilar cuidadosamente..." (Gobierno, 1886, I:87).

—Según el acta de constitución del *Club Ignacio Agramonte* (Deulofeu, 1905:197-108) por invitación de Néstor Carbonell y José Gómez Santoya[107] se reunió un grupo de emigrados en la sede de la sociedad de instrucción y recreo el *Liceo Cubano*, con el propósito de fundar un club revolucionario que mantuviera el ideal independentista y cuya tarea fundamental era recaudar fondos para la futura guerra.

Al día siguiente Martí recorre talleres y fábricas de tabacos, con un recibimiento extraordinario de los trabajadores y termina el día con un acto en el *Liceo Cubano* de Tampa donde

---

106 **Néstor Leonelo Carbonell Figueroa**. Ver Anexo.
107 **José Gómez Santoya**. Ver Anexo.

Ramón Rivera lo presenta y pronuncia el discurso conocido *Con todos y para el bien de todos*[108], resumiendo su radicalidad y compromiso social.

El 26 de noviembre de 1891 se desarrolló la velada en el *Liceo Cubano*. Allí Martí pronunció su discurso conocido por su frase final: *Con todos, y para el bien de todos*, aunque se publicó entonces bajo el título: *Por Cuba y para Cuba*.

Interesa destacar aquí las definiciones conceptuales de su contenido, de suma importancia para el proyecto revolucionario martiano. No fue casual este medular discurso, ni la ocasión y el sitio donde fue pronunciado, Tampa fue el lugar donde el Apóstol presentó sus ideas claves acerca de la revolución y, especialmente, del carácter y contenido que tendría la futura república.

Se trata de una de sus exposiciones más conceptuales y programáticas: era esencial la definición de los fines y los medios para el paso organizativo trascendental que debía producirse en Tampa.

Martí con un grupo de emigrados cubanos en Kingston, Jamaica en octubre de 1892.

En el primer párrafo, que comienza: "Para Cuba que sufre, la primera palabra. De altar se

ha de tomar a Cuba, para ofrendarle nuestra vida, y no de pedestal, para levantarnos sobre ella ..." (OC, 2001, 4:269) y que concluye: "Yo traigo la estrella, y traigo la paloma, en mi corazón" (Ibídem), Martí reconoce la hospitalidad de las palabras del "cordial Carbonell" y del "bravo Rivero".

Se refiere después a la república que será "de ojos abiertos, ni insensata ni tímida, ni togada ni descuellada [sic], ni sobreculta [sic] ni inculta..." (Ibídem, 270), la república en la cual la ley primera fuera "el culto de los cubanos a la dignidad plena del hombre" (Ibídem).

Y señala a continuación:

"O la república tiene por base el carácter entero de cada uno de sus hijos, el hábito de trabajar con sus manos y pensar por sí propio, el ejercicio íntegro de sí y el respeto, como de honor de familia, al ejercicio íntegro de los demás; la pasión, en fin, por el decoro del hombre, –o la república no vale una lágrima de nuestras mujeres ni una sola gota de sangre de nuestros bravos (OC, 2001, 4:270) ... cerrémosle el paso a la república que no venga preparada por medios dignos del decoro del hombre, para el bien y la prosperidad de todos los cubanos!" (Ibídem, 271).

Sobre esta idea volvería para cerrar el discurso con la exhortación a poner "alrededor de la estrella, en la bandera nueva, esta fórmula del amor triunfante: con todos, y para el bien de todos" (Ibídem, 279).

En esa ocasión planteó la idea de preparar la "guerra próxima, e inevitable" (Ibídem, 272), "la revolución de justicia y de realidad" (Ibídem), afirmó la diferencia que debía haber entre la "guerra de la necesidad" (Ibídem, 273) que preparaba y la que fue "guerra del arranque" (Ibídem), el deber de recoger el pabellón "que dejaron caer, cansados del primer esfuerzo, los menos necesitados de justicia" (Ibídem).

Proclamó Martí el objetivo de la revolución independencia contra la colonia y combatió a los que se oponían a la causa de la libertad y llamó a combatir, "para la república verdadera ... de manera que no corra peligro la libertad con el triunfo, por el desorden o por la torpeza o por la impaciencia en prepararla" (Ibídem, 279).

Los discursos trascendentales de Marti

Fue un discurso medular, conteniendo la esencia de su concepción revolucionaria, de los métodos y fines para a independencia, con la más completa exposición de la Revolución necesaria para Cuba.

Fusilamiento de los ocho estudiantes de Medicina: Ocurrió el 27 de noviembre de 1871, fecha en que fueron injustamente fusilados ocho inocentes estudiantes en lo que se considera como un horrendo homicidio colectivo de las autoridades españolas en la isla (Ilustración).

Al día siguiente, al hablar de nuevo en el *Liceo Cubano*, esta vez en el homenaje por el veinte aniversario del *Fusilamiento de los ocho estudiantes de medicina*, es otro de sus discursos más conocidos, el llamado *Los pinos nuevos*[109] (OC, 2001, 4:282), donde habló de la muerte necesaria y útil, de la muerte que da jefes, lecciones y ejemplos y proclamó la unión y la continuidad indispensables entre los pinos caídos y los pinos nuevos que se erguían para la próxima acometida (Ibídem).

Está de más destacar el talento y la visión de un intelectual del calibre de José Martí, pero es en estos discursos y en estos momentos, cuando evidencia ante los emigrados cubanos de Tampa, su calidad de líder y de personalidad política.

Es en ese momento, cuando define las bases más allá de la emoción y coyuntura, para cimentar los fundamentos de su personalidad como líder y los principios de la lucha necesaria que a partir de la organización de los clubes y el apoyo de los emigrados, concluiría en la organización y fundación del Partido Revolucionario Cubano[110], el arma necesaria para la independencia.

LOS PINOS NUEVOS

El 27 de noviembre, en otra velada de la *Convención Cubana* en conmemoración del *XX Aniversario del fusilamiento de los estudiantes de medicina*[111], pronuncia su segundo discurso denominado, *Los pinos nuevos*, en el que expone el programa para alcanzar la independencia partiendo de la unidad de todos los cubanos.

Esos discursos -tomados taquigráficamente-, confirman del poder de "improvisación" que le venía a Martí de la sabiduría y el pensamiento acumulados, y de la sinceridad, no de arranques irreflexivos. Pero con desprevención, o con dolo, también el segundo se ha interpretado erróneamente hasta

---

109 Discurso, pronunciado por José Martí en el Liceo Cubano de Tampa, sucesivamente los días 26 y 27 de Noviembre de 1891 en la velada-homenaje a los estudiantes cubanos fusilados en La Habana en 1871. N. del E, Ver en Textos Importantes.
110 El **Partido Revolucionario Cubano** (PRC). Ver Anexo.
111 **Fusilamiento de los 8 estudiantes de medicina**. Ver Anexo.

con buenas intenciones. Se le ha considerado expresión de una actitud que sería sectaria (Toledo-Sande, 2003).

El Apóstol concluyó ese discurso con estas palabras: "Cantemos hoy, ante la tumba inolvidable, el himno de la vida. Ayer lo oí a la misma tierra, cuando venía, por la tarde hosca, a este pueblo fiel. Era el paisaje húmedo y negruzco; corría turbulento el arroyo cenagoso; las cañas, pocas y mustias, no mecían su verdor quejosamente, como aquellas queridas por donde piden redención los que las fecundaron con su muerte, sino se entraban, ásperas e hirsutas, como puñales extranjeros, por el corazón: y en lo alto de las nubes desgarradas, un pino, desafiando la tempestad, erguía entero, su copa.

"Rompió de pronto el sol sobre un claro del bosque, y allí, al centelleo de la luz súbita, vi por sobre la yerba amarillenta erguirse, en torno al tronco negro de los pinos caídos, los racimos gozosos de los pinos nuevos: ¡Eso somos nosotros: pinos nuevos!" (OC, 2001, 4:286).

El vínculo de Martí con los cubanos de Tampa se consolidó y el 16 de febrero de 1892, el secretario del *Liceo Cuban*o, Andrés Sánchez Iznaga[112], comunicaba a Martí desde Ybor City que se le había nombrado socio de mérito (Quesada y Miranda, 1935, 3:116).

El 8 de abril, al igual que en Cayo Hueso y Nueva York, los clubes de Tampa realizaron sus elecciones, en las que fue electo por mayoría José Martí para el cargo de Delegado[113], con la creación de dos nuevos clubs: el Aguilera y El Aguila de Tampa.

Dos días después se proclama oficialmente el Partido Revolucionario Cubano y en el periódico *Patria*[114], del 23 de abril se consolidan las cinco asociaciones existentes en Tampa.

---

112 **Andrés Sánchez Iznaga**. Ver Anexo.

113 Con responsabilidad e infinita modestia, José Martí aceptó y asumió las funciones de Delegado del Partido Revolucionario Cubano y aún cuando tenía plenos poderes, Martí periódicamente realizaba visitas a los clubes e informaba de la parte de labor que podía darse a conocer (Mesa-Zamora, 2012).

114 Periódico **Patria**, fundado por José Martí. Ver Anexo..

El 5 de julio volvió el Maestro a Tampa como parte de un segundo recorrido por las comunidades de la Florida y día 6 habló de nuevo en el Liceo Cubano, regresando el 18 con José Dolores Poyo[115] y los generales Carlos Roloff[116] y Serafín Sánchez[117] para desplegar una intensa actividad: velada en la noche del 18 en el Liceo Cubano, visita a los talleres el 19 con discurso en la fábrica de Vicente Martínez Ybor[118] y pronuncia otro discurso el 20 en el Liceo Cubano, desde donde escribe a su amigo y colaborador Gonzalo de Quesada[119] el 18 de julio de 1892: "Aquí grandezas" (OC, 2001, 2:68).

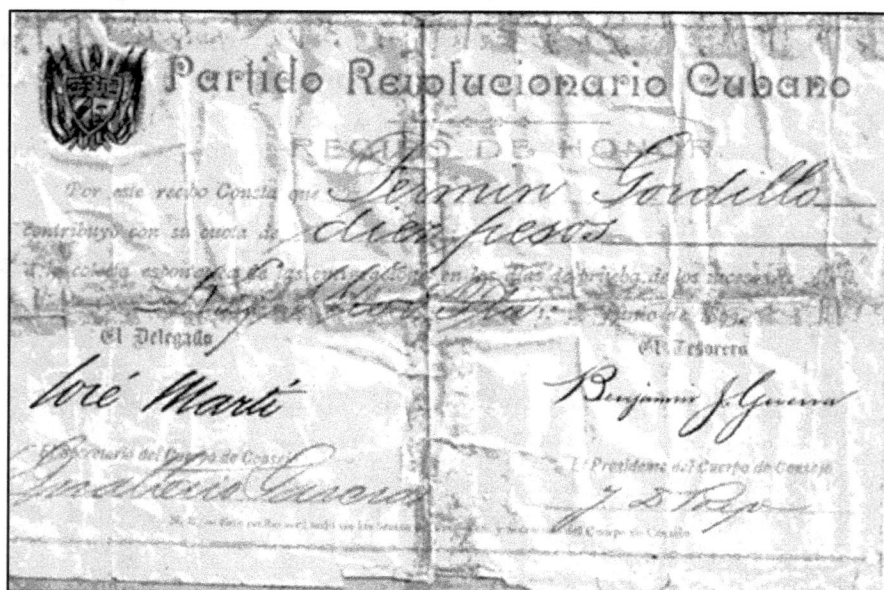

Como se aprecia, este tercer viaje del Apóstol a la Florida fue capital, al exponer el apoyo público de los veteranos de la Guerra al partido, algunos de ellos oficiales de la más alta graduación y prestigio intachable.

115 **José Dolores Poyo y Estenóz**. Ver Anexo.
116 **Carlos Roloff-Mialofsky**. Ver Anexo.
117 Mayor General **Serafín Sánchez Valdivia**. Ver Anexo.
118 **Vicente Martínez Ybor**. Ver Anexo.
119 **Gonzalo de Quesada y Aróstegui**. Ver Anexo.

Es el 14 de julio, en Cayo Hueso, donde once jefes militares, encabezados por los generales Roloff, Sánchez y Rafael Rodríguez[120], habían suscrito una carta de adhesión al partido, por tanto la visita a Tampa era la demostración de la unidad lograda.

Entre 1992 y 1994, el Delegado del partido visitó reiteradamente a las comunidades cubanas de la Florida: la preparación ideológica y organizativa y la recaudación de fondos requerían de gran movilidad, lo que incluyó también otras zonas de Estados Unidos y

Vicente Martínez Ybor

países de Centro América y el Caribe, pero fueron justamente Tampa y Cayo Hueso los lugares de presencia más reiterada.

---

120 **Rafael Rodríguez Agüero.** Ver Anexo.

Capítulo IX

CONFLICTOS OBREROS Y ÉTNICOS EN LA FLORIDA

En medio de las batallas por elevar la conciencia de la emigración, reunir recursos para la guerra necesaria y enfrentarse tanto a las divisiones internas como a los agentes españoles y las autoridades norteamericanas, siempre dispuestas a impedir los esfuerzos de los patriotas por la independencia, la atención de Martí también se centraba en los conflictos sociales tanto en Tampa como en Cayo Hueso.

Estos eran especialmente difíciles, sobre todo a partir de la crisis económica norteamericana de 1893, con una gran incidencia en las emigraciones cubanas, de gran presencia obrera, con un punto de conflicto que constituyó el uso de obreros españoles para sofocar la rebeldía de los trabajadores cubanos.

En el 1894 la situación se agravó, pues luego del pánico financiero, cuando las fábricas reabrieron, muchos de los trabajadores cubanos fueron reemplazados por españoles importados desde la isla, transportados gratuitamente por el gobierno español, entrada ilegalmente bajo las leyes inmigración de la época (Mañach, 1950:321).

Martí y un joven Abogado de origen judío de Nueva York, Horatio S. Rubens, lograron probar que la importación de obreros iba en contra de la Ley Norteamericana sobre Contrataciones de 1885, con lo cual los tabaqueros cubanos tuvieron una victoria completa y luego de ello los Clubes revolutionarios proliferaron en la Florida (Thomas, 1971:305).

La exacerbación de la situación en Cayo Hueso obligó a algunos de los emigrados cubanos de mayor influencia política a trasladarse con sus familias a Tampa, al igual que otros compatriotas anteriormente, como Fernando Figueredo[121] y otros.

José Martí dedicó gran atención a estos conflictos en defensa de los trabajadores cubanos, siendo importante el artículo *Los sucesos de Tampa* (OC, 2001, 2:143-146), aparecido en *Patria* el 27 de agosto de 1892, donde se muestra una situación singular, pues la represión era no sólo contra los cubanos sino también contra los españoles, solidarios con la causa cubana en ocasión de la visita de Martí.

Cubanos y españoles "amigos naturales de la libertad"[122] (OC, 2001, 1:317) triunfaron en la confrontación y una vez más, el Delegado alentó la relación de respeto entre esos españoles liberales y los cubanos, en su capacidad para compartir juntos por los ideales de la libertad a que aspiraban los independentistas (Arteaga-González & Laureiro-Ramírez, 2012:3).

CONTRA EL RACISMO

Martí enfrentó con energía otro problema: las manifestaciones de discriminación a los negros. En su primer discurso en Tampa, el 26 de noviembre de 1891, se pronunciaba enérgicamente contra el temor al "hermano negro, que en los cubanos que murieron por él ha perdonado a los cubanos que todavía lo maltratan ..." (OC, 2001, 4:276), destacando sus virtudes y su aprecio por ellos: "Otros le teman: yo lo amo: a quien diga mal de él, me lo desconozca, le digo a boca llena: Mienten" (Ibídem, 277).

No fue todo, pues el Apóstol se enfocaría en varias ocasiones en el tema, como el caso de la crónica *Mi raza* (OC, 2001, 2:298-300), en el número del 16 de abril de 1893 en *Patria*, pues era un tema clave, tanto para la etapa de la lucha revolucionaria, como para la república libre futura.

Pero no sólo con la palabra, pero con acciones, combatió Martí tales prejuicios detestables. Al llegar a Tampa conoció

---

121 **Fernando Figueredo y Socarrás.** Ver Anexo.
122 En *Nuestras Ideas, Patria*, Nueva York, 14 de marzo de 1982.

a Cornelio Brito[123], quien acudió la mañana del 26 al lugar de alojamiento de Martí, con él nace la amistad con el matrimonio negro, amigo de Cornelio, de Paulina y Ruperto Pedroso[124], inicialmente residentes en Cayo Hueso.

Fue precisamente a la humilde casa de los Pedroso en Tampa donde llevaron a Martí cuando quisieron envenenarlo, donde el mismo dice: "He estado enfermo, y me atendieron muy bien la cubana Paulina, que es negra de color, y muy señora en su alma"[125] (OC, 2001, 20:210).

Ruperto izaba la bandera cubana cuando el Maestro estaba en ella y dormía en el pasillo cuidando la puerta de su habitación y Paulina fue una fiel colaboradora de Martí para desbrozar el camino y deshacer reticencias (López-Civeira, 2003), tanto es así que cuando existieron diferencias entre los cubanos en Tampa de diferente color, el Apóstol se paseó por las

---

123 **Cornelio Brito**. Ver Anexo.
124 **Paulina Hernández Hernández de Pedroso**. Ver Anexo.
125 En *Cartas a María Mantilla*. Epistolario.

calles de la ciudad con Paulina de su brazo para mostrar la calidad de su compromiso (Mañach, 2001).

"Dígase hombre, y ya se dicen todos los derechos", marcó en *Mi raza* y agregó que todos los hombres son iguales en "en la justicia de la naturaleza" (OC, 2001, 6:22) y continúa:

> "No hay odio de razas, porque no hay razas. Los pensadores canijos, los pensadores de lámparas, enhebran y recalientan las razas de librería, que el viajero justo y el observador cordial buscan en vano en la

justicia de la Naturaleza, donde resalta en el amor victorioso y el apetito turbulento, la identidad universal del hombre. El alma emana, igual y eterna, de los cuerpos diversos en forma y en color. Peca contra la Humanidad el que fomente y propague la oposición y el odio de las razas..."[126] (OC, 2001, 6:22)

Y profundizaba Martí en este concepto en otro de sus textos ilustres:

"Esa de racista está siendo una palabra confusa, y hay que ponerla en claro. El hombre no tiene ningún derecho especial porque pertenezca a una raza u otra: dígase hombre, y ya se dicen todos los derechos. El negro, por negro, no es inferior ni superior a ningún otro hombre: peca por redundante el blanco que dice: "mi raza"; peca por redundante el, negro que dice: "mi raza". Todo lo que divide a los hombres, todo lo que los especifica, aparta o acorrala, es un pecado contra la humanidad" (OC, 2001, 2:298).

Un cubano negro, Leonardo Griñán Peralta[127], cuando expresara en uno de sus libros, escritos a principios del siglo XX:

"... más que de éste [del *homo socialis*], tuvo Martí del *'homo politicus'*. Su estilo de vida parece responder al propósito principal de influir en la vida de la nación y de los individuos, de superarse a sí mismo para superar a los demás ... Político por naturaleza fue José Martí ... En previsión de estos peligros externos e internos, Martí, como teórico revolucionario,

---

126 En *Nuestra América. El Partido Liberal*, México, 30 de enero de 1891. Verlo Completo en Textos Importantes.
127 **José Nicolás Leonardo Griñán Peralta** Ver Anexo.

fue nacionalista, antirracista, antiimperialista y demócrata liberal ... Dijeron de él los contrarevolucio-
narios de entonces que era un loco o un iluso. Se dice
ahora que fue un místico o un santo. Nosotros creemos mejor ver en él al político más notable de todas
las épocas, no sólo porque
fue un gran jefe que supo
formar la opinión de las masas y, mediante organizaciones adecuadas, lograr que
aquellas realizasen los planes estratégicos y tácticos
que el concebía, sino, también, porque parece induda-
ble que lo que más conviene
hoy a los cubanos es conside-
rarle como un líder real y
útil que, en un momento supremo, pudo decir en verdad
..." (Griñán-Peralta, 1970: 127).

EL *MIEDO AL NEGRO* [128]

La propaganda racista de España había calado hondo y
constituía, luego de la frustración de la Guerra Chiquita, uno
de los peligros internos más difíciles para la unidad independentista (Valdés-García & Morán-Beltrán, 2008:137), siendo vertical
su actitud frente a los intentos de dividir a los revolucionarios en blancos y negros (Limia-Díaz, 2014).
Martí siempre fue firme en este principio y jamás negó la
participación de los negros cubanos, ni los relegó para com-
placer a elementos racistas dentro el campo revolucionario,
y siempre reconoció los méritos revolucionarios, indepen-
dientemente del color de la piel:

---

128 Rodríguez, 2011:314.

"¿A qué es pues, a lo que habremos de temer? —escribía- ... ¿Al que más ha sufrido en Cuba por la privación de la libertad le tendremos miedo, en el país donde la sangre que derramó por ella se la [sic] hecho amar demasiado para amenazarla? ¿Le tendremos miedo al negro, al negro generoso, al hermano negro, que en los cubanos que murieron por él ha perdonado para siempre a los cubanos que todavía le maltratan?".[129] (OC, 2001, 6:276).

En Maceo, general
de la quadrilla insurrecta
de la provincia Oriental.

Caricatura racista sobre el General Antonio Maceo del periódico español *La Campana*.

Aparte de su apasionado rechazo al racismo, fundamentó científicamente su posición con respecto a la supuesta inferioridad de los negros, pues la esclavitud era producto de determinadas condiciones históricas, que hicieron posible que miles de hombres fueran traídos del continente africano y apropiados como objetos por los grandes dueños de plantaciones. La condición de esclavo no acusaba inferioridad en ningún orden (Gómez-Martínez, 2005).

"Insistir en las divisiones de razas, en las diferencias de razas, de un pueblo naturalmente dividido, es dificultar la ventura pública, y la individual, que están en el mayor acercamiento de los factores que han de vivir en común. Si se dice que en el negro no hay culpa aborigen ni virus que lo inhabilita para desenvolver toda su alma de hombre, se dice la verdad, y ha de decirse y demostrarse, porque la injusticia de

---

129 En *Por Cuba y para Cuba*, Discurso en el *Liceo Cubano* de Tampa, 26 de Noviembre de 1891.

este mundo es mucha... Si se aleja de la condición de esclavitud, no acusa inferioridad la raza esclava, puesto que los galos blancos, de ojos azules y cabellos de oro, se vendieron como siervos, con la argolla al cuello, en los mercados de Roma" (OC, 2001, 2:276).

LA HUELLA DE MARTÍ EN TAMPA

La presencia y el trabajo de José Martí en Tampa caló hondo, pues de las dos asociaciones existentes en que había en 1891, cuando su primera visita, con la fuerza del Partido Revolucionario cubano ya llegaban a 15 en el año 1895.

Dedicados luchadores obreros como Ramón Rivero[130] y Carlos Baliño[131] mantuvieron el trabajo del partido en la localidad, tanto así que el propio Rivero resultaría electo presidente del Cuerpo de Consejo de Tampa.

Gonzalo de Quesada

Tanto la recaudación de fondos como la movilización política eran constantes y ya cuando en enero de 1895, Martí parte de Nueva York para reunirse con Máximo Gómez[132] en Santo Domingo, envía a Gonzalo de Quesada a la Florida para impulsar la recaudación de fondos para la causa.

En un momento tan importante, en vísperas del alzamiento armado contra el colonialismo, se dirigió específicamente a aquellos que habían realizado sacrificios extraordinarios para reunir los recursos indispensables.

Entre ellos estuvieron Paulina y Ruperto Pedroso, a quienes dijo en una carta:

---

130 **Ramón Rivero**. Ver Anexo.
131 **Carlos Baliño**. Ver Anexo.
132 **Máximo Gómez Báez**. Ver Anexo.

"Y si para cumplir la obligación que lleva (Gonzalo de Quesada, N. del E.), llega, lo que no creo probable, a tener que pedir a Uds. al fin, el sacrificio grande que tantas veces me han ofrecido -¡háganlo, cueste lo que cueste! Sin eso podría toda nuestra obra venirse abajo, por falta del calor de sus manos. -Yo, Vds. lo saben, estoy levantando la Patria a manos puras. Ni a Paulina ni a Ruperto los recuerdo nunca sin que sienta como una sonrisa el corazón. Si es preciso, háganlo todo, den la casa ..." (OC, 2001, 4:50).

DETRACTORES Y ENEMIGOS, EXTERNOS E INTERNOS

No todo fueron laureles en la organización de la lucha contra el colonialismo, porque también Martí tuvo que enfrentar calumnias y divisiones, pero siempre Tampa estuvo junto a él cuando fue atacado física y moralmente por enemigos tanto internos como externos.

Se destaca el caso de la campaña en Nueva York de Enrique Trujillo[133] contra Martí y la creación del Partido Revolucionario Cubano en su periódico *El Porvenir*.

Trujillo, sin embargo, adversario de Martí, desconfiaba de la organización de un Partido para hacer la Revolución y cuando apareció *Patria*, publicó un "saludo" a lo que calificaba de órgano del Partido.

Si bien el Partido se proclamaría en abril y aquella nota es de marzo, Martí, fue bien diplomático:

"Patria no puede dejar sin nota esta insinuación, nacida sin duda de un desinteresado patriotismo, porque si bien surge este periódico de la voluntad y con los recursos de todos los revolucionarios cubanos y puertorriqueños conocidos en NY, cometería usurpación grave y vanidosa si directa o indirectamente

---

133 **Enrique Trujillo y Cárdenas**. Ver Anexo.

apareciese como órgano espontáneo y de propio bau-
tizo de un partido que a su hora concentrará o distri-
buirá según lo creyere oportuno, sus trabajos de propaganda o publicación".[134] (OC, 2001, 1:337-338).

José Martí con un grupo de emigrados en 1892.

Tal era la campaña anti-martiana desarrollada por Trujillo
que Antonio Maceo le escribió desde Costa Rica reprochán-
dole lo que consideraba un crimen de lesa humanidad. *Patria*
hacía lo que *El Yara* de Cayo Hueso o el mismo *Porvenir* y
todos los periódicos de los emigrados: divulgar las ideas de la
Revolución. Nunca fue órgano exclusivo de lo que los detractores calificaban de "el Partido de Martí" (Batista Delgado, 2013).

Nada mejor para establecer la posición de los cubanos de
Tampa que la carta de Néstor Leonelo Carbonell a Gonzalo
de Quesada del 28 de abril de 1892 donde expresa el rechazo
a ese periódico y el encargo de la Liga Patriótica de manifes-
tar a Trujillo el disgusto con que la emigración de Tampa

---

134 En *Patria*": No "Organo". 19 de marzo de 1982.

veía su conducta "asaz criticable"; terminaba diciendo a Gonzalo: "para mí Martí es... yo no sé decirlo, calle el labio y hable el corazón ..." (Quesada y Miranda, 1948. I:44-45).

Es del propio Carbonell de quien la historia recoge que: "se sabe los versos y los discursos del Maestro y los recita con fidelidad, con tanto cariño, que parecía ser el propio Maestro reproduciendo su obra ..." (Casasús, 1952: 385).

El ganarse la confianza de la comunidad cubana de Tampa fue una tarea difícil para Martí, pues era como una comunidad de emigrados con una larga tradición y experiencia en las labores patrióticas por la independencia, apegados a los jefes conocidos de la Guerra de los Diez Años y algunos de ellos combatientes de esa contienda.

Néstor Leonelo Carbonell

En Tampa fue por tanto, en 1895, el momento clave de la época de cambios en la etapa superior de la Revolución, para evitar los errores de experiencias anteriores y concretar los recursos, la unidad y el liderazgo para la guerra necesaria, algo que José Martí pudo lograr.

Tampa constituye parte clave de la historia del devenir del independentismo cubano del siglo XIX y de la obra creadora y revolucionaria de José Martí, no solamente por su presencia, sino por el intenso movimiento patriótico de decenas de miles de emigrados, comprometidos con la causa de la libertad (Alarcón de Quesada, 1998:5).

EL FRACASO DEL PLAN DE LA FERNANDINA

Dirigido por Martí, para quien fuera una constante y esencial ocupación, incluso, luego del fracaso del Plan Fernan-

dina -a causa de la "imperdonable deslealtad, la traición in-
calificable del coronel de la guerra del 68, Fernando López
Queralta" (Roig de Leuchsenring, 1975:13)- y durante los meses en
que buscaba la forma de llegar a Cuba y, más aún, cuando
fuera a través de un cablegrama fechado el 26 de febrero y
firmado por Gonzalo de Quesada y Benjamín Guerra[135] que
conociera del estallido de la guerra.

López de Queralta planteó objeciones a último minuto y se
negó a emprender el viaje en las condiciones acordadas. En
conversación con el capitán de un barco, reveló el verdadero
objetivo de la expedición y declaró el cargamento en los almacenes como artículos militares (Lizaso, 1953:239).

En palabras de un héroe de la Guerra, el general Enrique
Loynaz del Castillo:

"Inesperadamente el comisionado de los generales Roloff y
Sánchez [López Queralta, N.
del E.] se negó a irse en esas
condiciones. En vano le demos-
tró Martí la absoluta se· guri-
dad del desembarco en Cuba,
porque los expedicionarios que
él recogería -como trabajadores-
en la costa floridana eran numerosos y armados, y muy pocos los tripulantes del yate de
vapor "Amadís", que no podrían intentar siquiera
una resistencia absurda y sí aceptarían la recom-
pensa ofre· cida. Y que llevaba un buen práctico de la
costa sur de Las Villas. López de Queralta obstinóse
en su negativa. Y reveló a Martí la siniestra negocia-
ción en que ya se encontraba enredado con otro capitán que era, a la vez, un corredor sin escrúpulos, desconocido de Martí. E insistió con estas palabras:

135 **Benjamin Guerra**. Ver Anexo.

"Tengo un Capitán que me lleva sabiendo a lo que va; está hablado y dispuesto." Martí, sorprendido e indignado, le dijo: "Esto no lo sabía nadie; usted ha hecho muy mal en confiarle a alguien sin advertírmelo; pero ya el mal no tiene remedio. Vamos a ver al Capitán".

Este Capitán era corredor de fletes y precisamente había intervenido como tal en el contrato del "Amadís". Y viendo que era otro el Capitán encargado de la empresa que le había prometido López de Queralta, decidió denunciarla al dueño del "Amadís". Éste inmediatamente cursó la denuncia dd verdadero objeto del viaje al Gobierno americano y al Ministro [Embajador, N. del E.] de España. Antes de que Martí lograra tratar con el denunciante ya estaba detenido el "Amadís". El consiguiente escándalo hizo que los dueños del "Lagonda" y del "Baracoa" denunciaran también el destino filibustero de estos barcos, inmediatamente detenidos, así como los almacenes de Mr. Borden, que contenían las armas, fueron embargados (Loynaz del Castillo, 1989: 107).

Constantes eran las advertencias de Martí a los patriotas sobre cuidarse de la presencia de elementos sospechosos interesados en conocer sobre el levantamiento en la Isla (Portell-Vilá 3:98). Era conocido del intenso movimiento de los diplomáticos españoles en sus intentos de sobornar e infiltrar a supuestos insurrectos (Sarabia, 1982:203).

Los días de finales de diciembre de 1894 fueron angustiosos para José Martí, pues sabía que cualquier pequeño detalle arruinaría por completo el Plan y algunos autores aseveran que fue la Agencia Pinkerton[136] la responsable de descubrir a los patriotas, aunque otros atribuyen la responsabilidad a los "errores de apreciación de los principales conspiradores" (Cova, 2003:42).

---

136 Agencia Pinkerton. Ver Anexo.

El 10 de enero de 1895, Martí recibió un aviso telegráfico donde se le anunciaba que los tres vapores, (*Amadis, Baracoa* y *Lagonda*) base del plan para invadir a Cuba por tres provincias, con alzamientos coordinados en la isla, habían sido confiscados con toda su carga por la aduana norteamericana (Báez, 1974, 4:509-510).

El dinero aportado con grandes sacrificios por los tabaqueros cubanos de Cayo Hueso, Tampa, Ocala, Nueva York, Filadelfia y tantos otros lugares, se perdió por indiscreciones y mala planificación, más el fracaso del Plan de Fernandina no provocó el abandono, de los planes del Apóstol por liberar la patria del yugo colonial de España (Sarabia, 1982:209).

Sin embargo en la Isla y en la emigración: "antes que decaimiento, produjo fervor revolucionario la evidencia de lo inminente de la guerra y de la magnitud de los recursos de Martí" (Loynaz del Castillo, 1989: 108).

Telegrama refiriéndose a una carta del Ministro [Embajador] de España a las autoridades norteamericanas denunciando las actividades "ilegales" de un "cargamento encubierto de armas".

El descubrimiento del plan, un secreto guardado celosamente por los revolucionarios, sorprendió a todos, pero especialmente a los españoles, quienes subestimaban a José

Martí, y también puso en perspectiva ante todos a los emigrados y revolucionarios, la trascendencia de su labor (Masó y Vázquez, 1998:334).

CAYO HUESO: TODO POR LA REVOLUCIÓN

La inserción de los cubanos en Cayo Hueso fue total y a la vez, lo cubano se impuso en toda la vida Dolores Poyo: "a su virtud, a su talento, a su elocuencia, a su corazón dedico este tributo. Su hermano José Martí" (OC, 2001, 20:521).

Ya en 1870 se creó el *Club Patriótico Cubano de Key West* para recaudar fondos destinados a la ayuda a las familias de los mambises o de las familias de los patriotas fallecidos en la lucha. El 17 de noviembre de 1871 surge la *Asociación Patriótica del Sur*, luego *Discípulos de Martí, Yaguaramas Intransigentes, Mercedes* del *Cayo*, con su identificación entera con la causa de la independencia cubana y la constitución de importantes Clubes Revolucionarios (Rodríguez, 2001:7), fuente considerable de recursos para apoyar la guerra contra España, con parte de sus modestos ingresos.

SE FUNDAN LOS CLUBES Y EL SAN CARLOS

El primer Club revolucionario cubano, *Asociación Patrió-tica de Cayo Hueso,* fue fundado en 1869 por José Dolores Poyo, de quien dijera el Apóstol: "El pundonor de Cuba se hizo hombre y se llamó José *de Varona #2, Hospitalarias Cu-banas, 27 de Noviembre,* "*Patria y Libertad, La Convención Cubana* y *Luz de Yara,* entre otros, siendo considerable la proliferación de clubes en Cayo Hueso a finales del Siglo XIX (Tinajero, 2007, 3:114).

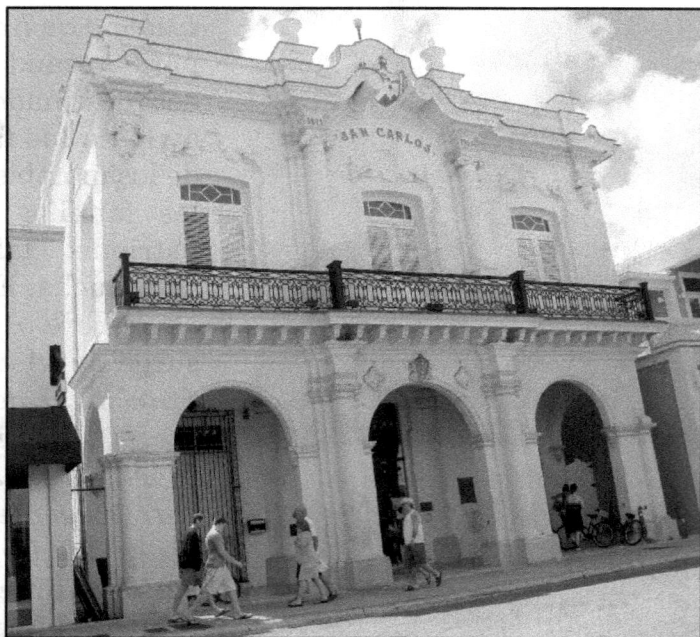

El Instituto San Carlos, foto actual.

El periódico *Patria,* el 17 de agosto de 1895, afirmaba que existían entonces 72 asociaciones reconocidas oficialmente, reuniendo en sus filas a casi la totalidad de la población cubana, la cual se calculaba por el año 1896, de aproximadamente unas doce mil personas (Castellanos, 1935).

Es en el año 1871 que se funda el Instituto *San Carlos*[137], el cual albergó la primera escuela bilingüe del Cayo (López Blanch, 1997) siendo clave en vida política, educacional, cultural y social en general, además de servir para reuniones de los revolucionarios.

El *San Carlos* fue llamado así en honor al *Padre de la Patria,* quien moriría en combate en Cuba, tres años después, Carlos Manuel de Céspedes.

EL *DÍA DE LA PATRIA*

Los tabaqueros emigrados llegaron a establecer el *Día de la Patria*[138] en carta enviada a Eduardo Gato[139] y otros, el 9 de marzo de 1893, se halla la respuesta:

> "Ahora me cumple indicar a Vds. que la suma con que, midiendo el esfuerzo extraordinario por las probabilidades desusadas de éxito de nuestra empresa, estima la Delegación [del Partido Revolucionario Cubano, N. del E.] que, incluyendo en esta suma todo lo que el entusiasmo juiciosamente fomentado con el ejemplo de Vds. pueda levantar en ese Cayo [Cayo Hueso, N. del E.] por concepto del día de la patria o cualquiera otro, de hoy en adelante, la contribución de ese Cayo a la guerra que estamos a punto de realizar puede ser de treinta y cinco mil pesos, que quedarán en manos de la representación de los contribuyentes hasta la hora de su empleo, y se emplearán en objetos y atenciones de guerra con conocimiento y anuencia del interventor" (OC, 2001, 2:241).

---

137 **Instituto *San Carlos*** es un edificio histórico en Cayo Hueso (Key West), La Florida. Ver Anexo.

138 Contribución de los tabaqueros cubanos en los EEUU a finales de la década de los 1980 que aportaban los jornales íntegros de ese día para la Revolución independentista. Fue una idea promovida por el propio José Martí. [N. del E]

139 **Eduardo Hidalgo-Gato y Badía**. Ver Anexo.

Y añade más adelante en la propia misiva que:

" ... Deja totalmente en manos de Vds. el concierto y manera de la contribución; y solo añade la conveniencia de fomentar en la primera ocasión el día de la patria, con una ayuda pública ostentosa que hará a la larga menor, como es justo que sea, el sacrificio personal" (Ibídem, 242).

La sugerencia fue aceptada y se sumaron las emigraciones cubanas organizadas en Clubes y Cuerpos de Consejo, de manera que cada mes se donaba un día de haber a la Revolución (García Moreno, 2012) que se gestaba "en silencio" (OC, 2001, 2:282).

En más de una ocasión se refirió a este Dia el Apóstol en el periódico *Patria,* como el 1ro de abril de 1893, en el artículo *El Día de la Patria*: "De paso, solo puede *Patria* tomar nota hoy del fervor con que, ayer en Martí City, la linda ciudad nueva de Ocala, hoy en el Cayo, han confirmado los cubanos esta institución continua y sencilla ¡suficiente, ella sola, para redimir a nuestro país!" (Ibídem, 282).

Y agrega:

"Ayer, en Martí, City, cuando llegó un viajero amigo [el propio Martí [N. del E.], aunque el trabajo había sido pobre, aunque todos están pagando por semana el hogar en que viven, no hallaron mejor manera de celebrar la visita, que dedicar a la patria el día entero de trabajo. En el Cayo, pocos días hace, los escogedores de la casa de Gato, repitieron en un documento público su compromiso: el menor compromiso que puede contraer un cubano que ve a su país esclavo en esperanza y oportunidad de salvación, el de dar un día integro de trabajo al mes a la Patria ..." (OC, 2001, 2:282).

En otra columna: *El Día de la Patria. La lista de honor*, escribió: "El hombre no tiene la libertad de ver impasible la esclavitud y deshonra del hombre, ni los esfuerzos que los hombres hacen por su libertad y honor" (OC, 2001, 4:435), criticando a los indiferentes al fervor de la mayoría de los emigrados cubanos de participar en la causa de la independencia patria.

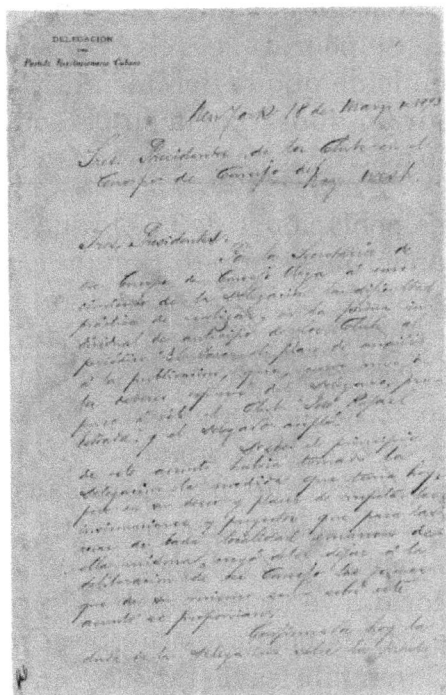

Carta de José Martí desde Nueva York, el 18 de Marzo de 1893, a los Presidentes de los Clubs en el Cuerpo de Consejo de Key West del Partido Revolucionario Cubano.

Y dice Martí de hacer y publicar una lista -la *lista de honor*- con los nombres de quienes contribuyeran con el "apremiante deber" de donar "un día de trabajo al mes para el tesoro de la Revolución, el Día de la Patria". Y concluye: "¡será como un libro de orgullo, como un libro de hermanos!" (Ibídem, 436).

Martí se refirió a ellos como los hombres que después de trabajar para el sustento de su familia trabajaban su día de descanso para engrosar el tesoro con que "han de conseguir su honra de hombres y la de sus hermanos" (OC, 2001, 5:69).

TODO PARA EL FONDO DE LA LIBERTAD

La función principal de los clubes, es enriquecer el tesoro revolucionario, el fondo de guerra. El Delegado no puede ocultar su creciente pobreza, el rostro demacrado: ahí están los puños de celuloide que lo denuncian. Cuida con celo extremo que no surjan dudas hacia su persona contra la posibilidad de recelo a su dedicación a la causa de la libertad (Gómez Miller, 2011).

Martí visita las poblaciones de la Florida donde hay comunidades de cubanos: Jacksonville, San Petersburgo, Thomasville, Saint Augustine, Ocala y todas las almas toca, hasta a los que sin ser cubanos le escuchan y aplauden.

Es en Cayo Hueso donde mejor lo reciben y logra unificar voluntades, recoger lo que dan, de sus pobres economías, los tabaqueros para la Guerra Necesaria. El *Día de la Patria* se duplica con creces y con ello los recursos necesarios para los pertrechos de la guerra libertadora.

En el censo de población realizado en el año de 1840 en el estado de La Florida, ya se registraba la presencia de cubanos. Primero se creó la población de *Ibor City*[140] en 40 acres, donde se instaló una fábrica de tabacos, en la que solamente trabajaron cubanos, construyéndose calles, comercios, un hotel, aceras de madera y para fabricar más de 200 casas para los cubanos tabaqueros, la firma de Ybor compró mil acres más al Este, donde nació Tampa (Isern, 1971:124).

Luego, las siembras de tabaco se extendieron a Ocala, donde se establecieron fábricas y almacenes para el proceso de la hoja en el barrio denominado *Havanatown* (Florida Heritage, 2012:51).

---

140 **Ybor City** es un vecindario histórico en Tampa. Ver Anexo.

Cuando José Martí lo visitó el 10 de Septiembre de 1894, se constituyó en Ocala, La Florida, el municipio de *Marti City*, pero dos años después, a consecuencia de grandes heladas, las siembras de tabaco se arruinaron y los tabaqueros se trasladaron a Tampa, dejando abandonado ese Pueblo (Díaz-Versón, 2002).

Empleados frente a la primera fábrica de cajas de tabacos en Tampa.

Sería injusto no reconocer otras estructuras políticas de la emigración cubana, como el caso de Yucatán en México, donde con once clubes patrióticos durante la Guerra del 95, sobre todo en la ciudad de Mérida, donde a diferencia de otras localidades mexicanas donde la dictadura de Porfirio Díaz limitó los esfuerzos revolucionarios, se dieron las condiciones para ser el principal "hervidero de propaganda y conspiración" contra el colonialismo español en México (Bojórquez-Urzaiz, 2006, 13:170).

CAPÍTULO X

MARTÍ: LÍDER NATURAL Y LÓGICO DE LA EMIGRACIÓN

José Martí se consolida como líder de la revolución y adalid de la unidad para conseguir unificar a los veteranos de la *Guerra Grande* (1868-1878) y a quienes como él no habían participado en aquella contienda, así como la creación de un órgano político para la *Guerra Necesaria* y la constitución de la futura república: el *Partido Revolucionario Cuban*o, bajo cuyos estatutos se organizó la insurrección en Cuba, iniciada el 24 de febrero de 1895.

En su estrategia integral para la guerra del 95, Martí desarrolla una labor de colosales dimensiones con vistas al diseño de una imagen de Cuba y de los cubanos destinada a la misión de desarrollar la guerra necesaria por la independencia.

Este mensaje multifacético se enfocaba primero hacia la emigración con vista al convencimiento ideológico de que podían derrotar al colonialismo imperante y a la vez hacia la opinión pública norteamericana, así como los círculos de poder imperial, en el sentido de sentar el respeto hacia los futuros ciudadanos libres.

Esta imagen de cubanos libres, desarrollada por el Apóstol, se enfrenta con autonomistas y anexionistas, con integristas españoles y a la vez, con los apetitos de rapiña de los grupos de poder en los Estados Unidos, donde mismo radica la base material e ideológica de la guerra: en la emigración.

Martí está consciente de la necesidad de enfrentarse, especialmente, con los esfuerzos de la metrópolis, a partir del *Pacto del Zanjón*[141], por suprimir el pasado independentista a través de "un monstruoso lavado de cerebro colectivo" y así "españolizar definitivamente la colonia".

---

141 **Paz de Zanjón** o **Pacto de Zanjón,** documento de capitulación del Ejercito Libertador cubano frente a las tropas españolas. Ver Anexo.

Capitulación del Ejercito Libertador cubano frente a las tropas españolas, poniendo fin a la llamada Guerra de los Diez Años (1868-1878). Este acuerdo no garantizaba ninguno de los dos objetivos fundamentales de dicha guerra: la independencia de Cuba, y la abolición de la esclavitud. El general Antonio Maceo en la *Protesta de Baraguá* por no aceptar la capitulación sin condiciones (Ilustración).

"De hecho", precisa el importante intelectual cubano Ambrosio Fornet, "durante diez años estuvo prohibida hasta la palabra [Revolución]: el período de la guerra solía aludirse con ominosos eufemismos, como 'la década sangrienta' y el 'decenio trágico' .... Con el Zanjón se inicia el primer intento sistemático —repetido después en la república— de borrarle la memoria a todo el pueblo" (Fornet, 1994:149).

LA BÚSQUEDA DE LOS VERDADEROS PATRIOTAS

José Martí en su búsqueda de los hombres para la Revolución, vuelve a la historia y la cultura cubana, teniendo ante sí diez años de historia con ejemplos evidentes de heroicidad y de virtud.

La epopeya gloriosa del 68 le sirve de fuente como paradigma de la unión fecunda de amos y esclavos, negros y blancos, ricos y pobres; escuela para la república futura, sacrificio colectivo como purificación del ser nacional.

Esta etapa les permitió a los emigrados de la época una experiencia conceptual única de la sociedad norteamericana de la época, radicalizando a gran parte de la intelectualidad, los académicos y a sectores de la clase política cubana, además de palpar la mezquindad y la corrupción vigentes.

Como dijera el propio Apóstol de la independencia cubana en su famosa carta inconclusa a su amigo Manuel Mercado, "vivió en el monstruo" y le conoció las entrañas.

Pero no se trata solamente de estadísticas y metáforas, sino de la realidad del proceso de la emigración y el destierro, donde importantes figuras de la intelectualidad cubana de la época, quienes fueran orígenes de nuestra nación y tradición cultural actual, vivieron una parte importante de sus vidas fuera de Cuba (Rojas, 1998), con el aporte de sus obras culturales y políticas a la conformación de la emigración cubana.

El talento universal de José Martí, fundador del Partido Revolucionario Cubano y el aporte de los emigrados con su sacrificio y trabajo por la guerra necesaria, son capítulos fundamentales en la formación de nuestra identidad nacional.

La diversidad de nuestros orígenes, el despiadado colonialismo español y las propias guerras de liberación, influyeron decisivamente en ese largo y difícil proceso de búsquedas, retrocesos y adelantos, hasta la creación de la nación cubana.

No podemos olvidar que a través de nuestra historia como pueblo, existieron muchas corrientes orientadas a mantener la falsa imagen y los estereotipos sobre el cubano, primero la metrópoli, España, y luego los Estados Unidos, en visiones discriminatoria del hombre latinoamericano.

EL PELIGRO DEL ANEXIONISMO

Producto de esas ideas ha sido el anexionismo, mal que fue un enemigo constante de los esfuerzos independentistas de

José Martí, quien expresara al respecto: "la idea de la anexión está condenada a impotencia permanente; pero es un
factor grave y continuo de la política cubana ... y mañana
perturbará nuestra república"[142] (OC, 2001, 2:48).

Caricatura política en el *Chicago Tribune*, presentando a Cuba, Puerto
Rico y las Filipinas como niños pobres tocando a la puerta del tío Sam.

Las ideas anexionistas fueron un constante peligro para la
causa de la Revolución, fueron siempre un grupo minoritario,
sin una organización seria, pero su cercanía al Gobierno de
los EEUU constituía una amenaza precipitar la intervención
de los Estados Unidos en Cuba (Rodríguez, 1900).

---

142 *El remedio anexionista* Patria Nueva York 2 julio 1892.

Los factores se acumulan, entre ellos la miope política corrupta del gobierno colonial español y su sistemática negativa ante los reclamos reformistas, unido a un abusivo sistema de exacciones fiscales, el monopolio del comercio, la intolerancia política y religiosa, la indiferencia ante el atraso educacional de sus habitantes y las estructuras económicas semifeudales, condujeron al nacimiento de las corrientes políticas del anexionismo (1845-1865) y posteriormente del independentismo. (Quintana-Suárez, 2013 :27).

No era ajena a Martí la influencia perniciosa en la pérdida de visión de futuro, debido al carácter sangriento y prolongado de la lucha independentista, con los consecuentes reveses políticos y militares, y el estancamiento en los esfuerzos libertarios desde el fracaso de la Guerra Chiquita.[143]

Por ello en determinado momento de la corriente anexionista, se avizoraba como solución a la crisis de las fuerzas revolucionarias desde el Zanjón, basada en los elementos vacilantes que le hicieran el juego al gobierno norteamericano, tal actitud llevó a Martí a enfrentarlos con mayor fuerza que a los autonomistas.

Estaba clara la justeza y el futuro de la causa de la independencia de Cuba de España, pero los EEUU sólo esperaban el momento propicio para anexarse a la isla, y eso era algo que el Apóstol siempre tenía presente.

Mucho antes alertaba sobre el mayor peligro para la independencia y qué clase de hombres la representaban.

"Y aún hay otro peligro mayor, mayor tal vez que todos los demás peligros. En Cuba ha habido siempre un grupo importante de hombres cautelosos, bastante soberbios para abominar la dominación española, pero bastante tímidos para no exponer su bienestar personal en compartirla. Esta clase de hombres, ayudados por los que quisieran gozar de los beneficios de la libertad sin pagarlos en su sangriento

---

143 **Guerra Chiquita** (1879-1880). Ver Anexo.

precio, favorecen vehementemente la anexión de Cuba a los Estados Unidos. Todos los tímidos, todos los irresolutos, todos los observadores ligeros, todos los apegados a la riqueza, tienen tentaciones marcadas de apoyar esta solución, que creen poco costosa y fácil"[144] (OC, 2001, 1:169).

Años después, en pleno ajetreo de los anexionistas empezaron, Martí, en la digna respuesta al periódico *The Manufacturer* de Filadelfia, establecía en su respuesta viril a aquellas calumnias, de que solamente los hombres sin decoro eran partidarios del anexionismo.

"No es este el momento de discutir el asunto de la anexión de Cuba. Es probable que ningún cubano que tenga en algo su decoro, desee ver su país unido a otro, donde los que guían la opinión comparten res-

---

144 Carta *Al General Máximo Gómez*. Nueva York, 20 Julio 1882.

pecto a él las preocupaciones sólo excusables a la política fanfarrona o a la desordenada ignorancia. Ningún cubano honrado se humillaría hasta verse recibido como un apestado moral, por el mero valor de su tierra, en un pueblo que niega su capacidad, insulta su virtud y desprecia su carácter" (OC, 2001, 1:232-236).

A través de nuestra historia han existido cubanos *renegados,* sin sentido patriótico ni conciencia nacional, en todos los estratos de la sociedad cubana en todas las épocas.

Estos pesimistas antinacionales fueron denunciados en 1913 por José Sixto de Sola (Sixto de Sola,1913) quien atribuía el origen del pesimismo criollo y *otros males* al concepto de Colonia-Factoría que se implantó en Cuba por espacio de 400 años hasta los cubanos que se *avergüenzan y reniegan de serlo,* señalados por don Fernando Ortiz en 1949 (Ortiz,1993:4).

Otro grande de nuestros pueblos hermanos, el puertorriqueño Eugenio María de Hostos[145], uno de tantos antillanos luchadores por la independencia de Cuba y Puerto Rico, fue un emigrado la mayor parte de su vida fuera de su tierra natal.

Amigo de Francisco Vicente Aguilera y de Máximo Gómez, Hostos criticó duramente el proceder de aquellos emigrados cuya apatía por la causa de la libertad, su carencia de ideas y la falta de coordinación, los convertía en un lastre para la causa de la independencia, en suma "el olvido de sí mismos, que es por donde empiezan y concluyen las revoluciones, que es el arma con que se asegura la victoria" (De Hostos, 1939, 9:236), en palabras suyas.

---

145 **Eugenio María de Hostos y Bonilla.** Ver Anexo.

Hostos destacaba a los cubanos patriotas emigrados en Cayo Hueso, los únicos que, en su opinión, conservaban el sentido del deber, aparte de rechazar las ideas anexionistas porque "adquieren allí lo que no tuvieron ni en otras emigraciones ni en su patria ... No en la emigración de Nueva York, ni en la de Nueva Orleans, ni en la de París, ni en la de Puerto Plata, porque motivos varios han desligado en vez de unir a los cubanos" (De Hostos, 1939, 9:251).

José Martí los consideraba, con certera evaluación y admiración, el germen de la futura República cubana independiente y soberana, forja de cientos de cubanos en la lucha por la independencia y la conciencia proletaria (Alvarez Estévez, 1986:25).

Evidentemente y se recoge en su obra, la emigración en los EEUU, por su combatividad y sacrifico eran la esperanza de la Revolución y su simiente real.

LA AMENAZA ERA REAL

Uno de los más preclaros intelectuales cubanos, el poeta Cintio Vitier[146] citaba la conocida definición imperialista del presidente norteamericano John Quincy Adams sobre Cuba como *fruta madura* [147] destinada a caer por gravitación en manos de Estados Unidos:

"Vistas las cosas desde un ángulo estrictamente económico, podría decirse que la ley enunciada se cumplió, se está cumpliendo ... Pero contemplando el principio desde el ángulo espiritual, comprobamos con asombro que no, que la fruta no cae en las manos yanquis, sino que se deshace y evapora en la brisa como un perfume inapresable. Cierto que somos víctimas de la más sutilmente corruptora influencia que haya sufrido jamás el hemisferio occidental, y digo

---

146 **Cintio Vitier**. Ver Anexo.
147 *Política de la* **Fruta Madura**. Ver Anexo.

esto no porque le atribuya una malignidad específica, sino porque lo propio del ingenuo *American way
of life* [148] es desustanciar desde la raíz los valores de
todo lo que toca" (Vitier, 1970: 583-584).

John Quincy Adams

Ese deshacerse y evaporarse de *la fruta* es resultado también de la cubanidad, condicionando actitudes, aspiraciones,
sentimientos, modos de ser y de vivir; de esa compleja amalgama que conforma lo más profundo de nuestra mentalidad
nacional, dispuesta a luchar y sobrevivir ante cualquier con-
tingencia.

---

148 **American Way of Life**. Ver Anexo.

Cubanidad que, al decir de don Fernando Ortiz, "no consiste meramente en ser cubano por cualquiera de las contingencias ambientales que han rodeado la personalidad individual y le han forjado sus condiciones; son precisas también la conciencia de ser cubano y la voluntad de quererlo ser" (Ortiz, 1993:4).

POR NUESTRA AMÉRICA

En palabras de José Martí en su trascendental *Nuestra América*: "No hay proa que taje una nube de ideas. Una idea enérgica, flameada a tiempo ante el mundo, para, como la bandera mística del juicio final[149], a un escuadrón de acorazados...

"Ya no podemos ser el pueblo de hojas, que vive en el aire, con la copa cargada de flor, restallando o zumbando, según la acaricie el capricho de la luz, o la tundan y talen las tempestades; ¡los árboles se han de poner en fila, para que no pase el gigante de las siete leguas! [150]

"Es la hora del recuento, y de la marcha unida, y hemos de andar en cuadro apretado, como la plata en las raíces de los Andes ... [151]

"A los sietemesinos sólo les faltará el valor. Los que no tienen fe en su tierra son hombres de siete meses. Porque les falta el valor a ellos, se lo niegan a los demás. No les alcanza al árbol difícil el brazo canijo, el brazo de uñas pintadas y pulsera, el brazo de Madrid o de París, y dicen que no se puede alcanzar el árbol.

Y continúa el Apóstol "Hay que cargar los barcos de esos insectos dañinos, que le roen el hueso a la patria que los nutre. Si son parisienses o madrileños, vayan al *Prado*, de faroles[152], o vayan a Tortoni[153], de sorbetes....

---

149 **La bandera mística del juicio final**. Ver Anexo.
150 **Los gigantes que llevan siete leguas en las botas**, Ver Anexo.
151 "**como la plata en las raíces de los Andes**". Ver Anexo.
152 "**Vayan al Prado, de faroles**". Ver Anexo.
153 "**Vayan a Tortoni, de sorbetes**". Ver Anexo.

"¡Estos hijos de carpintero, que se avergüenzan de que su padre sea carpintero! ¡Estos nacidos en América, que se avergüenzan, porque llevan delantal indio, de la madre que los crió, y reniegan, ¡bribones!, de la madre enferma, y la dejan sola en el lecho de las enfermedades! ...

"¡Estos hijos de nuestra América, que ha de salvarse con sus indios[154], y va de menos a más; estos desertores que piden fusil en los ejércitos de la América del Norte, que ahoga en sangre a sus indios[155], y va de más a menos! ¡Estos delicados, que son hombres y no quieren hacer el trabajo de hombres! ...

Periódico Cuba publicado en Tampa (1893).

---

154 "**América que ha de salvarse con sus indios**". Ver Anexo.
155 "**La América del Norte, que ahoga en sangre a sus indios**. Ver Anexo.

"Ni ¿en qué patria puede tener un hombre más orgullo que en nuestras repúblicas dolorosas de América[156], levantadas entre las masas mudas de indios, al ruido de pelea del libro con el cirial, sobre los brazos sangrientos de un centenar de apóstoles? ...

"El gobierno ha de nacer del país. El espíritu del gobierno ha de ser el del país. La forma del gobierno ha de avenirse a la constitución propia del país. El gobierno no es más que el equilibrio de los elementos naturales del país..." (OC, 2001, 6:15-17).

La continuidad del pensamiento martiano que se ha mantenido vivo el espíritu de lucha y enfrentamiento a la prepotencia y el racismo contra nuestros pueblos de todos los americanos.

Advertía en su época José Martí: "¡Antes que cejar en el empeño de hacer libre y próspera a la patria, se unirá el mar del Sur al mar del Norte, y nacerá una serpiente de un huevo de águila! "[157] (OC, 2001, 4:211)

Desde entonces postulaba la necesidad de evitar el conflicto, calificado por él de innecesario, entre las dos secciones hostiles del hemisferio occidental (Hart-Dávalos, 2005:187). ¡Cuánta razón tenía en advertirnos el Apóstol desde entonces del dilema terrible que se avizoraba en el continente!

---

156 **"Nuestras repúblicas dolorosas de América"**. Ver Anexo.
157 Lectura en la reunión de emigrados cubanos, en el Steck Hall, Nueva York, 24 de enero de 1980. N. del E.

Capítulo XI

EL PARTIDO REVOLUCIONARIO CUBANO

Con integrantes del cuerpo de consejo del PRC, Kingston, Jamaica, 1892.

Es a partir de 1892 cuando la actividad política de José Martí se centra en las emigraciones revolucionarias, las cuales constituyeron su base social para convertirlo en el líder de la causa independentista y sus esfuerzos para iniciar con éxito la guerra tres años más tarde.

Sin embargo no es simplemente el Apóstol un mero representante de esa emigración laboriosa, es el Partido Revolucionario Cubano, quien lo convertiría en ese líder, amado y respetado por todos los revolucionarios, el cual, siempre entendió la importancia de la unidad de los patriotas de la Isla y de la emigración, como dice en *Patria* el 4 de junio de ese año:

> "Dos alas tiene el ejército redentor de Cuba; y es oficio del gobierno español, oficio fino e infeliz de veras, el de meter el puñal de la desconfianza entre las dos alas ... ¡Y tan apretadas están las dos alas del ejército de la independencia, los cubanos de afuera y los cubanos de adentro, que no podrá meter entre ellas el puñal la policía española!" (OC, 2001, 1:478,480)

Diría con respecto a la propaganda divisionista del colonialismo español y además: "Lo que la Isla mande se hará. Y pronto. Y bien. Y se está haciendo..."[158] (OC, 2001, 2:95).

UN PARTIDO PARA TODOS LOS CUBANOS

La culminación del esfuerzo martiano por la unidad de la emigración y la isla, en un concierto para la guerra necesaria por la independencia, el Partido Revolucionario Cubano no podía ser producto de "vehemencia pasajera, ni del deseo vociferador e incapaz, ni de la ambición temible, sino del empuje de un pueblo aleccionado, que por el mismo Partido proclama, antes de la República, su redención de los vicios que afean al nacer la vida republicana"[159] (OC, 2001, 1:366).

No podía ser tampoco el resultado "de una mesa de medias voluntades, aprovechado por un astuto aventurero, ya de un

---

158 En *Las expediciones y la Revolución. Patria*, NY 6 Ago 1892.
159 *El Partido Revolucionario Cubano. Patria*, NY 3 de abril, 1892.

cónclave de intereses más arrastrados y regañones que espontáneos y unánimes, ya de un pecho encendido que inflama en pasión volátil a un gentío apagadizo" Ibídem.

Emigrados cubanos entrenándose para la guerra en un antiguo fuerte de Cayo Hueso, 1893.

La base popular del movimiento y su origen popular y su fin imperecedero por la defensa de los intereses de la independencia de la nación, fueron talentosamente expuestos por Martí: "Nació uno, de todas partes a la vez. Y erraría de afuera o de adentro, quien lo creyese extinguible o deleznable. Lo que un grupo ambiciona, cae. Perdura lo que un pueblo quiere. El Partido Revolucionario Cubano es el pueblo de Cuba" Ibídem.

Los propósitos revolucionarios de Martí son evidentes en la fundación y organización del Partido, pues: "me ha entrado horror a la palabra, como forma de vergüenza en que me tiene la infecundidad de mi existencia".[160] (OC, 2001, 7:274).

Mientras Martí dedica su talento y su vida en crear el instrumento para la libertad del pueblo cubano, rechaza los recursos de dudoso origen que comprometen el futuro de la

160 En *Carta a Heráclio Martín de la Guardia*, NY 10 abril 1885.

causa, pues: "del dinero se ha de ver hasta la raíz, porque si nace impuro no da frutos buenos ... importa que el dinero sea abundante; importa más que lo den manos honradas"[161] (OC, 2001, 1:453).

Era la intención de Martí lograr la independencia "sin compromisos inmorales con pueblo y hombre alguno"[162] (OC, 2001, 2:107), por lo tanto es válido inferir que Martí concebía al Partido más allá que el instrumento para liberar a Cuba del colonialismo español, pero para lograr la construcción de una sociedad cubana totalmente nueva.

Los consejos y advertencias que orienta en sus cartas y mensajes, se corresponden con su preocupación por que los revolucionarios sean hombres plenamente convencidos e incorruptibles:

"los partidos que arrancan de la conciencia pública; los partidos que vienen a ser el moldé visible del alma del pueblo, y su brazo y su voz; los partidos que no tienen por objetivo el beneficio de un hombre interesado, o de un grupo de hombres,—no se han de organizar con la presa indigna y artificiosa del interés—, sino como se organiza el Partido Revolucionario Cubano, con el desahogo y espontaneidad de la opinión libre"[163] (OC, 2001, 2:35).

FUNDAR UN PUEBLO

La intención era formar un partido para fundar un pueblo, no promover el oportunismo o el nepotismo y para ello era necesario contar con militantes convencidos de la causa revolucionaria, pues: "Allí donde hubiera —que no ha habido-

---

161 En *Los Clubs, Rifleros de La Habana #2. Patria,* 21 may 1892.
162 En *Evening Telegraph* de Filadelfia. *Una Entrevista sobre Cuba.*13/8 /1892.
163 En *El Partido.* 25 de junio de 1892

alguna duda que aclarar, no debió de apremiarse la adhesión, sino dar tiempo al esclarecimiento pleno de la duda" (Ibídem).

Ni solicitar el ingreso, ni captar indeseables:

Emigrados cubanos en Tampa.

"Allí donde pudiera; suponerse que la malignidad humana o la enemistad o el entusiasmo inquieto y descompuesto, pretendían—que no han pretendido— trastornar la organización naciente, no se debía limosnear la adhesión de los patriotas honrados, sino fiar en su honor y dejar en sus manos la tarea de evitar el trastorno" (Ibídem).

Captar a los mejores y evitar la pedantería: "El bullicio no es la organización. El aparato no satisface a los hombres reales. Ganar un alma en la sombra, un alma que se purga y se vence, alma que peca y se avergüenza, es más grato y útil al país, que caracolear y levantar el polvo" (Ibídem).

No se crea un partido para hoy, sino para el futuro: "Ni un momento perdido, ni un momento apresurado. Apresurar es perder. Lo que importa es que todos los cubanos buenos, todos los cubanos activos, se junten con libertad, con sinceridad. No es racha la que levantamos, sino ejército" (OC, 2001, 2:36).

De nuevo arremete Martí con su lógica irrefutable de que lo importante no es la cantidad de militantes sino su calibre: "No es el número de clubs [sic] lo que importa, sino el ardor de su patriotismo, su magnanimidad y prudencia, su economía administrativa, el empuje y honradez de sus miembros. Unos cuantos pilares, con tal que sean firmes, sostienen una vasta bóveda".[164] (OC, 2001, 1:453).

LA CONSTITUCIÓN DEL PRC

La estructura del Partido Revolucionario Cubano se redactó el 5 de enero de 1892, con el fin concreto de lograr la independencia absoluta de Cuba, y fomentar la de Puerto Rico; hacer posible la guerra necesaria, por la paz, el trabajo y la felicidad de todos en la isla; todo ello con la unidad necesaria y la recaudación de los fondos necesarios para el combate, sin atarse a "compromisos inmorales"[165] (OC, 2001, 1:279), ni con hombres ni entidad alguna.

La tarea expresada en los fundamentos del Partido, de fundar una nación capaz de asegurar "la dicha durable" (Ibídem) de sus hijos y de cumplir, en la vida histórica del continente, los deberes difíciles que su situación geográfica le señala" Ibídem, refiriéndose claramente al *poderoso vecino del Norte*; fundar "un pueblo nuevo y de sincera democracia, capaz de vencer, por el orden del trabajo real y el equilibro de las fuerzas sociales, los peligros de la libertad repentina en una sociedad compuesta para la esclavitud" (OC, 2001, 1:279), restaurando la hacienda pública y salvando al país de los peligros, tanto internos como externos que lo amenacen.

---

164 En *Los Clubs. Rifleros de La Habana #2*. Patria, 21 May 1892.
165 En *Bases del Partido Revolucionario Cubano*.

El Partido lo componían el Delegado, los cuerpos de consejo y las asociaciones, los antiguos Clubes revolucionarios de la emigración, existiendo una democracia centralizada. El delegado, así como los jefes de los diversos cuerpos de consejo, eran electos anualmente. La destitución del delegado sólo podía lograrse con la totalidad de votos de los ocho cuerpos de consejo, lo cual impedía cualquier labor divisionista dentro del Partido, y facilitaba a Martí la tarea de seguir "juntando virtudes y descabezando traiciones"[166] (OC, 2001, 4:436)

Dr. José Julio Henna, Sotero Figueroa and
Roberto H. Todd, líderes de la Sección Puertorriqueña
del Partido Revolucionario Cubano

---

166 En *Un cubano en New Orleans. Patria*, 8 de mayo de 1893.

Los dirigentes tendrían una gran libertad de acción, sin afectar la disciplina al jefe acatado y libremente electo por todos. La mayoría de los jefes del consejo, eran hombres de extracción humilde, emigrados por razones políticas y sociales que se sustentaban por medio de su trabajo y llevaban en el exilio una vida de decoro y de humildad (Portuondo del Prado, 1965:474).

LA MISIÓN PATRIÓTICA DE MARTÍ

Luego de unificar en el Partido Revolucionario Cubano a la emigración en los Estados Unidos, Martí se entregó a la misión de incorporar al partido a los grupos de independentistas esparcidos en diversos países, más numerosos en las Antillas y la América Central, llegando con su pluma y verbo ardiente a todos: los viejos veteranos retraídos de la política, las damas entusiastas, los jóvenes exaltados, extranjeros influyentes, tejiendo así la trama de la revolución.

Mientras redactaba el periódico de la Revolución, Patria, participaba en veladas y tertulias para conquistar prosélitos a la causa; mientras por otra parte enviaba emisarios de confianza a Cuba y creaba a lo largo y ancho de la Isla una red de agentes del Partido Revolucionario.

Una tarea clave era incorporar a los caudillos de la pasada insurrección, recelosos de la emigración joven, sin experiencia en la manigua, siendo ejemplo de abnegación de que era capaz, para entregarse, raído y jubiloso, al martirologio del patriota.

Clave para Martí, desde la proclamación del Partido Revolucionario Cubano fue obtener para la aprobación de los mayores generales Máximo Gómez y Antonio Maceo, visitándolos a ambos en Santo Domingo, y Costa Rica, respectivamente, obtener de ellos el compromiso de dirigir al ejército libertador tan pronto se tuvieran los recursos y se organizara la causa.

La correspondencia de Martí con aquellos grandes caudillos, imprescindibles para la guerra necesaria muestra la inteligencia y capacidad del líder del Partido Revolucionario Cubano para obtener el apoyo y la participación de aquellas figuras claves para el proceso.

En carta a Máximo Gómez, cuya austeridad era proverbial, le decía: "Yo ofrezco a Vd., sin temor de negativa, este nuevo trabajo, hoy que no tengo más remuneración que brindarle que el placer del sacrificio y la ingratitud probable de los hombres".[167] (OC, 2001, 2:162-163)

Y le espoleó el orgullo con frases como a Antonio Maceo: "La hora parece nuestra. Es imposible que nos falte en el alma la grandeza suficiente para aprovecharla" [168] (OC, 2001, 3:216).

---

167 En *Al General Máximo Gómez.* 13 de Septiembre de 1892. Santiago de los Caballeros, RD.
168 En *Al General Antonio* Maceo. Kingston, Jamaica, 25/6/1894.

PATRIA: LA PRENSA DE LA REVOLUCION

El periódico *Patria*, fundado por José Martí el 14 de marzo de 1892, era parte indispensable de la labor del Partido Revolucionario Cubano, siendo la voz de la emigración cubana en los Estados Unidos y contribuyendo, de manera especial, a intensificar la campaña de propaganda revolucionaria a favor de la lucha por la independencia de Cuba y Puerto Rico (García Moreno, 2011).

De él como propagandista diría el destacado intelectual cubano Griñán Peralta, basándose en las condiciones excepcionales de Martí, su ilustración, conocimientos históricos y la forma en que, como periodista continentalmente reconocido y como excepcional: "encantaba y seducía al auditorio, cualquiera que fuese la calidad de éste, aun a los que no conocían la honrosa ejecutoria de aquel cuyo amor a la libertad le había llevado a vestir, a los pocos años de edad, el traje de presidiario político" (Griñán-Peralta, 1943: 67).

Por supuesto que intelecto sin bondad es una pétrea coraza de mentiras políticas y en Marti, "esta ingénita bondad había de ser una de las concausas, quizás la más importante, de su éxito, porque le permitió hacerlo que hasta entonces nadie había hecho: llevar la propaganda revolucionaria a las grandes masas del pueblo cubano" (Griñán-Peralta, 1970: 54).

La prensa fue parte importante de la estrategia martiana. Por eso siempre mantuvo la prioridad de Patria, entre todos los preparativos del desembarco, la organización y coordinación para la lucha, Patria fue una prioridad.

Prueba de ello son las referencias en cartas dirigidas a sus más cercanos colaboradores en el PRC, Gonzalo de Quesada y Benjamín Guerra:

"No deje caer los hilos levantados. Dos notas hay que acentuar incesantemente en *Patria:*—el convite continuo a los españoles—y lo que importa aún más que esto, la declaración continua de que,—sea cualquiera la aspereza cariñosa con que el deber superior de la

unidad cubana haya denunciado en el instante necesario la condescendencia excesiva, y la inútil timi-
dez,—jamás se ha osado nadie a creer que pueda haber mañana en la hora del esfuerzo común, el menor
recelo, la menor censura la menor lejanía, la mejor
reminiscencia de amargura, la menor arrogancia fra-
tricida de prioridad de parte de los cubanos confesos
de la revolución con los cubanos tácitos,—con los autonomistas.

"Desechen ese temor, que nunca, —honradamente,
—tuvo el más preocupado, ni pudo tener. Echese [sic]
del falso miedo a quien lo finja, y por él ponga obstáculo a venir de lleno a nuestra acción, con la cubierta del temor de hallarse en ella con enemigos:
Enemigos, sólo de la soberbia incapaz, de las preocupaciones inconvenientes y destructivas, de la acumulación sorda y funesta de las vanidades codiciosas e
infecundas, de la escisión y apartamiento imprudent-
tes entre los factores inevitables, y amalgamables
[sic]; de la sociedad cubana. ... Y esa nota, un día y
otro, —con fe en nuestra obra—... Y póngalo de manera que se sepa que ese fue siempre, y es ahora, mi
modo de pensar. Usted hallará modo pintoresco y ferviente de decirlo ... Que vean que eso es esencia, y
prédica constante, de nuestra doctrina".[169] (OC, 2001,
4:59-60)

Y escribe posteriormente el 26 de febrero "Embellezcan y
regularicen a *Patria* —: Mucha noticia ahora ... Un fondo,
con las ideas fijadas, vueltas y revueltas: todo lo de Cuba: y
siempre una amenidad revolucionaria, biografía o leyenda"
(Ibídem, 75).

Y refiriéndose al *Manifiesto de Montecristi,* les escribe a sus
colaboradores y amigos el 10 de abril:

---

169 En *Carta a Gonzalo de Quesada*, 26 Febrero 1895.

"Que en todas formas cunda en Cuba, no perdonen esfuerzo para esparcirlo en Cuba. De pensamiento es la guerra mayor que se nos hace, ganémosla a pensamiento. Por eso ... *Patria* ha de ser ahora un periódico especialmente alto y hermoso. Antes, pudimos

General Antonio Maceo y Grajales.

descuidarlo o levantarlo a braceadas: ahora no. Ha de ser continuo ... Y siempre los mismos puntos principales: capacidad de Cuba para su buen gobierno,— razones de esta capacidad,—incapacidad de España ... decadencia fatal de Cuba y alejamiento de sus destinos, bajo la continuación del dominio colonial español, diferencias patentes entre las condiciones actuales de Cuba y las de las repúblicas americanas cuando la emancipación,—moderación y patriotismo del cubano negro, y certeza probada de su colaboración pacífica y útil,—afecto leal al español respetuoso,—concepto claro y democrático de nuestra realidad política, y de la guerra culta con la que se la ha de asegurar".[170] (OC, 2001, 4:122)

Decía el Maestro: "Eso es *Patria* en la prensa. Es un soldado"[171] (OC, 2001, 1:-322) ¿Y qué era para él un soldado en la prensa en aquellos momentos de total conspiración organizativa para llevar con éxito la guerra necesaria hasta Cuba y Puerto Rico?: "Pero la prensa es otra cuando se tiene en frente el enemigo. Entonces, en voz baja, se pasa la señal. Lo que el enemigo ha de oír, no es más que la voz de ataque" (Ibídem).

---

170 *Carta a Benjamín Guerra y Gonzalo de Quesada.* 10/4/1895.
171 En *A nuestra prensa. Patria*, NY 14 de marzo 1892.

Capítulo XII

TODO POR LA REVOLUCIÓN

Martí combatió fuertemente, y protegió al Partido Revolucionario cubano, del espíritu de discordia y rivalidad existente entre los veteranos de la guerra del 68, pues a pesar de su admiración por los jefes militares cubanos, no dejaba de comprender el obstáculo que para la unidad representaban las pugnas y rencillas personales.

Entre el pesimismo ante el fracaso de la Guerra Chiquita que condujera al Pacto del Zanjón y la desconfianza entre los combatientes de la guerra y los emigrados, lo cual se trasladaba a Martí, lo condujo a sostener, debido a la famosa polémica, a raíz de la publicación de *A pie y descalzo*[172], vívido relato de la corajuda y patética marcha desde Trinidad a Holguín, a que alude el título.

Este libro, elogiado por patriotas del calibre de Manuel Sanguily[173], Enrique José Varona[174] y Manuel de la Cruz[175], dio origen a virulenta polémica entre Enrique Collazo[176] y Martí. El desenlace favorable del debate contribuyó finalmente favorable a la unidad de los "pinos nuevos"[177] con los "pinos viejos" y a fortalecer la indiscutida autoridad política y revolucionaria del Apóstol.

"Y no ha oído en estos días —le decía Martí a Collazo— a miles de hijos de Cuba proclamar sin una

---

172 **A pié y descalzo**, de Ramón Roa (1844-1912). Ver Anexo.
173 **Manuel Sanguily Garrite**. Ver Anexo.
174 **Enrique José Varona**. Ver Anexo.
175 **Manuel de la Cruz y Fernández.** (1861-1896). Ver Anexo.
176 Organizando del Partido Revolucionario Cubano, Martí consideró el libro del veterano Ramón Roa, *A pie y descalzo*, inoportuno por su posible influencia negativa en los patriotas de la nueva generación. Ver Anexo.
177 Concepto de José Martí para las nuevas generaciones, basado en su discuso *Los pinos nuevos* (1891). N. del E.

sola voz de disentimiento, ni de ricos ni de pobres, ni de negro ni de blanco, ni de patriota de hoy, que el Partido Revolucionario Cubano no tiene por objeto llevar a Cuba una agrupación que considere la isla como su presa y dominio, sino preparar la guerra que se ha de hacer para el decoro y bien de todos los cubanos, y entregar el país a la patria libre"[178] (OC, 2001, 1:291-292)

Sala donde en 1882 explicó Martí a la emigración cubana las bases del Partido Revolucionario Cubano

En realidad todo el trabajo de proselitismo y de recaudación de fondos del PRC estaba dirigida a suministrar a esos mismos veteranos los medios para la guerra necesaria.

---

178 En *A Enrique Collazo*. NY 12 de enero de 1892. Carta abierta de Martí a Collazo, en *El Porvenir*, 20 de enero de1892.

Sin embargo, el propio General Collazo reconoce sobre él posteriormente: "Martí levantó de nuevo el pabellón; de un grupo de cubanos dispersos en la emigración creó un pueblo entusiasta, y dio vida á [sic] la nueva Revolución" (Collazo, 1981:27).

Y agrega: "se puede concretar diciendo que el Pártido [sic] Revolucionario era Martí" (Ibídem, p. 52).

La organización política del Partido estaría integrada solamente por tres jefes militares de reconocido prestigio, tanto entre los veteranos como la emigración más joven en los Estados Unidos, los cuales eran: Serafín Sánchez, Fernando Figueredo y Emilio Núñez[179], hasta cuando Martí traza los planes para la guerra con Máximo Gómez y Antonio Maceo[180].

Cuando ya estaba organizado el Partido, los esfuerzos del Delegado estarían enfocados a la preparación del ejército, con la participación lógica de los veteranos y por ello el 29 de junio de 1892, Martí ordena a los presidentes de los cuerpos de consejo convocar a todos los jefes militares graduados a consulta sobre quién sería el jefe militar para ponerlo a cargo de esa responsabilidad.

Y en el mes de agosto llega la respuesta de las asociaciones,

"Viene la comunicación de la Convención en hora oportuna, dándome, entre otros acuerdos de que tomo nota, la nueva, siempre por mi anticipada, de que el Mayor General Máximo Gómez, electo ya -por mayoría que raya en unanimidad- por los revolucionarios de armas que residen en el extranjero para encabezar la organización militar revolucionaria, -se anticipa, con su natural grandeza, en capacidad plena de entenderse con la isla.- y de solicitar y obtener, dentro y fuera, la ayuda necesaria para su emancipación".[181] (OC, 2001, 2:119).

---

179 **Emilio Núñez**. Ver Anexo.
180 El **Antonio de la Caridad Maceo y Grajales.** Ver Anexo.
181 *Al Secretario de la Convención Cubana.* NY, 18 agosto 1892.

Era, forma innegable, la culminación del esfuerzo martiano como el líder que lograra la unidad revolucionaria, tanto de los veteranos de las guerras, como de las nuevas generaciones que, en la emigración, eran los pinos nuevos para la contienda final por la independencia.

Como acertadamente señala Griñán Peralta, el Apóstol utilizó diversos métodos de lucha y formas de organización para realizar su plan estratégico, frutos del constante estudiar la correlación de fuerzas favorables y contrarias a la Revolución, así como la situación de los grupos que los integraban conformando, como era natural, sus planes tácticos.

Soldados mambises, 1896.

"Diríase que, en la pugna ideológica que había de preceder al choque de las armas, él fue, como jefe del partido revolucionario cubano, lo que el mejor de nuestros generales en la lucha posteriormente sostenida por el ejército libertador de Cuba.

Frutos del constante estudiar la correlación de las fuerzas favorables y contrarias a la revolución, así como la situación de los grupos que las integraban, fueron, como era natural, sus planes tácticos .

Mientras la revolución estuvo estancada, mientras tuvo que conformarse con hablar todos los años (1887-1891) en los mítines patrióticos efectuados para conmemorar el Grito de Yara; mientras tuvo que limitarse a organizar asociaciones culturales o sociedades de socorros mutuos; mientras no pudo hacer más que defender a Cuba desde las columnas de los periódicos, la táctica empleada por él fue meramente defensiva, aunque revolucionaria. Puede decirse que esto duró hasta principios del año 1892. Desde entonces, como la revolución ascendía rápidamente, utilizando los clubs y combinando la lucha legal con la ilegal, empleó la ofensiva que culminó en la insurrección del 24 de febrero del 95, la última forma de lucha empleada por él ...

Martí observaba el estado de las relaciones entre separatistas e integristas, la situación de cada uno de esos sectores en particular, y cuanto ocurría entre ricos y pobres, emigrados y residentes, negros y blancos, militares y civiles. Por esto, siempre es fácil encontrar en ellas las necesidades, las quejas y las esperanzas de las masas encargadas de cumplirlas. "Con todos y para todos" ..."Juntarse: esta es la palabra del mundo" ... "Asesorar y arremeter"...

Y éste fue otro mérito de Martí: haber comprendido que, para que la independencia pudiera hacerse con el esfuerzo de todos, era indispensable que los que habían de hacerla creyesen que la hacían para bien de todos. Y lo consiguió con su extraordinaria habilidad de propagandista (Griñán-Peralta, 1943: 62-63).

LA VISIÓN DE MARTÍ

La consecución de los objetivos del Apóstol consistió en lograr lo que parecía imposible ante el fracaso de muchos: la unidad de acción de todos los revolucionarios, a pesar de factores externos como la desconfianza entre la emigración y los veteranos, pero en primer lugar su propio temperamento fogoso, su intelectualidad y pobre salud, aparte de no ser ampliamente conocido en la isla y no haber combatido en las guerras, todos eran obstáculos que pudo superar.

Carga al machete.

Eso lo llevaría a combatir con las armas en los campos de Cuba, cumpliendo sus palabras ante una audiencia de patriotas en Nueva York:

"El hombre de actos sólo respeta al hombre de actos. El que se ha encarado mil veces con la muerte, y llegó a conocerle la hermosura, no acanta ni puede acatar la autoridad de los que temen a la muerte. El político de razón es vencido, en los tiempos de acción, por el político de acción; vencido y despreciado o usado como mero instrumento y cómplice, a menos que, a la hora de montar, no se eche la razón al frente, y monte. ¡La razón, si quiere guiar, tiene que entrar en la caballería! y morir, para que la respeten los que saben morir".[182] (OC, 2001, 2:252).

La conclusión exitosa de su labor organizador, exige traer el Partido a Cuba, pues es la única manera en que podría contar con un sólido movimiento revolucionario de respaldo al desembarco de los combatientes en la isla y es entonces cuando la caída de los precios del azúcar hasta los precios más bajos conocidos hasta entonces, el fracaso de los proyectos de reformas y la amenazante actitud de los Estados Unidos, aceleraron en el año 1895 para que Martí decretara el alzamiento general.

Mientras tanto, como se ven en sus escritos y discursos el Apóstol se preocupaba por la futura república independiente y soberana para lo cual debía considerar los peligros internos, como el autonomismo, el anexionismo y el racismo; y en lo externo: el naciente imperialismo norteamericano.

LA IMPOSTURA DEL AUTONOMISMO

Si algo debía de considerarse en la república a nacer, era historia de las guerras de independencia de América contra sus correspondientes metrópolis europeas, donde la primera lección era que España solamente se retiraría de Cuba por la fuerza de las armas y la conquista de la libertad por los mambises.

---

182 Discurso en conmemoración del 10 de Octubre de 1868, en *Hardman Hall,* Nueva York 10 octubre 1890.

Durante la época del exilio en Costa Rica (1892). De pie de izquierda a derecha: Antonio Collazo, Flor Crombet, Antonio Maceo, Agustín Cebreco y José Barrenqui. Sentados: Martín Morúa Delgado, Rojas, Pedro Castello, Peña y José Rogelio Castillo.

Sobre esa naturaleza rapaz e intransigente del colonialismo español en retirada decía tan temprano como en 1973, sobre los elementos liberales y republicanos de la península, contradictoriamente pregonando libertades para la península pero nunca para las colonias:

"Y si Cuba proclama su independencia con el mismo derecho que se proclama la República, ¿cómo ha de negar la república a Cuba su derecha de ser libre, que es el mismo que ella usó para serlo? ¿Cómo ha de negarse a sí misma la república? ¿Cómo ha de disponer de la suerte de un pueblo imponiéndole una vida en la que no entra su completa y libre y evidentísima voluntad?"(OC, 2001, 1:93).

Y agregaba: "¡Míseros los que se atrevan a verter la sangre de los que piden las mismas libertades que pidieron ellos! ¡Míseros los que así abjuren de su derecho a la felicidad, al honor, a la consideración de los humanos!"[183] (Ibídem).

La situación no había cambiado veinte años después, abocado a la decisión de lanzarse a los campos de Cuba para librar la última batalla por la independencia, donde denunciaría claramente que en el supuesto caso de que se aprobaran las reformas que clamaban los autonomistas, pues las libertades que suplicadas eran: "imposibles en la naturaleza política de España"[184] (OC, 2001, 3:264).

Debido a sus posiciones de clase y su ofuscada mentalidad pro española, adoptando los métodos pacíficos, complaciendo de esa forma los intereses de la Colonia, con una férrea desconfianza en la capacidad de los cubanos en conquistar la independencia, con el desprecio al pueblo "iletrados, los negros y los mulatos", no tuvieron futuro ni siquiera dentro de las manipulaciones políticas de la Metrópoli a finales del siglo. "España los vejaba, ignoraba todos sus reclamos, los tildaba de independentistas, los mandaba a las mazmorras de Ceuta y Chafarinas…" (Ramírez-Cañedo, 2014).

UN *MAR DE SANGRE* [185] NOS SEPARABA

Como califica la expresión en la nítida prosa de Martí, el cisma entre Cuba y España, luego de terminar la Guerra Grande, hacía imposible llegar a la independencia sin la opción del combate cruento por expulsar a las tropas coloniales de la isla.

Por ello, los ataques martianos a los autonomistas, quienes continuaban colaborando con el ejército de ocupación español, eran totalmente justificados, tanto como clamar que:

---

183 En *La república española ante la Revolución cubana*. 15 febrero 1873.
184 En *El lenguaje reciente de ciertos autonomistas*. 22/9/1894.
185 OC, 2001, 11:338. *Un drama terrible.*13/11/1887.

Funeral del General Antonio de la Caridad Maceo y Grajales Santiago de Cuba 14 de junio de 1845 en Punta Brava, Pinar del Río, el 7 de diciembre de 1896. El nacionalismo autonomista llevó el racismo de sus integrantes al extremo de defender la esclavitud y celebrar la muerte de Antonio Maceo (Molina, 2009).

"no puede engañar de nuevo a un pueblo colérico y hambriento que asiste, pintado de alegría, a la arena donde los barateros de empleos públicos se enjugan de vez en cuando el sudor de la comedia con el pañuelo tinto en nuestra sangre,- parece innecesario afear con la prueba harto fácil la flaqueza, o equivocación de los que de seguro no llevarán la política sumisa, y la desconfianza de las virtudes más viriles, hasta corromper en la inmoralidad creciente de una espera inútil la patria en que nacieron, o entregar sus ruinas a un extranjero ávido y desdeñoso".[186] (OC, 2001, 2:193).

---

186 En *Política insuficiente*. NY, 14 de enero de 1893.

Martí agregaba que esa búsqueda inmoral de los favores del poder, así como las diputaciones a cortes[187] que España le concedía a los autonomistas, no eran más que: "migajas urbanas, triste alimento de canario preso" (Ibídem, 193).

También condenaba a quienes participaban en la farsa de elecciones amañadas:

"Los cubanos volátiles que creyesen que la ley retacera de elecciones, y el nombramiento en su virtud de algunos diputados más, a lo sumo comparables a sus distinguidos antecesores, puede mudar de raíz el carácter rudimentario y venal de la política española, y la ignorancia y hábitos despóticos de la nación, verán tal vez sustancia y eficacia en una ley teatral que, aparte del desdén de aportar a males presentes y urgentísimos un simple remedio en el modo de pedir, más es, a todas luces, descarada reincidencia en la política diferencial que base de argumento honrado para fundar sobre ella los derechos de un pueblo... " (OC, 2001, 2:194).

Las reformas eran para él la dilación criminal a la independencia, diciendo:

"Buscan los políticos de la paz en leyes lentas de elecciones —leyes de perpetua servidumbre bajo la máscara de sus formas, que a lo sumo no vendrían a ser más que modos perfectos de suplicar a un interés contrario— el remedio a la perversión creciente y al desahucio de los naturales. Empléanse [sic] en servir al gobierno desmoralizador con pretexto de combatirlo, las fuerzas que debían emplearse en ordenar

---

187 Representaciones provinciales, ante el Gobierno en Madrid, [N. del E.]

los ánimos para la defensa" [188] (OC, 2001, 2:373).

Y al referirse a la posibilidad de un gobierno autonomista, evaluaba que no sería más que el "funesto imperio de una oligarquía criolla"[189] (OC, 2001, 3:264), denunciando el contenido reaccionario y antipatriótico del Partido Autonomista, persiguiendo la vía inútil de la evolución pacífica:

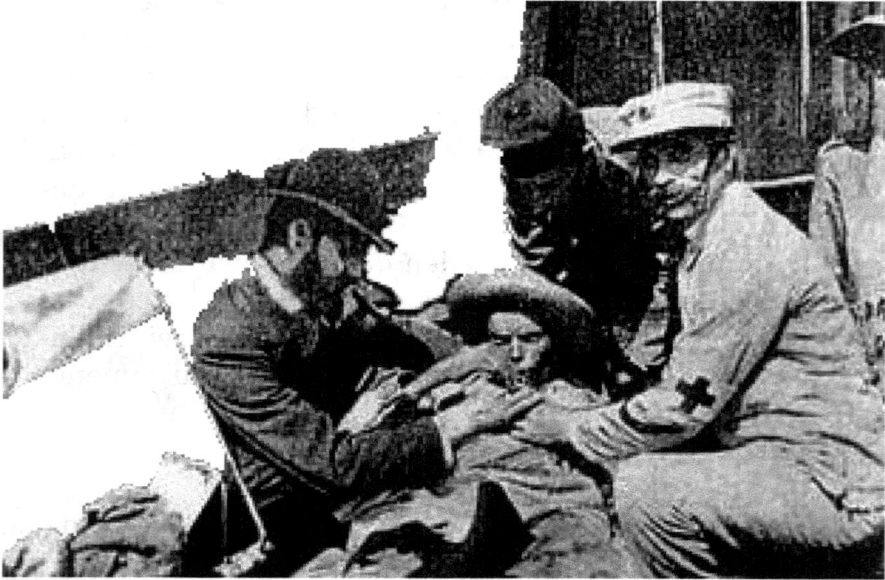

El brigadier Rafael Maceo y Grajales y el coronel Juan Cintra, fallecieron en 1882 y 1880, respectivamente, en las islas Chafarinas, islas españolas, situadas en la costa marroquí, África. El general de Brigada era hermano de Antonio y José Maceo. Estas islas fueron empleadas como prisión militar desde mediados del siglo XIX (Lamas, 2010).

"Mera época de la revolución el partido autonomista, que debió y pudo hacer lo que no ha hecho, y ha fallado en su labor preparadora, dábase [sic] el caso singular de los que proclamaban el dogma político de

---

188 En *El Partido Revolucionario a Cuba*. 27 de Mayo de 1893.
189 En *El lenguaje reciente de ciertos autonomistas*. 22/9/1984.

la evolución, eran meros retrógrados, que mantenían para un pueblo formado en la revolución las soluciones imaginadas antes de ella".[190] (OC, 2001, 4:314).

Pero cuando el descrédito y la realidad provocaron la disolución de las filas del autonomismo Martí llamó a unirse a la causa de la independencia a quienes habían apoyado erróneamente esas ideas:

"Y en cuanto al escaso grupo de cabeceras, a quienes se acusa hoy de haber fomentado un partido antirrevolucionario y sin soluciones, con la promesa sorda de la revolución, que era su deseo evidente evitar, puesto que en nada han contribuido a prepararla, unos caerán —esperémoslo así— del lado del combate, adonde sus compatriotas los recibirán con regocijo,— otros, si no buscan a tiempo refugio en los países amigos de América, en que se habla su lengua y se trabaja, caerán en el destierro o en la muerte,—y otros irán a Madrid a ser condes de la libertad, y cabos caireles de aquella delicada monarquía" (OC, 2001, 3:265).

Una vez rebasado el peligro autonomista, lo evalúa como que: "el autonomismo sólo ha sido útil, por la prueba de su ineficacia, a la revolución. Mientras más viva, más revolucionarios habrá" (Ibídem).
Sobre la pretensión de que el autonomismo había unificado a todas las clases sociales frente a España, diría:

"No es que se deba caer, ni de paso siquiera, en el error de creer que el autonomismo unificase al país más de lo que lo unificó la guerra, que organizó el alma cubana de manera que la mayor alevosía y cau-

---

190 En *Discurso en Hardman Hall*, NY, 31 de Enero de 1893.

tela no la han podido aflojar aún; sino que la catástrofe, anunciada desde su híbrido nacimiento, ha dado pábulo nuevo, y generación nueva, y más firme base, a la revolución" (OC, 2001, 3:265).

El tema del autonomismo, como respuesta burguesa no independentista (Abad, 1995:87), o coincidencia con la necesidad de un cambio social (Loyola-Vega, 1998:19), era el desvío de fuerzas necesarias a la Revolución, en un momento en que no era posible entrar en debates entre "evolución y revolución, reformismo y lucha armada" (Cordoví-Núñez, 2003:33) en medio del objetivo primordial de la Guerra Necesaria contra los enemigos de Cuba.

ANTIMPERIALISMO E INDEPENDENCIA

Indiscutiblemente, Martí debió de conocer la definición del imperialismo que Enrique José Varona expusiera:

"Lo que llamamos hoy "el imperialismo", es un fenómeno muy antiguo al que se ha dado un nombre nuevo; porque debemos entender, —por lo menos en el transcurso de esta conferencia, —por "imperialismo" la forma de crecimiento ó integración de un grupo humano, cuando llega expresamente a tener la forma de dominación política, sobre otros grupos diversos, de distinto origen, próximos o distantes del núcleo principal" (Varona, 1933:11).

La mayor parte de sus denuncias contra el imperialismo hacían referencia al expansionismo territorial: "En nuestra América no puede haber Caínes. ¡Nuestra América es una!

Pero la otra América se negó a firmar el proyecto que declara "eliminada para siempre la conquista del derecho público americano". Luego, sofocada, consintió en declarar eliminada la conquista "por veinte años"[191] (OC, 2001, 6:102).

En la época la forma típica de manifestación capitalista era por la conquista abierta del territorio de otros países, todavía la penetración económica por las inversiones, no constituía el método.

Martí con su visión recogió en crónicas y reportajes, aunque sin llamarlo por su nombre, el rasgo fundamental del imperialismo moderno: la exportación del capital.

Así criticaba la política de cohecho y coacción empleada por los inversionistas norteamericanos en los ferrocarriles de México, aún sin tener una compresión cabal de los peligros que encerraba (Mainadé-Martínez, 2010).

"¿A qué invocar, para extender el dominio en América, la doctrina que nació tanto de Monroe como de Canning, para impedir en América el dominio extranjero, para asegurar a la libertad un continente? ¿O se ha de invocar el dogma contra un extranjero para traer a otro? ¿O se quita la extranjería, que está en el carácter distinto, en los distintos intereses, en los propósitos distintos, por vestirse de libertad, y privar de ella con los hechos, —o porque viene con el extranjero el veneno de los empréstitos, de los canales, de los ferrocarriles? ¿O se ha de pujar la doctrina en toda su fuerza sobre los pueblos débiles de América, el que tiene al Canadá por el Norte, y a las Guayanas y a Bélice [sic] por el Sur, y mandó mantener, y mantuvo a España y le permitió volver, a sus propias puertas, al pueblo americano de donde había salido?"[192] (OC, 2001, 6:61).

---

191 En *Congreso de Washington* [Conferencia Internacional Americana, N. del E.], NY 3 de mayo de 1890.
192 En *Conferencia Internacional Americana*. NY 2 Nov. 1889.

VISIÓN SOBRE LA ECONOMÍA NORTEAMERICANA

Una constante en la prédica martiana de la economía norteamericana es la exportación de productos, rasgo fundamental de la época y la describe acentuando todos sus aspectos
negativos:

"Aquí se ha montado una máquina más hambrienta
que la que puede satisfacer el universo ahíto de productos. Aquí se ha repartido mal la tierra; y la producción desigual y monstruosa, y la inercia del suelo
acaparado, dejan al país sin la salvaguardia del cultivo distribuido, que da de comer cuando no da para
ganar. Aquí se amontonan los ricos de una parte y
los desamparados de otra. El Norte se cierra y está
lleno de odios. Del Norte hay que ir saliendo"[193] (OC,
2001, 2:368).

Va más allá al tratar las relaciones comerciales de los países capitalistas y los coloniales:

---

193 En *La Crisis y el Partido Revolucionario Cubano*. 19/8/1983.

"Los pueblos menores, que están aún en los vuelcos de la gestación, no pueden unirse con los que buscan un remedio al exceso de productos de una población compacta y agresiva, y un desagüe a sus turbas inquietas, en la unión con los pueblos menores ... Quien dice unión económica, dice unión política. El pueblo que compra manda, el pueblo que vende sirve. Hay que equilibrar el comercio para asegurar la libertad. El pueblo que quiera morir, vende a un solo pueblo, y el que quiere salvarse vende a más de uno"[194] (OC, 2001, 6:160).

Esta exposición de ideas sobre el capitalismo como exportador de productos y la imposición a otras naciones, las desarrollará Martí ampliamente en el Congreso Interamericano de Washington, donde denunciar explícitamente la política de los Estados Unidos en el Congreso.

"Jamás hubo en América, de la independencia acá, asunto que requiera más sensatez ni obligue a más vigilancia, ni pida examen más claro y minucioso, que el convite que los Estados Unidos potentes, repletos de productos invendibles, y determinados a extender sus dominios en América, hacen a las naciones americanas de menos poder, ligadas por el comercio libre y útil con los pueblos europeos, para ajustar una liga contra Europa y cerrar tratos con el resto del mundo. De la tiranía de España supo salvarse la América española; y ahora, después de ver con ojos judiciales los antecedentes, causas y factores del convite, urge decir, porque es la verdad, que ha

---

194 En *Conferencia Monetaria de las Repúblicas de América. La Revista Ilustrada*, NY, Mayo de 1891.

llegado para la América española la hora de declarar su segunda independencia"[195] (OC, 2001, 6:46).

TRASCENDENCIA DEL PENSAMIENTO MARTIANO

Mucho se ha intentado manipular el pensamiento de José Martí, y más allá de la mistificación del héroe, de la utilización superficial o intencional de los tendenciosos de la política, su alcance y la profundidad histórica van más allá de la miopía y el maniqueísmo de aquellos revisadores de sus ideas, arrimando la brasa a su sardina.

Sin embargo, fue ejemplo de aplicación de las ideas de la época, heredero de la más pura tradición filosófica cubana, originada en José Agustín Caballero [196] y continuada en Félix Varela y José de la Luz y Caballero y de la tradición filosófica universal, como destaca en sus apuntes filosóficos a figuras clásicas del calibre Heráclito, Empédocles, Sócrates, Platón, Aristóteles, Bacon, Descartes, Leibniz, Condillac, Kant, Hegel y muchos otros.

Martí, supo, a la vez que tomaba de la obra de los filósofos clásicos, asimilar con criterio propio y selectivo sus más destacados aportes, con sus limitaciones fundamentales (Buch-Sánchez, 2009:50).

Con razón afirmaba Cinto Vitier:

Presbítero José Agustín Caballero y Rodríguez de la Barrera (1762-1835).

---

195 En *Congreso Internacional de Washington: Su historia, sus elementos y sus tendencias.* NY, 2 Noviembre de 1889.
196 **José Agustín Caballero** y **Rodríguez de la Barrera.** Ver Anexo.

"Aunque los problemas eternos de la filosofía le interesaron, especialmente en su juventud de estudiante en España, Martí nunca fue un pensador abstracto. Su condición esencial de revolucionario, es decir, de transformador de la realidad, se revela ya en el hecho de que la experiencia, las circunstancias vitales, el contexto histórico y biográfico, fueron siempre decisivos para su interpretación del mundo y la dirección de su conducta ... Como bases innatas o apriorísticas de su carácter, tenía el sentido absoluto de la eticidad [sic], la pasión por la belleza y la vocación redentora. A partir de estos principios asimilaba y encauzaba, a la vez libre y necesariamente, los datos de la realidad múltiple y sucesiva. (Vitier, 2004:14).

Las ideas martianas se anticipan a su tiempo, y con él termina el siglo más importante de nuestra cultura y de nuestra filosofía, pues se trata de la del desarrollo alcanzado por el pensamiento cubano del siglo XIX, siendo un profeta del humanismo y precursor de muchos de los ideólogos posteriores, tanto americanos como de todo el mundo.

Martí delineó con escalpelo preciso los contornos del escenario de conflictos entre las dos Américas, no siendo un profeta ni un iluminado, sino un hombre que solamente vivió 42 años, pudo trascender su humilde nacimiento en una pequeña isla y llegar a l nivel de valoración de su época, con el ejemplo de su pequeña nación explotada, vecina del naciente coloso imperialista.

Con sus propias palabras:

"A la raíz va el hombre verdadero. Radical no es más que eso: el que va a las raíces. No se llame radical quien no vea las cosas en su fondo. Ni hombre quien no ayude a la seguridad y dicha de los demás hombres"[197] (OC, 2001, 2:380).

---

197 En *A la raíz*. V.IV , P. 380. NY, 26 de Agosto de 1893

Martí no se ataba a interés mezquino o privilegio, ni era uno de:

"¡estos revolucionarios suaves son siempre bienquistos entre las clases privilegiadas, que se entretienen con ellos, como los niños con los globos de papel, que se queman en cuanto suben por el aire, o como las damas de salón con los falderos llenos de tufos, pompones y cintajos!"[198] (OC, 2001, 13:352).

Pues él sólo se debía a la Patria libre e independiente, clamando: Ni autonomismo, ni anexión: "Y Cuba debe ser libre—de España y de los Estados Unidos" [199] (OC, 2001, 21:380), sin compromiso, solo ante la verdad, y por ello previó el inevitable conflicto entre la otra América, pujante y expansionista, y la nuestra, débil y dividida; por lo cual el logro de la independencia de Cuba y de Puerto Rico era una pelea americana, dirigida a consolidar con nuestra independencia la del continente: "En el fiel de América está las Antillas, que serían, si esclavas, mero pontón de guerra de una república imperial".[200] (OC, 2001, 3:142).

---

198 En *El librepensamiento en los Estados Unidos*. 28 Julio 1888.
199 OC., *Cuaderno De Apuntes No. 18*. 1894, V. XXI, p. 380.
200 En *El alma de la Revolución, y el deber de Cuba en América*.

CAPÍTULO XIII

NUESTRA AMÉRICA:
EL LATINOAMERICANISMO DEL APÓSTOL

La Plaza y el Centro Cultural *José Martí*, frente a la Avenida Reforma en la Ciudad de México, DF.

Durante su estancia en México conoce de cerca el Apóstol del rico mestizaje indígena de América, en especial de las culturas milenarias, así como el racismo y la opresión contra ellos, lo cual, conjuntamente con sus observaciones agudas de las luchas campesinas y obreras, le permiten obtener una dimensión diferente de la opresión a nuestros pueblos de la oligarquía, el clero y las castas políticas.

En su tiempo en tierras mexicanas no deja de ver el peligro que representa el naciente imperio norteamericano, ya ocupante por la fuerza de gran parte del territorio de México y el balance necesario en el trato con las potencias europeas, manteniendo los valores nacionales.

De los indios dice "ésta es una raza olvidada"[201] (OC, 2001, 6:266), enfrentando a quienes consideran son raza atrasada, solidarizándose sin romanticismo con su sufrimiento, con visión de revolucionario, decidido a rescatar los valores de esas culturas originarias de América.

Esa visión, en defensa de la identidad de nuestros pueblos, es el *hombre natural*[202] (OC, 2001, 6:15) de Martí, hijo de indio, blanco europeo y negro africano, producto del mestizaje, con su cultura propia, criolla, mulata:

> "¿Qué importa que vengamos de padres de sangre mora y cutis blanco? El espíritu del hombre flota sobre la tierra en que vivieron y se le respira. Se viene de padres de Valencia y madres Canarias, y se siente correr por las venas la sangre enardecida de Tamanaco y Paracamoni"[203] (OC, 2001, 8:336).

La versión del colonizador expone desvergonzadamente que al indio *caribe*, debido a su bestialidad sin remedio, no quedó otra alternativa que exterminarlo (Fernández-Retamar, 2008).

Pero, anteriormente habían sido aniquilados los arahuacos, en uno de los mayores etnocidios que recuerda la historia con la *desvergonzada ideología del pillaje* (Ibídem) colonialista.

La evolución del pensamiento martiano, cuando desde el año 1875, publicando en la *Revista Universal* de México eligió, un seudónimo tomado de la mitología griega: *Orestes* (Ette, 1968:137), pasa por su interacción con las culturales indí-

---

201 En *Función de los Meseros. Revista Universal*, 10/7/1875.
202 En *Nuestra América*.
203 En *Autores americanos aborígenes. La América*, Abril 1884.

genas autóctonas en Centroamérica –sobre todo en Guatemala, durante su exilio es ya en su obra de esa etapa que se
aprecia "lo rápido que se convirtió en Marti una conciencia
colonizada en conciencia de estar colonializado" (Ibídem:141).

De un pensamiento centrado en la cultura occidental Europa, evoluciona a nuestra civilización americana -"Nuestra
Grecia es preferible a la Grecia que no es nuestra..." (OC,
2001, 6:18)-, aniquilada por la Conquista y transforma su visión de la identidad de Latinoamerica, de manera fructífera,
comprendiendo las contradicciones internas de sus propias
concepciones.

Calendario utilizado en la Tierra de Anáhuac, de sistema trigesimal, incluyendo los trece cielos, y en el más alto de éstos viven las almas de los niños
que fallecen antes de tener uso de razón, esperando a que se destruya la
presente humanidad en el gran cataclismo que se avecina para reencarnar
en la nueva humanidad.

Es cuando del seudónimo de *Orestes* en México, comienza a firmar con su propio nombre, asumiendo la responsabilidad de su opinión personal y en 1879, al aceptar en Cuba un cargo importante en el clandestino *Club Revolucionario Cubano*, elige un nuevo *nom de plume* [204]: *Anáhuac*, el nombre dado por los Aztecas al mundo conocido hasta antes de la conquista de México por España (Ette, 1968:143).

SU DEFENSA DEL ABORIGEN

José Martí defiende a nuestros aborígenes americanos y destaca excepciones dentro de esos *conquistadores* españoles: "fue un encomendero arrepentido, un cristiano que se encontró a sí mismo en condición de pecado como explotador y se deslumbra con el descubrimiento espiritual de la igualdad de todos los hombres, lo cual a la vez revirtió en su propio renacimiento como ser humano..." (González- Munné, 2001:107).

Ese *Protector de los Indios*, a quién el Apóstol elogiaba, un sacerdote humilde que Martí destaca: "... se fue a consolar a los indios por el monte, sin más ayuda que su bastón de rama de árbol" (OC, 2001, 18:442), en su artículo en *La Edad de Oro* —uno de los más complejos de la revista- donde a través de metáforas y simbolismos exalta la figura del Pastor (Chang-Ramírez, 2008): "él se fue a su convento a pelear, a defender, a llorar, a escribir. Y murió sin cansarse, a los noventa y dos años" (Ibídem, 448).

Ese era el Padre Bartolomé de las Casas.

El origen de Nuestra América, ese mestizaje cultural, superior a las culturas que le dieron origen es componente clave del ideario martiano, en el respeto a su pureza, en basarse en lo autóctono, sin copiar lo foráneo, seremos: "La imitación servil extravía, en Economía, como en literatura y en política"[205] (OC, 2001, 6:335).

---

204 Seudónimo. Expresión, proveniente del francés, el primer uso conocido fue en 1823. N. del E.
205 En *La polémica económica,Revista Universal*, 23/9/ 1875.

En soluciones nuestras a temas de educación, arte y economía, en formas de gobernar, en el estudio de la grandeza de nuestros pueblos:

"Los pueblos que habitan nuestro Continente, los pueblos en que las debilidades inteligentes de la raza latina se han mezclado con la vitalidad brillante de la raza de América, piensan de una manera que tiene más luz, de una manera que tiene más amor, y que ha de menester en el teatro –no de copias, serviles de naturalezas agotadas– de brotación [sic] original de tipos nuevos"[206] (OC, 2001, 6:200).

José Martí caracterizó el desafío aún hoy vigente con verbo claro:

"No hay batalla entre la civilización y la barbarie, sino entre la falsa erudición y la naturaleza. El hombre natural es bueno, y acata y premia la inteligencia superior, mientras esta no se vale de su sumisión para dañarle, o le ofende prescindiendo de él, que es cosa que no perdona el hombre natural, dispuesto a recabar por la fuerza el respeto de quien le hiere la susceptibilidad o le perjudica el interés... "[207] (OC, 2001, 6:17).

Pues es evidente que la cultura, como instrumento de dominación, es una "falsa erudición" y agrede a la barbarie (naturaleza), cuando se identifica con el ideal de liberación, se manifiesta como humana.

En el ideario martiano lo *natural* se impone a lo "artificial" o "exótico" del falso erudito. La "batalla entre la civilización

---

206 En *El liceo Hidalgo. Revista Universal.* 11 de mayo de 1875.
207 Publicado en *La Revista Ilustrada de Nueva York,* 10 enero de 1891 y en *El Partido Liberal,* México, 30 de enero de 1891.

y la barbarie", expuesta por Domingo Faustino Sarmiento [208] en *Facundo* aparece superada por la "bondad" del hombre natural, que sabrá reconocer, acatar y premiar "la inteligencia superior". El problema de América es la falsa erudición, que ocupa el lugar de la civilización en el paralelismo con la frase de Sarmiento. En el discurso programático de Martí la naturaleza reemplaza la barbarie (Falabella-Luco, 2005).

El pensamiento europeo de la época se devela rapaz, como escribe el precursor del fascismo Renán:

"Aspiramos, no a la igualdad, sino a la dominación. El país de raza extranjera deberá ser de nuevo un país de siervos, de jornaleros agrícolas o de trabajadores industriales. No se trata de suprimir las desigualdades entre los hombres, sino de ampliarlas y hacer de ellas una ley ... La regeneración de las razas inferiores o bastardas por las razas superiores está en el orden providencial de la humanidad" (Césaire, 1955:88-89).

El descubrimiento para Martí, en su exilio en México y Guatemala, del pasado, presente y futuro de los indios, fue fundamental en su proyección de identidad, por supuesto en una evolución de contradicciones con su enfoque inicial, previo a su exilio latinoamericano (Camacho, 2008).

---

208 **Domingo Faustino Sarmiento** educador,periodista, escritor y político argentino escribió en 1945 *Facundo o Civilización y Barbarie en las pampas argentinas,* uno de los principales exponentes de la literatura hispanoamericana, en el cual, aparte de su valor literario, realiza un análisis del desarrollo político, económico y social de Latinoamérica, su modernización, potencial y cultura. En el texto, Sarmiento analiza los conflictos en la Argentina después de la Independencia declarada en 1816, a partir de la oposición entre civilización y barbarie. [N. del E.].

RESPETAR LOS VALORES NACIONALES

La subestimación de lo nuestro, la admiración desmedida por lo extranjero, es una de las metas que con la educación y el posicionamiento de los talentos nacionales avizora el Apóstol como tarea fundamental en el continente para eliminar los rastrojos de la colonia en nuestras nacientes repúblicas.

Nuestro propio desdén y subestimación a los valores nacionales, permitió la toma del poder por tiranías en nuestros países, tronchando su desarrollo: "Las Repúblicas han purgado en las tiranías su incapacidad para conocer los elementos verdaderos del país, derivar de ellos la forma de gobierno y gobernar con ellos"[209] (OC, 2001, 6:17).

Ejemplos a lo largo y ancho del Continente de estos gobiernos autoritarios fueron los caudillos Porfirio Díaz[210] en México, Justo Rufino Barrios[211] en Guatemala y en Venezuela Antonio Guzmán Blanco[212], experiencia muy cercana a Martí, donde aprendió de su evolución histórica y comprender que América requería no solo de la independencia de su metrópoli, sino que necesitaba también de realizar una revolución auténticamente liberadora, que eliminara los lastres coloniales que aún sobrevivían en las jóvenes repúblicas.

Unidad de nuestros pueblos, respetar lo autóctono, reconocer nuestro mestizaje, crear nuestras propias vías sin fórmulas ajenas y sobre todo, cuidarse del vecino del norte.

El Apóstol concebía la independencia de Cuba como un aporte a lo que él llamó Nuestra América y por supuesto a la humanidad. En el *Manifiesto de Montecristi*, del 25 de marzo de 1895, donde estableció su empeño de "saneamiento y emancipación del país para bien de América y del mundo" (OC, 2001, 4:93).

---

209 En *Nuestra América. El Partido Liberal*. México, 30/1/1891.
210 **José de la Cruz Porfirio Díaz Mori**. Ver.
211 **Justo Rufino Barrios Auyón**. Ver Anexo.
212 **Antonio Guzmán Blanco**. Ver Anexo.

Y agregaba en ese histórico documento: "La guerra de independencia de Cuba, nudo del haz de islas donde se ha de cruzar, en plano de pocos años, el comercio de los continentes, es suceso de gran alcance humano y servicio oportuno que el heroísmo juicioso de las Antillas presta a la firmeza y trato justo de las naciones americanas, y al equilibrio aún vacilante del mundo" (Ibídem, 100-101).

Las banderas norteamericanas descienden en La Habana
al finalizar la primera ocupación norteamericana
el 20 de Mayo de 1902.
En la foto el Palacio de los Capitanes Generales.

Estos conceptos no eran nuevos en el discurso martiano, pues ya en 1894, había escrito que solamente la independencia de Cuba podía garantizar el equilibrio necesario en el continente. De ser "esclavas", apuntaba, se convertirían en "mero fortín de la Roma Americana", pero "si libres", por lo tanto "serían en el continente la garantía del equilibrio, la de la independencia para la América española aún amenazada[213] (OC, 2001, 3:142).

---

213 En *El alma de la Revolución, y el deber de Cuba en América. Patria*, 17 de abril de 1894.

En ese mismo texto, calificaba de "obra de previsión continental" la lucha independentista de los cubanos. Si esta triunfaba, se aseguraba "la amistad entre las secciones adversas" del hemisferio, es decir, entre el Norte anglosajón y el Sur latinoamericano, basada en la soberanía plena y el respeto mutuo entre ambos (Ibídem).

SOBERANÍA Y RESPETO ENTRE LOS PUEBLOS

La percepción de Cuba como *fortín* de una república imperial es una reiteración de una idea expresada anteriormente, como en el artículo *El remedio anexionista* [214] de 1892 (OC, 2001, 2:43), donde analizaba el tema del potencial de los cubanos para prevenir esa amenaza continental.

También escribe en *Otro Cuerpo de Consejo* [215] en 1893 (OC, 2001, 2:373), cómo el vecino norteño codiciaba las Antillas "para cerrar en ellas todo el Norte por el istmo y apretar luego con todo este peso por el Sur" (Ibídem).

Pero coincido con muchos historiadores cubanos en que es en Cuba, en campaña contra las fuerzas colonialistas españolas y en vísperas de su muerte, cuando expresa la esencia de su proyecto revolucionario, en la famosa *Carta a Manuel Mercado*, donde dice que entiende como su deber "impedir a tiempo con la independencia de Cuba que se extiendan por las Antillas los EE.UU. y caigan, con esa fuerza más, sobre nuestras tierras de América. Cuanto hice hasta hoy y haré, es para eso" (OC, 2001, 4:167).

Desde el principio apreció Martí la expansión de las grandes potencias, ya no colonialmente, sino económicamente en el control mundial, sobre todo los Estados Unidos en el sur de América y el Océano Pacífico, por lo tanto el papel de la naciente república cubana luego de la derrota del colonia-

---

214 *El remedio anexionista.* Patria, NY 2 de Julio de 1892.
215 *Otro Cuerpo de Consejo, Patria,* NY, 19 de agosto de 1893.

lismo español, aseguraría, a su entender, una sociedad modelo de justicia social para el resto de América Latina (Rodríguez, 2006).

Y cuando cae en combate en Dos Ríos, inmolándose como guerrero de la independencia "por el bien mayor del hombre, la confirmación de la República moral en América y la creación de un archipiélago libre"[216](OC, 2001, 4:101), internacionalizaba José Martí su mensaje trascendente en el tiempo: "Es un mundo lo que estamos equilibrando, no son dos islas las que vamos a libertar ... Un error en Cuba es un error en América, es un error en la humanidad moderna. Quien se levanta hoy con Cuba, se levanta para todos los tiempos" [217] (OC, 2001, 3:142-143).

Nuestro continente fue "descubierto" y por tanto su destino fue ser el espacio destinado a recibir la civilización europea, al Norte abierta a formas renovadoras, como bien dijera Martí: "del arado nació la América del Norte y la Española

---

216 En el *Manifiesto de Montecristi*, RD. 25 marzo de 1895.
217 En *El tercer año del Partido Revolucionario Cubano*. *Patria*, Nueva York, 17 de abril de 1894.

del perro de presa"[218] (OC, 2001, 6:136) y es donde se enquista con fuerza en nuestros pueblos, la feudalidad venida de España, desarrollando una distinción radical se afianza y con el paso del tiempo, devendrá en oposición encarnizada.

Martí, fue el primero que señaló la diferencia en el arranque y el desarrollo, proclamando el conflicto inevitable, pero sin rendirse, llamando a enfrentarlo y vencerlo

De ello escribió: "En América hay dos pueblos y no más que dos, de alma muy diversa por los orígenes, antecedentes y costumbres, y solo semejantes en la identidad fundamental humana"[219] (OC, 2001, 8:35). Y antes había dicho: "El desdén del vecino formidable que no la conoce, es el peligro mayor de nuestra América."[220] (OC, 2001, 6:22). Diferencia y conflicto: pugna inevitable y decisoria (Portuondo del Prado, 2005:XI).

Ese nacimiento diferenciado provoca que en el Norte del Continente se radican instituciones establecidas en la Europa más avanzada y en el sur se enraíce el atraso colonial de la metrópoli española.

La confrontación no se hace esperar y a la vez muchos miraban hacia los Estados Unidos como un modelo imitable, actitud válida en cierto sentido, mientras la nación norteamericana no amenace a la América Latina, siendo la voz de Martí una de las primeras denunciando el peligro imperio.

"Puesto que la desunión fue nuestra muerte, ¿qué vulgar entendimiento, ni corazón mezquino, ha menester que se le diga que de la unión depende nuestra vida?"[221] (OC, 2001, 7:118).

---

218 Discurso pronunciado en la velada artístico-literaria de la Sociedad Literaria Hispanoamericana, *13 diciembre 1889, a la que asisteron los delegados a la Conferencia Internacional Americana.*
219 En *Honduras y los extranjeros.* Patria, NY, 15 Dic. 1894.
220 En *Nuestra América.* El Partido Liberal, México, 30 Ene. 1891.
221 En *Guatemala.* Edición de *El Siglo XIX.* Folleto publicado en México, en l878.

CAPÍTULO XIV

PEDRO GONZÁLEZ MUNNÉ

DOS FRENTES DE LUCHA:
CONTRA ESPAÑA Y EL NACIENTE
IMPERIO NORTEAMERICANO

Los españoles por su parte, continuaban sus misiones de espionaje y persecución de los independentistas, como por ejemplo el cónsul español señalaba en 1880 sobre la población cubana del *Cayo* "cuyo número nunca baja de tres mil almas y en ocasiones llega a siete mil compuesta en su mayor parte de gente adicta a la causa de la insurrección y de facinerosos que salen de Cuba huyendo de la justicia", que para descubrir lo que se fraguaba entre ellos era preciso "penetrar las interioridades de esa sociedad y ciertamente no será a mí, considerado como su enemigo natural, a quien dejarán conocer lo que les importa ocultar"[222] (AMAE, 1880)

En adelante, los cónsules y otros diplomáticos españoles tratarían de conocer "el espíritu de la población" (Colectivo, 1985, I:96) de diversos modos, contratando espías y diseñando otras argucias para pulsar indirectamente la opinión de los cubanos y conocer de sus actividades conspirativas, como se organizaban las expediciones, los movimientos de los clubes revolucionarios y la compra de armas destinadas a la Revolución independentista en la isla (González-Ripoll-Navarro, 1998:244)

Tan pronto como en 1868, España reclamaba de los Estados Unidos que cumpliera su *Tratado de neutralidad* de 1795[223] (Goñí, 1848) y la represión contra los emigrados cubanos, a los

---

222 Documentación en dos legajos fechados de 1842 a 1896, depositados en el Archivo del Ministerio de Asuntos Exteriores de Madrid, Correspondencia consular, H-1867. Cayo Hueso, 28 de noviembre de 1880.

223 El **Tratado de San Lorenzo** de 1795. Tratado de amistad, límites y navegación entre S. M. C. y los EEUU, firmado en San Lorenzo el real a 27 de octubre de 1795. Ver Anexo.

cuales calificaban de *bárbaros incendiarios de Cuba* (Guerrero, 1895, IV:84).

TRAS LA *NEUTRALIDAD* NORTEAMERICANA: OTROS INTERESES HEGEMÓNICOS

La *neutralidad* norteamericana no existía, porque seguían supliendo a los españoles de armamento y lanchas artilladas para combatir a los mambises, a la vez que impedían a la emigración cubana contribuir con recursos para el Ejército Libertador.

Casi todas las administraciones norteamericanas de aquel entonces, es decir desde la de Thomas Jefferson hasta William Mackinley[224], no ocultaron su interés en apoderarse de la isla y la hostilidad contra los ideales independentistas del pueblo cubano.

---

224 **William Mackinley** (1843-1901). Ver Anexo.

Asimismo, bloquearon todos los intentos de Simón Bolívar y de otros próceres de las nuevas repúblicas latinoamericanas, para ayudar a la causa por la independencia de Cuba, temiendo los norteamericanos perder esa oportunidad si la isla se liberaba de la égida de España.

Tan temprano como en 1805, Jefferson envió agentes secretos a la isla (Hunt, 2014) y ese mismo año en entrevista personal con el ministro (embajador) de Inglaterra en Washington, Anthony Merrry, el presidente Jefferson decía: "en caso de guerra entre Inglaterra y España, los Estados Unidos se apoderarían de Cuba por necesidad estratégica para la defensa de Luisiana y de la Florida" (En Guerra y Sánchez, 1935:132).

En 1808, Jefferson envía al General James Wilkinson a la isla para tantear con los españoles la cesión de Cuba a Estados Unidos. España no se mostró interesada en el trato [225] (Franklin, 2006:2).

Es en 1823 (24 de octubre), cuando reitera sus pretensiones sobre la Isla expresando en una carta al entonces Presidente de los EEUU, James Monroe: "Confieso plenamente haber sido siempre de la opinión que Cuba sería la adición más interesante que pudiera hacerse en nuestro sistema de estados" (Jefferson, 1823).

En ese propio año (28 abril de 1823) el secretario de Estado, John Quincy Adams -posteriormente Presidente de los Estados Unidos en 1825 y principal exponente de la teoría de la "fruta madura"-, enviaba instrucciones escritas al á Hugh Nelson, Enviado Extraordinario y Ministro Plenipotenciario de los Estados Unidos de América, cerca de S. M. C. (Inglaterra), se pronunció vehemente con respecto a la anexión (Rodríguez, 1900:56):

"Cuando se echa una mirada hacia el curso que tomarán probablemente los acontecimientos en los

---

[225] "In 1808, Jefferson sends General James Wilkinson to Cuba to find out if the Spanish would consider ceding Cuba to the United States. Spain is not interested". Traducción del Editor.

próximos 50 años, casi es imposible resistir la convicción de que la anexión de Cuba a nuestra República Federal será indispensable para la continuación de la Unión y el mantenimiento de su integridad" (Rodríguez, 1900:58).

Apenas habían transcurrido 22 años de esta declaración anexionista, cuando en 1845, el año en que La Florida entró en la Unión norteamericana, el senador de origen judío David Levy Yulee –nacido David Levy en la isla de Saint Thomas, en ese entonces colonia inglesa en el Caribe- (Thomas, 19, 71:211), se convierte en el primero en proponer la compra de Cuba, presentándo un proyecto de resolución en el Senado de los Estados Unidos (Blanchard, 1975:13A). Pero fue acuerdo general, no muy bien recibido, mostrando que no era el momento adecuado para llevar adelante el asunto, y Yulee lo retiró (Rauch, 1974:130).

En unos años tres presidentes norteamericanos retomaron la idea. James Polk (1848); Franklin Pierce (1853); y James Buchanan (1857). En 1848, en el Senado norteamericano, John C. Calhoun, quien fuera Secretario de Estado, planteó un punto interesante al respecto: "Hay casos de interposición en que yo acudiría al recurso de la guerra con todas sus calamidades. ¿Si me pregunta cuál es uno de ellos? Pues responderé. Designo el caso de Cuba". (En Guerra y Sánchez & Pérez-Peña, 2003:104).

La revolución liberal en España impidió la venta de Cuba, así como Francia lo hizo con Luisiana, que entonces llegaba hasta Canadá, pero eso no impidió que continuaran los intentos de apoderarse de la isla (Steinsleger, 2009).

MANIFIESTO DE OSTENDE

Otro Senador estadounidense, Pierre Soulé por Luisiana, quien fuera embajador en España (Soulé, 2008:4), propugnó la anexión de Cuba. Fue uno de los propulsores del *Manifiesto de Ostende* in 1854, resumiendo la actitud que los Estados Unidos debía tomar con respecto a Cuba.

THE "OSTEND DOCTRINE".
Practical Democrats carrying out the principle.

En esta caricatura política de la época de la revista *Harper Weekly* (1857-1916), atribuida a Louis Maurer, el Ministro (embajador) norteamericano en Inglaterra, James Buchanan es acosado por cuatro ladrones que le exigen beneficios contenidos en el documento.

Este Manifiesto fue la consecuencia de la directiva del Presidente Pierce in 1854 a los embajadores norteamericanos en España, Inglaterra y Francia – Pierre Soulé, James Buchanan y J. Y. Mason de "comparar opiniones y adoptar medidas para erigir una concertación de acciones para ayudar en las negociaciones en Madrid" (Pollklas, 1997), destinadas a la compra de La Florida, entre otros temas.

Los tres diplomáticos se reunieron en Ostende, Bélgica, el 8 de Octubre de 1854, donde más tarde suspende a Aix-la-Chapelle. Allí se completó y publicó el Manifiesto, En ese momento en la realidad política de los Estados Unidos, se realizaba la elección del Congreso de 1854, cuyo resultado fue la formación de un nuevo partido político que se comprometió a resistir la extensión de la esclavitud.

En Europa la guerra de Crimea durante varios años había absorbido la atención principal y El Manifiesto de Ostende tuve menos resonancia que la esperada, a pesar de publicarse extensivamente y de su carácter abiertamente agresivo: "Después de que le hayamos ofrecido a España un precio por Cuba más allá de su valor actual y sea rechazado, entonces será el momento de considerar la cuestión, de que si Cuba, en poder de España, ¿pone en grave peligro nuestra paz interna y la existencia de nuestra querida Unión?" (House, 1854, 10, 93).

En 1848 los Estados Unidos le había propuesto a España $100,000,000 de dólares por Cuba (Wilson & Batchelder, 1902, 4:215).

DECLARACIÓN DE GUERRA A ESPAÑA

La Resolución Conjunta aprobada por el Congreso de los Estados Unidos el 19 de abril de 1898, plantea las condiciones para la guerra contra el colonialismo español, encubriendo las verdaderas intenciones de la política anexionista norteamericana.

En su libro La Expansión Territorial de los Estados Unidos, Ramiro Guerra (Guerra y Sánchez, 1935:384) analiza el plan que se escondía en esta aparente noble Resolución:

"A finales de 1899, los planes de la Administración de McKinley comenzaron a revelarse ... En su mensaje anual del 5 de diciembre del mismo año, McKinley alarmó a los cubanos partidarios de la absoluta independencia, con la declaración de que "la nueva Cuba que se levanta de las ruinas del pasado, debe necesariamente, estar unida a nosotros por lazos de singular intimidad y fuerza" ... Los lazos de unión serán orgánicos o convencionales, pero los destinos de Cuba están de forma y manera legítimas irrevocablemente unidos a los nuestros..." (En Ibídem, 390).

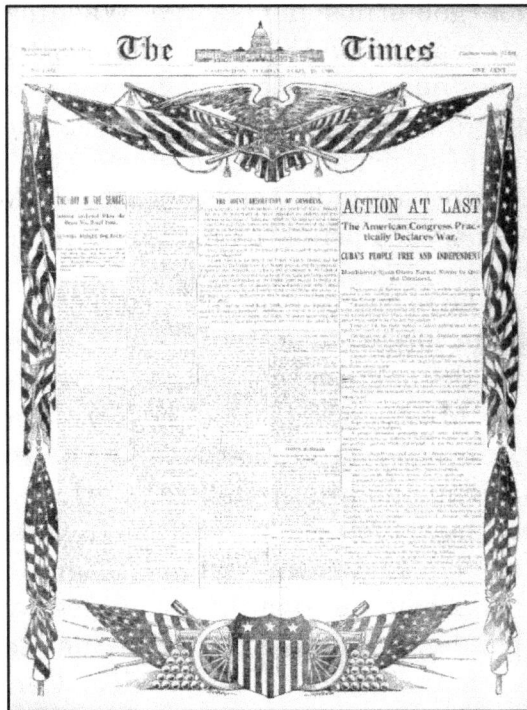

Joint Resolution [Resolución Conjunta], recogida en la primera plana de *The Times*, de Washington DC el 19 de Abril de 1898. El titular dice: *Action at last: the American Congress practically declares War* [Acción al fin: El Congreso Norteamericano declara la Guerra].

Es importante destacar que la liberación de las naciones del continente y de la mayoría de las Antillas Mayores, ya sea del colonialismo francés como el caso de Haití, como a los colonialismos ibéricos, esto es, España y Portugal, no le debe nada a los Estados Unidos (Medina Castro, 1968: 548).

Está confirmado que la independencia de la inmensa mayoría de los actuales Estados latinoamericanos (con la excepción de Panamá) se produjeron a pesar de la adversa actitud adoptada por sucesivos gobiernos de los Estados Unidos frente a esas "incompletas revoluciones burguesas", luego de las primeras independencias (Kossok, 1989:129).

La actitud insensible ante las luchas por la liberación de Haití, por los gobiernos de George Washington [226] (1787-1797), John Adams (1797-1801)[227] y Thomas Jefferson (1801-1809); los cuales no solamente se negaron a reconocer oficialmente a la primera República negra y antiesclavista del mundo, sino que se negaron a concederle ayuda a la expedición liberadora organizada por Francisco de Miranda[228] entre fines de 1805 y los primeros meses de 1806 (Bohórquez Morán, 2003:236-237).

Esa conducta se prolongó con la cínica política de "neutralidad" favorable a la perduración del colonialismo español en el "Nuevo Mundo" seguida por las sucesivas administraciones de James Madison [229] (1809-1817) y James Monroe [230] (1817-1825), durante la cual, luego de actitudes hostiles frente a los independentistas latinoamericanos, comenzó a reconocer la beligerancia de las fuerzas independentistas de Simón Bolívar y José de San Martín, al igual que a los primeros Estados nacionales o multinacionales surgidos por las luchas independentistas de los pueblos del continente, así como de las emancipaciones de México, Centroamérica y

---

226 **George Washington** (1732-1799). Ver Anexo.
227 **John Adams**. Ver Anexo.
228 **Sebastián Francisco de Miranda Rodríguez** (1750-1816) conocido como **Francisco de Miranda**. Ver Anexo.
229 **James Madison** (1751-1836). Ver Anexo.
230 **James Monroe** (1758-1831). Ver Anexo.

Brasil cuando las monarquías colonialistas ibéricas no estaban en condiciones de retener sus correspondientes posesiones.

En 1823, Jefferson expresaba; "Confieso francamente haber sido siempre de la opinión que Cuba sería la adición más interesante que pudiera hacerse a nuestro sistema de estado. El dominio que nos diera esta isla sobre el golfo de México, sobre los Estados y el istmo que lo rodean, y sobre los ríos que en el desembocan, llevaría por completo la medida de nuestro bienestar político" (Colectivo de Autores, 1994:14).

General Calixto García (al centro), con un grupo de sus oficiales en la manigua, foto de 1898.

Los Estados Unidos trataron de comprarle la Isla a España en más de cinco ocasiones, apoyaron a las corrientes anexionistas y desarrollaron una política económica y de inversiones hacia Cuba.

Con ello desarrollaban sus intenciones de incrementar la presencia en la isla, mientras se dedicaban a frustrar la lucha por la independencia y el apoyo de la emigración desde el territorio de los Estados Unidos, mientras ignoraban al

Ejército Libertador y la Asamblea de Representantes de la República en Armas (Sosa de la Cruz, 2005).

CUBA: LA *FRUTA MADURA*

Fue el sexto presidente de los EEUU, John Quincy Adams (1825-1829), quien expresara su convicción de que Cuba, formaría parte inevitablemente de la unión norteamericana, como expresó en su concepto de la *fruta madura*.

En instrucciones al ministro (Embajador) de Estados Unidos en España del 28 de abril de 1823, Adams orientaba: "el traspaso de Cuba a Gran Bretaña sería un acontecimiento muy desfavorable a los intereses de esta unión" (En García-Iturbe, 2007:117).

Y agregaba sobre la necesidad de preparar el camino para la anexión: "Estas islas [Cuba y Puerto Rico, N. del E.] por su posición local son apéndices naturales del continente norteamericano, y una de ellas, la isla de Cuba, casi a la vista de nuestras costas, ha venido a ser, por una multitud de razones de trascendental importancia para los intereses políticos y comerciarles de nuestra unión" (En Ibídem),

Asimismo expresó su concepto de *fruta madura:* "pero hay leyes de gravitación política como las hay de gravitación física, y así como una fruta separada de su árbol por la fuerza del viento no puede, aunque quiera, dejar de caer en el suelo, así dejar de admitirla en su seno" (Foner, 1973, I:156).

Fue apenas ocho meses después de la nota de Adams que el presidente James Monroe, el 2 de diciembre de 1823, dio a conocer en su séptimo mensaje anual al Congreso norteamericano su famosa Doctrina, con la cual se sentaban las bases para asegurar la futura expansión imperial: enunciada como *América para los americanos,* sintetiza el espíritu de la *Doctrina Monroe,* el propósito futuro de dominio continental.

Toma sentido dentro del proceso de imperialismo y colonialismo de las potencias económicas de esos años, donde a pesar de la falacia de presentarse como defensa de los procesos de independencia de los países americanos de la opresión colonial, no detiene estas agresiones.

Se produjeron en esta época intervenciones europeas, como la ocupación de las Islas Malvinas por Gran Bretaña (1833), el bloqueo de Francia a los puertos argentinos (1839-1840), la invasión española de la República Dominicana (1861-1865), la intervención francesa en México (1862) -en plena Guerra Civil Norteamericana-, la ocupación por Inglaterra de la costa de la Mosquitia[231] (Nicaragua) y de la Guayana Esequiba [232] (1895).

A fines de 1869, es el propio presidente norteamericano, General Ulises S. Grant[233], quién plantea que no se reconocería la beligerancia cubana y autorizó la venta de cañoneras a España, lo cual dificultó aún más el arribo de expediciones a Cuba. La neutralidad norteamericana era evidentemente un engaño, aún para los más deslindados de la política cubana.

El propio presidente Grant miente cuando le afirma al enviado de los patriotas cubanos, José Morales Lemus[234], en una audiencia: "sosténganse ustedes algún tiempo, organícense y probablemente alcanzarán más de lo que esperaban" (Ponte-Domínguez, 1958:203)

---

231 La **Costa de Mosquitos**. Ver Anexo.
232 La **Guayana Esequiba**. Ver Anexo.
233 **Hiram Ulysses Grant**. Ver Anexo.
234 **José Morales Lemus** (1808- 1870). Ver Anexo.

No solamente mintió a los cubanos, sino también a su propio pueblo, pues había prometido a los electores norteamericanos, que de llegar a la Presidencia, una de sus prioridades sería contribuir a la independencia de Cuba (Ibídem, 296).

LAS VERDADERAS RAZONES DE LOS EEUU

En abril de 1898, Estados Unidos declaró la guerra a España. Las razones para la participación de Estados Unidos eran muchas con una economía y población crecientes buscaban nuevos mercados para su industria en desarrollo y las inversiones en Cuba ahora se veían amenazadas por la guerra de independencia.

Caricatura política publicada en 1896 en el *La Campana de Gràcia* de Catalunya, España, criticando la actitud de los EEUU con respecto a Cuba. El texto al pie dice: "Cojamos la isla para que no se pierda".

No podemos obviar el aspecto de los intereses de expansión en la región en lo cual jugaba un papel fundamental el establecimiento de bases navales para controlar los accesos en el Caribe y el futuro del Canal de Panamá, con el dominio que ahora tenían los españoles pasando a manos de Washington en un territorio a solo 90 millas de las costas de la Florida (Hudson, 1947:3).

Los intereses políticos norteamericanos siguieron a la economía, pues mientras inicialmente era adecuada una Cuba bajo una España débil y no en manos de otras potencias europeas, a mediados del siglo XIX, la anexión se convirtió en una posibilidad que aplazó la Guerra Civil de Estados Unidos.

Sin embargo, con el crecimiento en los años 1870 y 1880 de las inversiones de Estados Unidos en Cuba como resultado de la quiebra de muchas empresas españolas y cubanas a causa de la guerra, el capital adquirió las haciendas azucareras y los intereses mineros, convirtiéndose el imperio del norte en el principal comprador de azúcar en la isla, ante el cierre del mercado internacional por la expansión de la producción europea de azúcar de remolacha, lo cual además, facilitó la penetración económica de Estados Unidos (Ibídem, 18).

Aunque en 1895 el control de la economía todavía permanecía en gran parte en manos de los españoles, el capital y la influencia de Estados Unidos, particularmente en la industria del azúcar, eran dominantes (Hudson, 1947:31)

ESPAÑA Y EEUU: ENEMIGOS COMUNES DE LA INDEPENDENCIA DE CUBA

Los patriotas cubanos se convencieron entonces de que la causa por la libertad tenía dos enemigos bien definidos: España con su sangrienta guerra colonial y los Estados Unidos, con sus intereses imperiales.

En su carta al Presidente Grant, Carlos Manuel de Céspedes devela la falacia en estas posiciones:

"Las ideas que defienden los cubanos y la forma de gobierno que han establecido, escrita en la constitución por ellos promulgada, hacer por lo menos obligatorio a los Estados Unidos, más que a alguna otra nación civilizada el inclinarse en su favor. Si por exigencia de humanidad y civilización todas las naciones están obligadas a interesarse por Cuba, pidiendo la regularización de la guerra que sostiene contra España, los Estados Unidos tienen el deber que le imponen los principios políticos que profesan, proclaman y difunden..." (Colectivo de Autores, 1994:23-24).

Por supuesto que no hubo una respuesta oficial, sin embargo el secretario de estado, Hamilton Fish, al negarse a recibir a José Morales Lemus, representante oficial del gobierno de la República Cuba en Armas, el 24 de marzo de 1869, dejó bien clara la posición de su gobierno:

"...nosotros nos proponemos proceder de completa buena fe con España, y cualesquiera que pudieras ser nuestra simpatía por un pueblo que, en cualquier parte del mundo, luche por gozar de un gobierno más liberado, no deberíamos apartarnos de nuestro deber para con otros gobiernos amigos, ni apresurarnos a reconocer prematuramente un movimiento revolucionario antes de que haya manifestado capacidad de sostenerse de si [sic] mismo..." (Foner, 1973, II:220).

El *Padre de la Patria* [235] entiende claramente las intenciones hegemonistas de los Estados Unidos: "Por lo que respecta a los Estados Unidos tal vez este [sic] equivocado, pero en mi concepto su gobierno a lo que aspira es apoderarse de Cuba, sin complicaciones peligrosas para su nación" (Céspedes, 1974, I:84).

Ordena cerrar la representación diplomática del gobierno de la República en armas en los Estados Unidos, por considerarlo inútil ante la posición de los gobiernos norteamericanos y la historia demuestra lo valedero de su decisión.

De 1868 a 1878 ninguna administración norteamericana reconoció la validez de la lucha de los patriotas cubanos por la independencia de Cuba del colonialismo español, lo cual convenció a los insurrectos de que se combatía en dos frentes, contra España y los Estados Unidos.

Lo deja bien sentado el propio Carlos Manuel de Céspedes en su carta a Charles Summer Wells, presidente de la comisión del senado de los Estados Unidos:

"A la imparcial historia tocará juzgar si el gobierno de esa república ha estado a altura de su pueblo y de la misión que representa en América; no ya permaneciendo simple espectador indiferente de las barbaridades y crueldades ejecutadas a su propia vista por una potencia europea monárquica contra la colonia ... sino prestando apoyo indirecto moral y material al opresor contra el oprimido, al fuerte contra el débil, a la monarquía contra la república ... al esclavista recalcitrante contra el libertador de cientos de miles de esclavos " (Céspedes, 1993, 64).

El fin de la década de 1880 define las aspiraciones hegemónicas de la política norteamericana, como evidenciaba José

---

235 Se considera a Carlos Manuel de Céspedes el *Padre de la Patria* cubana. Ver Anexo.

Martí en varios artículos periodísticos, y el ejemplo fue el titulado *Vindicación de Cuba*.

EL DESPRECIO COMO ARMA

La imagen de la cubanidad utilizada por la metrópoli española pasó a Estados Unidos, donde encontró terreno abonado en las consabidas apetencias imperiales, en un racismo mucho más áspero e intolerante, y en el marco propicio de toda una visión totalmente prejuiciada y despectiva del hombre latinoamericano (Guanche, 2003:72).

Las campañas de calumnias y teorías como el panamericanismo para tratar de empañar el ejemplo de los ideales independentistas de los próceres continentales, son parte de estos esfuerzos (Portuondo-Pajón, 2011).

Caricatura de *Liborio* personalizando al cubano.

La imagen de depreciación de los cubanos se origina en la colonia, como parte de los instrumentos ideológicos de dominación y se alimentaba de valoraciones racistas, estereotipos y de algunos elementos reales sobredimensionados, repetidos hasta el convencimiento de los criollos y cubanos, desde el nacimiento de nuestra nacionalidad.

La caricatura de lo cubano, llevada al "relajo" y el populacho nos identificaba en la colonia con: "el negrito, la mulata, la hamaca, el tabaco, la guajira, la rumba, el *chévere cantúa* y el pasmo de admiración y acatamiento por todo lo extranjero" (Ramos, 1916).

El personaje de Liborio[236], que se llamó primero El Pueblo, creado por el caricaturista Torriente entre 1900 y 1904, lleva en sí la herencia colonial de los *guajiros* Landaluze[237]; pero su diseño definitivo fue fruto del clima de la frustración de los ideales independentistas, de la primera intervención yanqui y de la humillación *plattista*.

Ese Liborio que contempla con significativa ambivalencia las intromisiones del Tío Sam y la carrera corrupta de sus cómplices, los politiqueros nativos, y que lleva con resignación los títulos infamantes de "el bobo de la yuca" o "el guanajo de siempre", es una figura emblemática de la *cultura plattista*.[238] (Prieto, 2001).

El barraje de propaganda sobre la "benevolencia" de las autoridades norteamericanas sobre los esfuerzos de los cubanos emigrados por la libertad de Cuba, era totalmente falso, pues bajo las administraciones de Cleveland o McKinley, se controlaban estrictamente todos los permisos de las costas del Atlántico y el Golfo para prevenir expediciones, lo cual era reforzado con buques de la Marina de Guerra.

---

236 **Liborio**. Ver Anexo.
237 **Víctor Patricio de Landaluze.** Ver Anexo.
238 La llamada *cultura plattista* aparece en la primera mitad del siglo XX cubano y justifica el orden neocolonial de dominación. Las costumbres norteamericanas se extrapolan al trópico cubano arrastrados por el afán de poder del sector conservador de la burguesía cubana atraída por todo lo norteamericano. [N. del E].

Los agentes federales del Tesoro, el Servicio secreto de los Estados Unidos y especialmente el ejército de detectives bajo la supervisión de la entonces famosa Agencia privada Pinkerton, bajo contrato del gobierno español, siempre estaban a la caza de las actividades de los patriotas cubanos, lo cual demostraba, con el número de detenciones y juicios de emigrados y la cantidad de acciones legales contra buques y armas, la verdadera cara de la "neutralidad" norteamericana (Rubens, 1932 ,9:140-141), siendo uno de esos escasos momentos en la historia que Washington decidiera cumplir al pie de la letra sus obligaciones bajo la ley internacional (Ronning 1990:125).

k"

CAPÍTULO XV

DESTINO MANIFIESTO: COLONIA DEL IMPERIO

Nunca fue un secreto el interés de muchos en la sociedad norteamericana por la anexión de Cuba, pero fue Thomas Jefferson el primero de los presidentes de los Estados Unidos quien oficialmente planteó la idea, atraído por su posición estratégica y su riqueza en azúcar y esclavos.

Tan temprano como 1809 aconsejó a su sucesor, James Madison, proponerle un trato a Napoleón[239], quien entonces había ocupado España para, a cambio de no oponerse a sus intenciones hegemónicas en América, apoderarse de Cuba: "Ese sería el precio y de inmediato erigiría una columna en el límite más meridional de Cuba e inscribiría en él *nec plus ultra*[240] para nosotros en esa dirección" (Madison, 1809), escribió.

Pero como el mismo Jefferson planteaba en su correspondencia con Madison y otros políticos de la época, Inglaterra, cuya Marina de Guerra dominaba los mares en la época había manifestado claramente su oposición a la anexión de Cuba a los Estados Unidos.

En las palabras del entonces Secretario de Estado John Quincy Adams en carta a Hugh Nelson, embajador norteamericano en España, Washington 28 de Abril de 1823:

"Pero las islas de Cuba y Puerto Rico siguen siendo nominalmente y hasta ahora realmente dependientes de ella [España, N. del E.], que ella todavía posee j [sic] el poder de transferir su dominio sobre ellas, junto con la posesión de ellas, a otros. Estas islas, por su ubicación, son apéndices naturales del continente

---

239 **Napoleón I Bonaparte** (1769-1821). Ver Anexo.
240 Traducción al español del Editor: "O más allá".

norteamericano; y una de ellas, Cuba, casi a la vista de nuestras costas, desde el punto de vista de múltiples consideraciones se ha convertido en asunto de importancia trascendental para los intereses políticos y comerciales de nuestra Unión. Su posición privilegiada en relación con el Golfo de México y los mares de las Indias Occidentales[241]; el carácter de su población; su mitad de la situación entre nuestra costa sur y la isla de Santo Domingo; su puerto seguro y espacioso de la Habana, al frente de una larga línea de nuestras costas desprovistas de esa ventaja; la naturaleza de sus producciones y de sus necesidades, entregando los suministros y necesitando los beneficios de un comercio inmensamente rentable y mutuamente beneficioso; le dan una importancia en la suma de nuestros intereses nacionales, con el que los de ningún otro territorio extranjero pueden compararse, y poco relevante a lo que une a los distintos miembros de la Unión.

"Esos son, entre los intereses de esa isla y de este país, las relaciones geográficas, comerciales, morales y políticas, formadas por naturaleza, consolidándose con el tiempo e incluso ahora madurando, que previendo el probable curso futuro de los acontecimientos durante el corto período de medio siglo, es imposible resistir la convicción de que la anexión de Cuba a nuestra República federal será indispensable para la continuidad y la integridad de la Unión en sí.

"Hay leyes de gravitación política, como las hay de gravitación física, y así como una manzana separada del árbol por la fuerza del viento no puede aunque quisiera, dejar de caer al suelo, Cuba, rota la artificial conexión que la une a España, separada de esta e incapaz de sostenerse a sí misma, ha de gravitar necesariamente hacia la Unión Norteamericana, la

---

241 Se refiere al término de **Indias Occidentales**. Ver Anexo.

que por la misma ley de la naturaleza no podrá echarla de su regazo" (Adams, 1823).

De un autor anónimo, una vista de la captura de las fortalezas y la ciudad de La Habana por la Armada inglesa en 1762.

Es por tanto que los gobiernos de Jefferson, Madison, Monroe y Adams se opusieron a la liberación de Cuba por su temor a que otras potencias se apoderaran de la Isla -en particular Inglaterra que una vez había tomado La Habana en 1762 y había planeado la ocupación de la isla[242], o provocara un levantamiento o a la creación de una república independiente que aboliera la esclavitud, o peor, promoviera la igualdad de negros y blancos.

LA FRUTA QUE NO MADURA

Cuba, la próspera colonia española salpicada de grandes haciendas explotado a masas de esclavos negros, se convirtió

---

242 **La Toma de La Habana por los ingleses**. Ver Anexo.

en la "Siempre fiel isla"[243] (Anónimo, 1847) y mientras crecían las inversiones norteamericanas, la guerra de independencia de diez años de duración de 1868, no logró echar a los españoles.

Pero el nuevo estandarte de la Revolución se enarbola por José Martí en 1895 con el programa de independencia y reforma social, pero a la vez con profunda suspicacia hacia los Estados Unidos.

Y bien claro expresa sus intenciones en la carta a su amigo mexicano Manuel Mercado de: "impedir a tiempo con la independencia de Cuba que se extiendan por las Antillas los Estados Unidos y caigan, con esa fuerza más, sobre nuestras tierras de América. Cuanto hice hasta hoy, y haré, es para eso. (...) Viví en el monstruo [Estados Unidos], y le conozco las entrañas: —y mi honda es la de David" (OC, 2001, 4:168).

No es hasta 1898, cuando era patente que España perdía la guerra contra los *mambises* [244] tras cuatro años de lucha que Estados Unidos interviene en la guerra, con la excusa de "liberar" a la isla.

Luego de la derrota de España y bajo el régimen de ocupación militar norteamericana impuesto en la Isla, Washington impone a los cubanos la *Enmienda Platt*[245], en virtud de la cual se los Estados Unidos se arrogaba el derecho a intervenir y a obtener bases navales en suelo cubano, donde hasta hoy sobrevive en la base naval estadounidense de Guantánamo.

El Primer Presidente de Cuba, después de la ocupación militar de los Estados Unidos, Tomás Estrada Palma[246], aprobó

---

243 Se toma del concepto creado a partir de la publicación de esta guía en la época colonial. *Cuadro estadístico de la siempre fiel isla de Cuba, correspondiente al año de 1846*. La Habana, Imprenta del Gobierno y Capitanía General por S. M., 1847

244 El término **mambises** (**mambí**, en singular) se utiliza para referirse a los guerrilleros independentistas. Ver Anexo.

245 La **Enmienda Platt,** apéndice a la Constitución de Cuba. Ver Anexo.

246 **Tomás Estrada Palma** (1835-1908). Ver Anexo.

tres tratados que permitieron el fortalecimiento de la *Enmienda Platt*, el de Reciprocidad Comercial (11 de diciembre de 1902); Permanente (11 de mayo de 1903) y el de Arrendamiento de Bases Navales y Carboneras (16 de febrero de 1903).

INMEDIATA OPOSICIÓN A LA IMPOSICIÓN IMPERIAL

Figuras reconocidas del panorama intelectual cubano hicieron valer su oposición a la *Enmienda Platt* y los tratados que amordazaban a la naciente república ante las imposiciones norteamericanas, como el caso de Juan Gualberto Gómez [247] en su ponencia contra la *Enmienda Platt*, el 15 de marzo de 1901 en la Asamblea Constituyente: "...lo más claro de esta situación sería que únicamente tendríamos gobiernos raquíticos y míseros ... condenados a vivir más atentos del beneplácito de los Poderes de la Unión que a servir y defender los intereses de Cuba" (Gómez, 1974:126).

Junto al ex presidente de la República en Armas, Salvador Cisneros Betancourt[248], y de otros patriotas, como Manuel Sanguily Garrite, Juan Gualberto Gómez encabezó la batalla por el futuro del pueblo de Cuba (Santos-Moray, 2004).

Por su condición de cubano negro, descendiente de esclavos, tuvo de inmediato el odio del gobernador Leonard Wood[249] y

247 **Juan Gualberto Gómez Ferrer** (1854-1933). Ver Anexo.
248 **Salvador Cisneros Betancourt.** Ver Anexo.
249 **Leonard Wood** (1860-1927). Ver Anexo.

del secretario Elihu Root[250], sino sobre todo por encabezar el debate en torno a la *Enmienda Platt*.

Sus palabras en la Convención, en el cuerpo de su ponencia lo confirman:

> "Es lo cierto que tiende, por los términos de sus cláusulas principales, a colocar a la Isla de Cuba bajo la jurisdicción, dominio y soberanía de los EE.UU.; y esto sin que ni por un solo instante cumplan estos el compromiso que contrajeron de dejar el gobierno y el dominio de la Isla a su propio pueblo, puesto que antes de crearse aquí un Gobierno cubano, la enmienda exige que se establezca en la Constitución de que haya de nacer dicho Gobierno, o en una ordenanza a ella agregada, para ser después insertados en un tratado permanente, el orden de relaciones en que Cuba haya de quedar respecto a los EE.UU." (Gómez, 1968:186-187).

Otro de los intransigentes, Salvador Cisneros Betancourt, clamaba:

> "Con las dichosas relaciones propuestas, Cuba no tendrá su independencia absoluta; y desafío al más erudito diplomático que me diga qué clase de Gobierno tendrá, porque al aceptarlas, ni tendrá soberanía, ni independencia absoluta, ni será república, ni anexada, ni protegida, ni territorio de los Estados Unidos; y por consiguiente creo que mis

---

250 **Elihu Root** (1845-1937). Ver Anexo.

dignos compañeros de la Convención deben recha-
zarla de plano y en caso de tener [ellos, N. del E.]
opiniones contrarias, establezco mi protesta más formal, sosteniéndola con este mi voto particular: ¡la Independencia absoluta o nada!" (Betancourt, 1968:197).

El enfrentamiento popular contra la *Enmienda Platt* comenzó desde el momento de su imposición, con protestas públicas populares como la del sábado 2 de marzo de 1901 en la
ciudad de La Habana, en la cual participaron más de 15 mil
personas, según reseña del diario *La Discusión* y los partici-
pantes le entregaron al gobernador Wood una carta para el
presidente norteamericano McKinley, expresando la protesta del pueblo de la Isla al pueblo estadounidense (García,
2011).

Pero, desafortunadamente, como en tantas otras ocasiones
en nuestra historia el grupo de los conformistas en la Asamblea Constituyente fue la mayoría.

EL *FEUDO AMERICANO*[251]

El concepto del escritor norteamericano Tad Szulc, de que
Cuba, más que cualquier otro país latinoamericano, era "un
feudo americano", es bien claro, pues tal vez con la excepción
de Puerto Rico, ningún otro país del Tercer Mundo sintió más
fuertemente la influencia norteamericana como Cuba.

Tan temprano como la época de John Quincy Adams en
1823, y se quería convertir a la isla en un protectorado, y
luego de la Revolución independentista frustrada del siglo
XIX, el inmenso error político de la *Enmienda Platt* nunca se
olvidaron por los cubanos, a pesar de que en los años cuarenta los índices sociales y económicos de Cuba estaban entre los más altos de América Latina, pero la dependencia con
respecto a Estados Unidos era aplastante.

---

251 Szulc, 2000:13.

"El odio hacia los norteamericanos –había sentenciado un periodista cubano en 1922– será la religión de los cubanos" (Cosío Villegas, 1996, II:56).

El inmenso error político que significó la *Enmienda Platt* abrió heridas que siguen abiertas (Krauze, 2007:19), no solamente en Cuba, sino en el resto del continente y continuidades históricas, como la prepotencia de leyes como la Helms-Burton[252] de 1996, no hay hecho sino amartillar el agravio.

Mientras las tropas de ocupación se mostraban ante la opinión pública norteamericana y mundial como generosos vecinos que habían intervenido en una rebelión desorganizada, ante los clamores de malestar de un pueblo hambreado de esa libertad que ellos habían obtenido para Cuba (Romero, 2001:123), la realidad era que el malestar y el descontento crecía en el pueblo cubano (Elson & Pardo-Riquelme, 1956:619).

El hecho de que Washington y sus militares despreciaran e ignoraran la historia de las luchas mambises contra España, la labor martiana y los proyectos republicanos de los cubanos, trataban de minimizar el papel del pueblo cubano y de sus personalidades no era conocida por la mayoría de los cubanos, los norteamericanos honestos que apoyaban la lucha de Cuba, ni los simpatizantes de la causa cubana en el mundo (Romero, 2001:123), considerando a la isla como poblada por "un pueblo inepto y propenso a caer en los desórdenes propios de las regiones latinoamericanas" (Elson, 1956:672).

---

252 La *Ley de Libertad y Solidaridad Democrática Cubana* más allá que cualquier otras armas económicas que Estados Unidos ha utilizado en su campaña para socavar el régimen de Castro, lo ha convertido en blanco de significativas críticas internacionales (Dunning, 1998, 213).

Capítulo XVI

VIVÍ EN EL MONSTRUO Y LE CONOZCO LAS ENTRAÑAS[253]

José Martí vivió más de 15 años en los Estados Unidos, donde llegó antes de cumplir los 27 años de edad, desarrollando una intensa vida intelectual en el periodismo, la diplomacia, el magisterio, además de publicar poesía y libros infantiles.

La sociedad norteamericana de la época, con su telúrico auge sirve de marco para el desarrollo del pensamiento político y social de José Martí, el cual es entonces un analista activo de las realidades que presenciaba.

Sus crónicas en la prensa latinoamericana de la época, trazan una detallada imagen de las figuras claves y el movimiento de ideas de la Norteamérica de la década de los 80 en el siglo XIX.

Dijo de personalidades como Ralph Waldo Emerson[254] (OC, 2001, 13:20) que: "en él fue enteramente digno el ser humano"[255]; Walt Whitman[256], "un hombre veraz, sonoro y amoroso" [257] (Ibídem, 143); George Washington, el "conquistador de la libertad"[258] (OC, 2001, 9:269); Peter Cooper[259], quien "vivía de darse"[260] (Ibídem, 13:49); Wendell Phillip[261], que tuvo

---

(253 En la *Carta a Manuel Mercado (*OC, 2001, 4:168).

254 **Ralph Waldo Emerson** (1803-1882), escritor, filósofo y poeta.N. del E.

255 En *La Opinión Nacional* de Caracas, 19 de mayo de 1882.

256 **Walt Whitman** (1819-1892), poeta, ensayista, periodista y humanista, considerado el padre de la poesía moderna norteamericana. [N. del E.]

257 En *La Nación*, 26 de junio de 1887.

258 En *El Aniversario de Washington. La Opinión Nacional*, 22/3/1882.

259 **Peter Cooper** (1791-1883). Industrialista, inventor, filántropo. Designó y construyó la primera locomotora de vapor del país y fundó la escuela Cooper Union para el Avance de las Ciencias y el Arte en NY. [N. del E.]

260 En *Peter Cooper, La Nación*, Buenos Aires, 3 junio 1883.

261 **Wendell Phillips** (1811-1884). Abogado estadounidense –primer alcalde de la ciudad de Boston-, defendió la abolición de la esclavitud y a los indígenas norteamericanos. [N. del E.]

una "extraordinaria y limpia vida"[262] (Ibídem, 55); Ulysess Grant quien "a pesar de sus grandes errores, ayudó a abrir camino"[263] (Ibídem, 13:115); o Abraham Lincoln[264], "pensador juicioso y político inmaculado"[265] (Ibídem, 10:34).

Con la característica ética y genio del Maestro, hace una evaluación de estos seres humanos, los cuales si bien cometieron errores, supieron dar lo mejor de sí para servir a su pueblo.

José Martí se refiere a "las virtudes fundamentales del Norte, las virtudes del trabajo personal"[266] (Ibídem, 5:259) reconociendo los valores del esfuerzo personal en una sociedad en desarrollo, donde -por supuesto- existen contradicciones, las cuales califica "de transición" y "es que falta también, en la mayor parte de los individuos, la esperanza en lo futuro"[267] (OC, 2001, 13:427).

El Apóstol ve en la sociedad norteamericana la dicotomía de las potencialidades para el individuo y los falsos valores de la codicia y el consumismo, con el "atropello de la vida moderna"[268] (Ibídem, 429).

Ayer como ahora, la evaluación martiana de los Estados Unidos de la segunda mitad del siglo XIX, medía el éxito, no por la educación, el aporte social o los valores del ser humano, sino por las riquezas acumuladas, lo cual es evidente para Martí como uno de los males principales de la sociedad norteamericana de la época.

---

262 En *Wendel Phillips, La Nación*, Buenos Aires. 28 marzo 1884.
263 En *El General Grant, La Nación*, Buenos Aires, 2 junio 1885.
264 **Abraham Lincoln** (1809-1965). XIV Presidente de los EEUU y primero del Partido Republicano. Abolió la esclavitud en los EEUU, luego de ser electo presidente a finales de 1860. Ayudó a preservar a los EEUU por la derrota de los secesionistas en la Guerra Civil Estadounidense. [N. del E.]
265 En *Tres batallas capitales, La Nación*, 8 de mayo de 1884.
266 En *El colegio de Tomás Estrada Palma en Central Valley, Patria*, 1893.
267 En *Cansancio del cerebro, La América*, NY, abril de 1884.
268 En *Repertorio, Revistas y Mensuarios literarios y científicos de NY, La América*, NY, feb. 1884.

María Mantilla y Miyares (Nueva York, 1880-Los Ángeles, 1962) con José Martí. A ella dedicó los hermosos versos *Los zapaticos de rosa* y *A mademoiselle Marie*", que recuerdan uno de los veranos pasado juntos en Bath Beach; puede también reconocerse su influencia en otros pasajes de *La Edad de Oro*, estaba en su más tierna infancia la pequeña cuando aparece la revista. Contaba catorce años cuando muere en combate José Martí, quien llevaba en el bolsillo del chaleco, como el más preciado talismán, una foto de su María. Se especula que era su hija.

Esfuerzos humanos, genio tecnológico y la pujanza de los inmigrantes en sus obras importantes, no pasan desapercibidas para el Apóstol, como cuando escribe sobre los constructores del puente de Brooklyn: "parecen, salvo el excesivo amor a la riqueza que como un gusano les roe la magna entraña, hombres tallados de granito"[269] (Ibídem, 9:424).

Destaca así su espíritu y coraje, impugnándolos lo permeables que son a la codicia propugnada por la sociedad de consumo, promotora de las más viles pasiones entre los hombres, lo cual se desgajaba cada día en las calles de las metrópolis del Norte.

EL MITO NORTEAMERICANO

Y destaca: "De este pueblo del norte hay mucho que temer, y mucho que parece virtud y no lo es, y mucha grandeza que está hueca por dentro, como las esculturas de azúcar"[270] (OC, 2001, 10:459).

Mientras reconoce Martí los valores y virtudes del pueblo norteamericano, no deja de evaluar, en su monstruosa medida, los daños a los valores humanos del capitalismo industrial pre-monopolista, del naciente capitalismo norteamericano.

A la misma vez, Martí no despreciaba el empuje y desarrollo de la sociedad norteamericana, sino que en el desmedido esfuerzo por la codicia del capital, este desarrollo industrial hacia el monopolio, minando los fundamentos democráticos de la Nación norteamericana e impulsándola hacia el imperialismo moderno (Rodríguez, 2002:4).

En esta dicotomía, entre altruismo y egoísmo se puede ubicar al hombre en la historia y el Apóstol las representa en su obra con diversos símbolos:

> "La gran división que pone de un lado a unos seres
> humanos. y conserva a otros, como ornamentos, de
> otro lado, es la división entre egoístas y altruistas,
> entre aquellos que viven exclusivamente para su pro-

---

269 En *El puente de Brooklyn*, *La América*, NY, junio de 1883.
270 En *La Nación* de Buenos Aires, 3 de Junio de 1886.

pio beneficio ... y aquellos a quienes más que el propio bien, o tanto por lo menos, preocupa el bien de los demás. El avaro es el tipo esencial del egoísta; el héroe es el tipo esencial del altruista"[271] (Ibídem, 15:396).

Estas palabras dan la clave para identificar su posición con respecto a los Estados Unidos y nuestros pueblos, en especial con Cuba.

A Caracas llega José Martí el 21 de enero de 1881, funda y dirige la Revista Venezolana, de la que sólo se publican dos números. Aquí escribe los versos del *Ismaelillo*.

De una parte los postulados de libertad y justicia de sus padres fundadores y de la otra una sociedad norteamericana racista, genocida contra los indios, los latinos inmigrantes y los mexicanos de los territorios ilegalmente ocupados, parte integrante de los conflictos y dolencias de esa sociedad.

Esas realidades están genialmente descritas en la obra martiana y son además hitos para entender su pensamiento

---

271 En *La América*. Nueva York, máyo de 1884.

y posiciones, expresadas en diferentes publicaciones del continente, donde aparecen sus columnas y profusas colaboraciones, en sus muestras únicas de periodismo lúcido y veraz, ejemplo para generaciones de intelectuales, no sólo de Cuba, sino del mundo.[272]

EL NACIENTE IMPERIALISMO

Esa deformación que produce una sociedad basada en la violencia contra las minorías, de la subordinación de los valores morales a la valoración desmedida de lo material, siendo Martí testigo crítico del naciente imperialismo norteamericano, entendía que "la soberbia conciencia de su fuerza y el desdén por las demás razas que hoy caracteriza al pueblo norteamericano"[273] (OC, 2001, 13:265), exacerbando el egoísmo de los ricos y la ira de los sometidos (Barrera, 1979:13).

El desprecio por los inmigrantes, negros e indios norteamericanos, se aplica a los latinoamericanos, en general, considerados como ciudadanos de segunda clase, por mestizos, hablar español, o por el respeto a sus tradiciones, y afirma Martí: "Los Estados Unidos que nacieron de padres que emigraron de su patria por exceso de amor a la libertad, y austeridad en la virtud, se inclinan a mancillar esa valiosa herencia, compeliendo a pueblos menores a que existan para el provecho y acomodamiento de la Unión Americana"[274] (OC, 2001, 14:355).

Los EEUU en su desarrollo económico requieren de mercados para sus productos, fuentes de materia prima y mano de obra barata, lo cual encuentra en las pobres economías emer-

---

272 *La Opinión Nacional* de Caracas, Venezuela; *El Partido Liberal* y la *Revista Universal*, de México; *El Progreso* de Guatemala; *La República* de Honduras; *La Nación* y *El Sudamericano* de Buenos Aires, entre otras. [N. del E.]
273 En *Blaine y Tilden*, Revista *La América*, NY, abril de 1884.
274 En *Elecciones de senadores*, *La Opinión Nacional*, Caracas, 8 de febrero de 1882.

gentes de Latinoamérica, nuestras jóvenes naciones predestinadas a someterse por el *destino manifiesto* al dominio imperial, por ello desconocen y desprecian la inteligencia y fuerza creadora de la América hispanoamericana, alimentan el desprecio y el desconocimiento de las culturas de los pueblos ubicados al sur del Río Bravo, pues con esta política podrán manipular a su propio pueblo en beneficio de los grandes intereses monopólicos.

El *New York Herald* de Nueva York, publica una entrevista de George Eugene Bryson —su enviado especial a Cuba- en 1895, titulada *El Mensaje de Martí*, donde se distorsiona la lo expresado por José Martí el 3 de Mayo de ese año, ya en campaña en Cuba, en el campamento mambí de Jaraüeta. Antes de morir Martí envía una respuesta —de la cual se conservan 18 páginas-, las cuales fueron publicadas íntegras por *Patria*, no así por el *New York Herald* (Toledo-Sande, 2010).

El peligro crece con el país y Martí se impone la misión, expuesta en 1884, en un editorial de la revista *La América*: "Definir, avisar, poner en guardia, revelar los secretos del éxito, en apariencia, -y en apariencia sólo-, maravilloso de este país" [275] (Ibídem, 8:268).

Es un llamado del Apóstol a tomar conciencia c como pueblos de nuestros valores y talentos, a darnos a respetar, basados en la fuerza de nuestra identidad y la defensa de la libertad, ante la posición agresiva de los Estados Unidos contra los pueblos de Latinoamérica, y para él los desacredita moralmente: "el carácter norteamericano ha descendido

---

275 En *Los propósitos de La América bajo sus nuevos propietarios. La América*. NY enero 1884.

desde la independencia, y es hoy menos humano y viril"[276] (OC, 2001, 14:355).

EL IMPERIO RAPAZ

José Martí devela los apetitos expansionistas desmedidos norteamericanos, sin vergüenza ni tino no se detendrán, aun presenciando la pobreza, las calamidades políticas, económicas o sociales que generan, por desenmascarar que no existe justicia, ni moral que justifique el crimen del imperio contra nuestros pueblos Latinoamericanos.

Anota en su *Cuaderno de apuntes* sobre las diferencias entre los norteamericanos y los pueblos latinoamericanos:

"Los norteamericanos posponen a la utilidad el sentimiento. -Nosotros posponemos al sentimiento la utilidad.
Y si hay esta diferencia de organización, de vida, de ser, si ellos vendían mientras nosotros llorábamos, si, nosotros reemplazamos su cabeza fría y calculadora por nuestra cabeza imaginativa ...
Imitemos ¡No! -Copiemos. ¡No! -Es bueno, nos dicen. Es americano, decimos ... La sensibilidad entre nosotros es muy vehemente. La inteligencia es menos positiva, las costumbres son más puras ¿cómo con leyes iguales vamos a regir dos pueblos diferentes? Las leyes americanas han dado al norte alto grado de prosperidad, y lo han elevado también al más alto grado de corrupción. Lo han metalificado [sic] para hacerlo más próspero. ¡Maldita sea la prosperidad a tanta costa!" (OC, 2001, 21:15).

Es por ello que el destierro del Apóstol en influye tan decisivamente en su formación ética de y cimienta su pensa-

---

276 En *La verdad sobre los Estados Unidos. Patria* 23/3/1884.

miento revolucionario, en el intelectual preclaro y desprendido que de la forja de su poesía y prosa, forjó el acero para la Revolución libertadora.

Su destino, la alborada, su fascinación, la Patria, su estrella: el sacrificio total por la independencia. Esa personalidad y la realización de su sueño revolucionario quedan sintetizados en sus escritos en los últimos días de su vida donde Martí despliega de forma intensa y urgente el sentido final de su búsqueda poética, su lucha social y su humanismo revolucionario.

Ilustración del desembarco de José Martí y Máximo Gómez en Playitas.

De los 42 años de la vida del Héroe Nacional, transcurren en Cuba solo 17, el resto de su vida, casi 25 años, los vive Martí en el exilio revolucionario en España, Norteamérica, Centroamérica, Venezuela y el Caribe.

Regresa por última vez en Cuba en la noche del 11 de abril de 1895, con la disposición de ofrendar su vida por la Revolución y con su ejemplo, luchar o morir por la causa de la independencia a la cual ha dedicado su fructífera vida.

En éste, su *Diario de Campaña*[277] (OC, 2001, 19:213), se describen esos últimos días de una vida gloriosa:

"9 Abril. - Lola, jolongo, llorando en el balcón. Nos embarcamos.

---

277 ***Diario de Cabo Haitiano a Dos Rios***. Ver Anexo.

"10. - Salimos del Cabo. - Amanecemos en Inagua. - Izamos velas.

"11.-bote. Salimos a las 11. Pasamos (4) rozando a Maisí, y vemos la farola. Yo en el puente. A las 7 1/2, oscuridad. Movimiento a bordo. Capitán conmovido. Bajan el bote. Llueve grueso al arrancar. Rumbamos mal. Ideas diversas y revueltas en el bote. Más chubasco. El timón se pierde. Fijamos rumbo. Llevo el remo de proa. Salas rema seguido. Paquito Borrero[278] y el General ayudan de proa. Nos ceñimos los revólveres. Rumbo al abra.
La luna asoma, roja, bajo una nube. Arribamos a una playa de piedras, La Playita (al pie de Cajobabo). Me quedo en el bote el último vaciándolo. Salto. Dicha grande. Viramos el bote, y el garrafón de agua. Bebemos Málaga [sic]. Arriba por piedras, espinas y cenagal. Oímos ruido, y preparamos, cerca de una talanquera. Ladeando un sitio, llegamos a una casa. Dormimos cerca, por el suelo … "(OC, 2001, 19:215).

Estas frases, a vuelo de pluma en su diario de guerra, describen la llegada improvisada del bote que el 11 de abril de 1895 lo llevó, con el General Máximo Gómez y otros compatriotas, desde el carguero alemán "Nordstrand" a la costa oriental de Cuba, en aquella noche oscura poniendo así fin al exilio a dos polos que habían determinado el ritmo de la vida de Martí: "Dos patrias tengo yo: Cuba y la noche"[279] (Ibídem, 16:252).

Era el final de la ruta, el supremo sacrificio de quien decidió continuar la obra de la palabra con la acción y en vez de seguir dirigiendo la revolución desde el destierro en Nueva York o La Florida, volvía vuelto a Cuba, donde cayera en

---

278 **Mayor General Francisco (Paquito) Borrero Lavadí** (1846-1895). Ver Anexo.
279 En *Dos Patrias.*Flores del destierro.

combate pocas semanas después, el 19 de mayo de 1895 en una escaramuza con las tropas españolas en Dos Ríos.

Así se cerraba el ciclo vital de uno de los grandes de las letras y la política del continente, cuya trayectoria lo llevó desasosegadamente y sin pausa como deportado, emigrado y viajero incansable por el Caribe, Europa y todo el continente americano, del Sur, pasando por el Centro, hasta el Norte, con su retorno final a su tierra adorada.

Fue, en esos finales de su vida, en la realización del retorno y en combate en plena manigua que como escritor y poeta, el revolucionario mayor de nuestra historia recoge en su último Diario una intensidad poética e intelectual sin parangón con el resto de su literatura.

CONCLUSIONES

CONCLUSIONES

Considerando la época en que se desarrolla la corta vida adulta de José Martí y a partir de sus conocimientos diplomáticos, sus viajes a Europa, el Caribe y las Américas, sus años en el exilio, destacando su experiencia personal como emigrado, Martí puede ser considerado además de su importante trayectoria intelectual y patriótica un entendido del tema de la emigración, reflejado en sus cartas y trabajos periodísticos.

Sin caer en el error de la mitificación de su figura, la trascendencia intelectual no se desliga de su carácter de figura de héroe de la independencia de Cuba y de la soberanía de nuestros pueblos de América, con la capacidad de aglutinar a través de los tiempos a todos los revolucionarios de su época y posteriores, he ahí su trascendencia en lo personal y a través de su obra.

Fue un revolucionario cabal, dedicado y entregado a su causa y la de otros pueblos hermanos en el continente, que además mostró en su proverbial modestia: "Nada es un hombre en sí, y lo que es, lo pone en él su pueblo"[280] (OC, 2001, 13:34).y bastante, además de dedicar su vida a convencer, educar y guiar a la emigración hacia la guerra necesaria, entregó la vida en la manigua por la causa de Cuba.

La autoridad líder de José Martí en La Florida, entre los tabaqueros y patriotas que tanto quiso y apreció, nació de la confianza que ellos depositaran en él y a los cuales pudo convencer, exponer y conducir a convertirse en los militantes del Partido Revolucionario, los combatientes mambises en la manigua, o los esforzados colaboradores que creaban la riqueza para las arcas de la guerra.

---

280 En *Henry Ward Beecher. Su Vida y su Oratoria*. 1882.

No un mero conductor de muchedumbres, sino un convencido de que dirigir persuadir con la verdad y la certeza de las ideas y esa autoridad basaba en la pureza de sus principios y la calidad del propósito independentista, pues:

> "El genio no puede salvarse en la tierra si no asciende a la dicha suprema de la humildad, La personalidad individual sólo es gloriosa, y útil a su poseedor, cuando se acomoda a la persona pública. El hombre, como hombre patrio, sólo lo es en la suma de esperanza o de justicia que representa."[281] (OC, 2001, 4:473).

Los *sietemesinos de* entonces lo tildaban de loco o un iluso, los manipuladores ahora de místico o un santo, pero en nuestra opinión José Martí ha sido la figura más trascendental de las letras y la política cubanas en la historia de nuestra nación, no solamente por su talento, el desprendimiento material por la causa de la independencia y su liderazgo innegable en la emigración, sino, porque a la vez que un propagandista revolucionario, supo convertir esa obra en acción, mediante la conjunción de fuerzas entre los veteranos combatientes y la joven emigración, constituyendo un Partido para la guerra y encabezando la planificación estratégica para el desembarco en la isla y desarrollar exitosamente la última etapa de la Guerra por la Independencia.

De joven rebelde a prisionero político, de desterrado a joven emigrado, de viajero incansable a diplomático e intelectual prolífico, finalmente, líder revolucionario y ejemplo de América.

Tan corta vida, donde apenas encontró tiempo para amar y fundar una familia, le quedó tanto por hacer, pero mucho dejó con su vocación de entrega sin límites, ese fue José Martí, ejemplo y guía de todos los cubanos.

---

281 En *Azcárate*. Patria, 14 de Julio de 1894.

Textos importantes

PEDRO GONZÁLEZ MUNNÉ

TABLA CRONOLÓGICA DE LA VIDA DE JOSÉ MARTÍ [282 Y 283]

1853

Enero 28. Nace en La Habana, en la calle de Paula No. 41 (posteriormente 102, y en la actualidad Leonor Pérez 314) el primogénito de la familia Martí y Pérez.

Febrero 12. Es bautizado en la Iglesia del Santo Ángel Custodio por el presbítero Tomás Sala y Figuerola, capellán del regimiento del Real Cuerpo de Artillería de la plaza de La Habana. Sus padrinos son José María Vázquez y Marcelina Aguirre. Se le dan los nombres de José Julián; el segundo, de acuerdo con la costumbre de la época, es tomado del santoral cristiano.

1856

Julio. La familia vive en la calle de la Merced No. 40.

(m.?). Residen en Ángeles No. 56.

---

282 Se utilizaron diversas fuentes para estas cronología, entre ellas la de Hidalgo Paz, 2003.

283 "Al exponer fechas de las que no hemos podido precisar el año, el mes o el día, lo indicamos entre paréntesis mediante las letras a., m. o d., seguidas por un signo de interrogación.

Incluimos también entre paréntesis —casi siempre al final del párrafo— informaciones o comentarios que si bien no corresponden exactamente a la fecha donde se ubican, están íntimamente vinculados con ella.

En ocasiones no poseemos suficientes elementos para afirmar con toda seguridad una información determinada —sobre todo si proviene de un testimonio que no hemos comprobado con otras fuentes—, lo que dejamos expresado con frases tales como probablemente o quizás.

Cuando los hechos descritos en una fecha guardan relación con los reseñados en otra, remitimos al lector mediante la palabra Ver al año, mes y día que debe consultar. Si se hallan en el mismo año, sólo se exponen los dos últimos elementos.

En algunas fechas se recogen datos sobre hechos que no guardan vínculos directos entre sí, lo que indicamos mediante dos guiones cortos (- -).

Las líneas transversales (/) en un texto indican punto y aparte". Nota de Hidalgo Paz, 2003. Ver bibliografía. N. del E.

1857
(m.d.?). La familia parte hacia España a mediados de año.

Septiembre. Posiblemente en este mes arriban a la ciudad de Valencia. (Residen en Tapinería No. 16).

1858-1859
(m.d.?). Hasta mediados de 1859 permanecen en Valencia, donde probablemente aprende las primeras letras.

1859
Junio. Se hallan de regreso en La Habana. Residen en la calle Industria No. 32. Comienza a asistir a una escuelita de barrio.

1860
(m.d.?). Comienza a estudiar en el colegio San Anacleto, del que es director Rafael Sixto Casado y Alayeto. Allí conoce a Fermín Valdés Domínguez y Quintanó.

1862
Enero. Viven en la calle Jesús Peregrino.
Abril 13. Acompaña a su padre, quien ha sido nombrado Capitán Juez Pedáneo del partido territorial de Hanábana, uno de los cinco de la jurisdicción de Colón o Nueva Bermeja, en la actual provincia de Matanzas. (Ambos residen en Caimito del Sur o de la Hanábana). Ocasionalmente sirve de amanuense a don Mariano para redactar algunos documentos oficiales. Durante su estancia en la región conoce los horrores de la esclavitud. En uno de sus fragmentos aparece el recuerdo de aquellos momentos: "¿Quién que ha visto azotar a un negro no se considera para siempre su deudor? Yo lo vi, lo vi cuando era niño, y todavía no se me ha apagado en las mejillas la vergüenza ... Yo lo vi, y me juré desde entonces a su defensa ..." (OC, 2001, 22:189).
Octubre 23. Escribe, dirigida a la madre, su primera carta conocida.
Diciembre. Regresan a La Habana.

1863
(m.d.?). Acompaña a don Mariano en un viaje a Honduras Británica (actualmente Belice). Posiblemente regresan en este año.

1864
(a.m.d.?). Termina la enseñanza primaria. Posiblemente recibe una medalla en esta ocasión. (Quizá sea la que ostenta en la foto que se ha fechado como de 1862.)

1865
Marzo. Ingresa en la Escuela de Instrucción Primaria Superior Municipal de Varones, sita en Prado No. 88. En el mismo edificio se encuentra la vivienda de su director, Rafael María de Mendive.
Abril 16-23 (d.?). Al conocer la noticia del asesinato de Abraham Lincoln, junto a otros adolescentes expresa, mediante un brazalete de luto que llevan durante una semana, su dolor por la desaparición de quien había decretado la abolición de la esclavitud en el vecino país.

1866
Agosto 27. Mendive solicita al director del Instituto de Segunda Enseñanza de La Habana que señale el día en que el alumno José Martí realizará el examen de admisión. (Su maestro se había comprometido a costearle los estudios hasta el grado de bachiller, luego de obtenido el consentimiento de don Mariano.)
Septiembre 17. Aprueba el examen de admisión para los estudios generales de segunda enseñanza. (Le corresponde el expediente número 139 en el Instituto, que radica en la calle Obispo No. 8, en la porción sur del convento de Santo Domingo).
Septiembre. Reside con sus padres y hermanas en la calle del Refugio No. 11. (Años después, escribe: "Aún recuerdo aquellas primerísimas impresiones: mi padre en la calle del Refugio: Porque a mí no me extrañaría verte defendiendo mañana las libertades de tu tierra" (OC, 2001, 22:250).
Octubre 15. Solicita matricular las asignaturas del curso 1866 a 1867, su primer año de bachillerato: Gramática castellana y Gramática latina, Doctrina cristiana e Historia sagrada, Principios y ejercicios de Aritmética.
(m.d.?) [...] Comienza a traducir del inglés al español la obra *Hamlet*, de William Shakespeare, [...].
(m.d.?). Por esta época ya siente una gran afición por el teatro. Presta algunos servicios a un peluquero relacionado con los acto-

res, y se le permite disfrutar de las representaciones, aunque situado tras bambalinas.

1867

Marzo. Viven en Peñalver No. 53.

Junio 4. Alcanza la calificación de sobresaliente en el examen de Principios y ejercicios de Aritmética.

Junio 5. Pide se le señale fecha y hora para presentarse en examen de oposición de esta asignatura.

Junio 14. Gana el premio, debido al acertado desarrollo del tema "La teoría de los quebrados". Se había presentado otro alumno, llamado Atanasio Mejías.

Septiembre. Aprueba la asignatura Doctrina cristiana e Historia sagrada, por asistencia y aprovechamiento.

Septiembre 3. Recibe la máxima calificación en el examen de Gramática castellana.

Septiembre 4. Lo evalúan con la más alta puntuación en Gramática latina.

Septiembre 5. Solicita al director del Instituto que le señale fecha y hora para realizar los exámenes de oposición para optar por los premios de Gramática castellana y Gramática latina.

Septiembre 13. Gana el premio que confiere el tribunal examinador de Gramática latina (primer curso) por su disertación acerca de la tesis "El verbo sum nos da la teoría de la conjugación de todos los verbos latinos".

Septiembre 14. El tribunal examinador de la asignatura Gramática castellana (primer curso) le otorga el premio por el magnífico desarrollo de la proposición "Teoría y clasificación de las figuras de dicción. Si son necesarias y en caso de serlo determinar cuáles son esos casos".

Septiembre 15. Ingresa en la clase de dibujo elemental en la Escuela Profesional de Pintura y Escultura de La Habana, conocida como San Alejandro, que radica en Dragones No. 62 (actualmente 308) entre San Nicolás y Rayo. (Es dado de baja el 31 de octubre).

Septiembre 30. Solicita matricular las asignaturas del curso 1867 a 1868, su segundo año de bachillerato, que estudiará en el colegio San Pablo, fundado y dirigido por Rafael María de Mendive. Esta escuela radica en la misma dirección, Prado No. 88, que la Primaria Superior Municipal. (Ver: 1865. Marzo.)

Octubre 1. El colegio San Pablo queda incorporado al Instituto de

Segunda Enseñanza de La Habana. (Desde el inicio del curso ayuda a Mendive en las tareas administrativas de la escuela).

1868

Abril 26. Su poema "A Micaela", que dedica a la esposa de Mendive con motivo del fallecimiento de su pequeño hijo, Miguel Ángel, es publicado en el periódico El Álbum, que se edita en la imprenta de igual nombre, sita en Nazareno No. 16, Guanabacoa.

Junio 15. Alcanza la calificación de sobresaliente en la asignatura Principios y ejercicios de Geometría.

Julio 16. En el examen de Geografía descriptiva obtiene el máximo de puntos.

Septiembre. Vive en Prado No. 88, en la casa de su maestro. La familia Martí reside en Marianao, adonde el adolescente se traslada los domingos.

Septiembre 12. Lo evalúan con las más altas calificaciones en Gramática castellana y Gramática latina.

Septiembre 30. Solicita matricular las asignaturas de su tercer año de bachillerato, al iniciar el curso de 1868 a 1869.

Noviembre 26. Su padre ocupa la plaza de celador de policía para el reconocimiento de buques en el puerto de Batabanó. La familia reside en San José entre Gervasio y Escobar.

1869

Enero 3. El honrado valenciano es nombrado celador del barrio de la Cruz Verde, en Guanabacoa. Mudan su domicilio para la villa.

Enero 19. Publica su primer artículo político en el único número de El Diablo Cojuelo, periódico que edita Fermín Valdés Domínguez en la imprenta y librería El Iris, situada en Obispo No. 20 y 22.

Enero 22. Varias escuadras de Voluntarios atacan el teatro Villanueva, donde se han dado vivas a la independencia. En medio de la balacera, Leonor Pérez sale a la calle en busca de su hijo.

Enero 23. Su poema dramático "Abdala" aparece en La Patria Libre, periódico del que sólo se publica un número. Se edita en El Iris.

(m.d.?). Escribe el soneto "¡10 de Octubre!", que fue publicado en un periódico manuscrito llamado El Siboney (del cual no ha llegado a nosotros ningún ejemplar).

Marzo. Reside en Guanabacoa, junto a su familia.

Abril-octubre. Trabaja en la oficina de Felipe Gálvez Fatio, ubicada en el segundo piso de la casa de este, en Virtudes No. 10, esquina a Industria, donde realiza las labores correspondientes al cargo denominado "dependiente de diligencias", por las que percibe una modesta retribución.

Septiembre 30. Mariano Martí solicita al Gobernador Superior Civil de la Isla que se autorice a su hijo para examinar las asignaturas del tercer año de bachillerato. (El 22 de octubre es denegada la solicitud).

Octubre. Reside con su familia en la calle San Rafael No. 55.

Octubre 4. Una escuadra de Voluntarios pasa frente a la casa de la familia Valdés Domínguez, en la calle de Industria No. 122, esquina a San Miguel, y provocan un pequeño incidente, alegando que han sido burlados por los jóvenes que se hallan en la vivienda. En horas de la noche los uniformados irrumpen en el lugar y detienen a los hermanos Fermín y Eusebio, a quienes conducen al vivac, adonde llevan más tarde a Manuel Sellén, Santiago Balbín y Atanasio Fortier, los visitantes de aquella tarde. Todos son acusados de haber cometido faltas contra una fuerza armada de Voluntarios del Batallón Ligeros, y por sospecharse que son adictos a la insurrección. Horas después los remiten a la Cárcel Nacional. En el minucioso registro efectuado en la casa de los Valdés Domínguez la soldadesca encuentra periódicos de clara tendencia separatista y varias cartas, una de ellas suscrita por José Martí y dirigida al cadete Carlos de Castro y de Castro, quien fuera antiguo condiscípulo suyo, al que llama apóstata e incita a la deserción.

Octubre 7. Son remitidas al gobernador superior político las diligencias formadas contra los jóvenes presos.

Octubre (d.?). Atanasio Fortier, de origen francés, es puesto en libertad al ser reclamado por el cónsul de su país.

Octubre 9. Un funcionario de la secretaría del gobierno se percata del contenido de su carta al cadete De Castro, y sugiere que se cumplan con urgencia los requisitos que faltan al expediente, a fin de proceder contra el autor de la misiva, a quien califica de "un enemigo declarado de España".

Octubre 21. Ingresa en la Cárcel Nacional, acusado del delito de infidencia.

Diciembre 22. Son puestos en libertad, por orden del fiscal, Manuel Sellén y Santiago Balbín, al considerárseles inocentes.

1870

Marzo 4. Después de más de cuatro meses en prisión, los jóvenes son juzgados por un consejo de guerra ordinario que, por unanimidad de votos, condena a Martí a la pena de seis años de presidio, dicta la deportación de Eusebio Valdés Domínguez y Atanasio Fortier, e impone seis meses de arresto mayor a Fermín Valdés Domínguez.

Marzo 22. Se le notifica la sentencia, a la vez que a Eusebio y Fermín Valdés Domínguez. Se hallan aún en la Cárcel Nacional.

Marzo 31. Le es señalado el Presidio Departamental de La Habana como lugar para cumplir la condena. (El Presidio y la Cárcel radican en el mismo edificio).

Abril 4. Es trasladado al Presidio, donde lo destinan a la Primera Brigada de Blancos y le asignan el número 113. En la hoja histórico-penal del confinado aparece su filiación: estado, soltero; edad, diecisiete años; estatura, regular; color, bueno; cara, boca y nariz, regulares; ojos, pardos; pelo y cejas, castaños; barba, lampiña; como señas particulares se indican una cicatriz en la barba y otra en el segundo dedo de la mano izquierda.

Abril 5. Le cortan el cabello y se viste con la ropa de presidiario; le fijan en el tobillo de la pierna derecha un grillete, unido a la cadena que aprisiona su cintura. Lo destinan a trabajar en la cantera del presidio conocida como de San Lázaro, a la sección llamada La Criolla.

Agosto 5. Leonor Pérez dirige al Gobernador Superior Civil una carta en la que pide indulgencia para su hijo, menor de edad. (Por su parte, el padre hace gestiones ante José Maria Sardá, arrendatario de las canteras y amigo personal del Capitán General, para que interceda ante este y le solicite que atenúe el rigor de la pena).

Agosto 28. Lleva esta fecha la siguiente dedicatoria suya en una fotografía donde aparece de pie, con el grillete: "Mírame, madre, y por tu amor no llores: / Si esclavo de mi edad y mis doctrinas, / Tu mártir corazón llené de espinas, / Piensa que nacen entre espinas flores." [PCEC, 2, 15] (OC, 2001, 17:29).

Agosto (d.?). Debido a las gestiones de sus padres lo destinan a la cigarrería del penal y luego lo trasladan a La Cabaña. Está enfermo, y tiene los ojos afectados por la cal.

Septiembre 5. El Capitán General lo indulta, en atención a su corta edad, y conmuta la pena por la de ser relegado a Isla de Pinos.

Septiembre 28. Se cursa la orden para su traslado de La Cabaña a la cárcel de la capital.

Septiembre 30. Es remitido del Presidio Departamental a la Cárcel Nacional, donde ingresa a disposición del gobernador político.

Octubre 13. Llega a Isla de Pinos, en calidad de deportado. José María Sardá lo toma bajo su garantía personal, y de Nueva Gerona lo lleva hasta su finca El Abra, donde ocupa una habitación en el segundo cuerpo de los edificios que forman la residencia. (Durante los dos meses que permanece en el lugar convive con la familia del propietario).

Diciembre 6. Leonor Pérez dirige al Capitán General una súplica para que su hijo sea trasladado a la Península, donde podría continuar los estudios.

Diciembre 12. Se le concede permiso para trasladarse a la capital con el fin de marchar hacia España. Debe abonar los gastos de pasaje.

Diciembre 18. Sale de Nueva Gerona hacia La Habana.

Diciembre 21. Le es expedido pasaporte para que realice el viaje.

Diciembre (d.?). Visita el presidio, al parecer con el objetivo de despedirse de quienes han sido sus compañeros de infortunio.

1871

Enero 15. Parte en el vapor Guipúzcoa.

Enero 17. Al segundo día de navegación denuncia ante los pasajeros los atropellos que se cometen en la prisión de La Habana y señala como responsable de estos crímenes al comandante del presidio, teniente coronel Mariano Gil de Palacios, quien viaja en el mismo barco.

Febrero 1. Desembarca en Cádiz, donde permanece pocos días.

Marzo 24. El periódico La Soberanía Nacional, de Cádiz, publica su artículo "Castillo".

Abril 12. Este escrito es reproducido por La Cuestión Cubana, de Sevilla.

Mayo. Reside en una casa de huéspedes situada en la calle Desengaño No. 10, quintuplicado.

Mayo 31. Solicita matricular en la Facultad de Derecho de la Universidad Central de Madrid, como alumno de enseñanza libre del curso académico 1870 a 1871, las asignaturas Derecho romano, Derecho político y administrativo y Economía política. Al mismo

tiempo se inscribe en el Ateneo, donde por mínima cuota tiene acceso a textos y salas de estudio.
Julio 2. Su artículo "Castillo" es reproducido en La República, periódico independentista editado en Nueva York [...].
Julio o agosto (m.?). Publica *El presidio político en Cuba*, con el apoyo económico de Carlos Sauvalle. Fue impreso en Madrid, en el taller de Ramón Martínez, sito en San Marcos No. 32.

1872
Junio (d.?). Recibe a Fermín Valdés Domínguez, quien embarcara desterrado a España el 30 de mayo, tras ser indultado de la pena de prisión.
Agosto 31. Matricula la asignatura Derecho mercantil y penal del curso académico 1871-1872.
Noviembre 27. En las primeras horas de la mañana circula en Madrid la hoja impresa *El día 27 de Noviembre de 1871*, escrita por él y firmada por Fermín Valdés Domínguez y Pedro J. de la Torre. Más tarde, un grupo de cubanos residentes en la ciudad ofrecen honras fúnebres en la iglesia Caballero de Gracia a los ocho estudiantes de Medicina fusilados en Cuba, en el primer aniversario de su caída. Esa noche, en la casa de Sauvalle, Martí pronuncia un discurso.

1873
(m.d.?). Su poema "A mis hermanos muertos el 27 de Noviembre", firmado sólo con sus iniciales, aparece en las páginas finales del libro en que Fermín Valdés Domínguez denuncia el crimen cometido por los Voluntarios habaneros en 1871.
Abril 15. Escribe a Néstor Ponce de León, miembro de la Junta Central Revolucionaria de New York, y acompaña su carta con varios ejemplares del folleto antes citado. Le expresa su disposición de cumplir indicaciones para realizar lo que más convenga a la completa independencia de Cuba.
Mayo 17. Solicita al Rector de la Universidad Central de Madrid le conceda el traslado para la de Zaragoza, ciudad donde residirá.
Mayo 23. Es aprobada su solicitud.
Mayo (d.?). En unión de Fermín Valdés Domínguez parte hacia Aragón, donde encuentra mejores condiciones para el estudio, como puede deducirse de los resultados académicos.

Mayo 28. Solicita al Rector de la Universidad Literaria de Zaragoza permiso para examinar las asignaturas que había trasladado.

Junio 4. Obtiene calificaciones satisfactorias en Derecho romano, segundo curso, Economía Política —las que no había aprobado en Madrid—, Derecho civil español y Derecho mercantil y penal.

Agosto 29. Solicita a las autoridades de la Facultad de Derecho rendir exámenes, como alumno de enseñanza libre del curso 1872-1873, de Ampliación de derecho civil, Derecho canónico, Disciplina eclesiástica, Literatura española, Literatura latina, Historia universal, Teoría de procedimientos judiciales y Práctica forense. (Las aprueba, excepto las dos últimas, a las que no se presenta).

Agosto 30. Dirige una comunicación al Director del Instituto de Zaragoza en la cual pide se le examinen, sin asistir al curso regular, las asignaturas que le faltan para terminar el bachillerato.

Noviembre 24. En La Habana, su padre solicita al director del Instituto de Segunda Enseñanza una certificación de las asignaturas cursadas y las calificaciones obtenidas por su hijo, a fin de que este las presente a la institución homóloga en Zaragoza. La solicitud es satisfecha este propio día.

1874

Febrero. Termina de escribir la primera versión de su drama *Adúltera*.

Junio 25 y 27. Aprueba en el Instituto de Zaragoza los dos ejercicios del grado de Bachiller en Artes. No se le expide título, al serle imposible abonar los derechos que se cobran por el documento.

Junio 28. Solicita a la máxima autoridad universitaria que, en vistas de tener aprobadas las asignaturas necesarias y ser Bachiller en Artes, se le admita al examen de la licenciatura. (El rector accede al día siguiente).

Junio 30. Verifica el ejercicio correspondiente, en el cual desarrolla, de forma oral, el tema sacado al azar "Párrafo inicial del libro primero título segundo de la Instituta de Justiniano. Del derecho natural de gentes y civil". El tribunal examinador lo aprueba, y de este modo obtiene el grado de Licenciado en Derecho Civil y Canónico.

Agosto 31. Presenta una solicitud para matricular en la Facultad de Filosofía y Letras de la propia universidad, como alumno de enseñanza libre, las asignaturas de esta carrera. Sólo exceptúa, por convalidación, las correspondientes al año preparatorio de la Facultad de Derecho, pues las tiene aprobadas.

Octubre 20. Solicita al Rector de la Universidad que le señale tribunal examinador y el día que ha de comparecer ante este para optar por el grado académico de los estudios que ha concluido.

Octubre 24. Saca a suerte el tema "La oratoria política y forense entre los romanos. Cicerón como su más alta expresión: los discursos examinados con arreglo a sus obras de Retórica", y por su brillante exposición obtiene sobresaliente, con lo que alcanza el grado de Licenciado en Filosofía y Letras.

Octubre 29. El rector y el Secretario de la Universidad Literaria de Zaragoza rubrican el certificado donde consta que ha aprobado en este centro docente su evaluación como Licenciado en Derecho Civil y Canónico, pero debido a que no ha hecho el depósito de este grado ni se le ha expedido el título —por el cual también debe abonar determinada cantidad de dinero— no tiene efecto ni valor el examen realizado, hasta que cumpla ambos requisitos. (A principios de julio debe haber recibido certificación similar del grado de Licenciado en Filosofía y Letras. Ver: Junio 30).

Diciembre (d.?). De Madrid viaja a París.

Diciembre 26 o 28. Realiza la travesía de Le Havre, Francia, a Southampton, Inglaterra.

Diciembre (d.?). De Southampton se traslada a Liverpool.

1875

Enero 2. Parte de Liverpool a bordo del vapor trasatlántico Céltic, en tercera clase. (El barco hacía escala en Queenstown, ciudad que actualmente se llama Cobh, en Irlanda).

Enero 14. Llega a Nueva York.

Enero 26. Parte de Nueva York en el vapor estadounidense City of Merida.

Febrero 8. Arriba a Veracruz durante la tarde. Horas después continúa el viaje en tren.

Febrero 10 (d.?). Llega a la capital de México. En la estación de Buenavista lo espera su padre, acompañado por Manuel Mercado, quien ha hecho amistad con la familia Martí, de la que es vecino.

Febrero (d.?). Es presentado, posiblemente por Mercado, a Vicente Villada, director de la Revista Universal, diario de política, literatura y comercio, cuya redacción se encuentra en la primera calle de San Francisco, hoy Madero, No. 13, frente a la Plazuela de Guardiola.

Marzo 2. Aparece en ese periódico su primera crónica escrita en México, con la cual inicia sus colaboraciones en el importante órgano.

Marzo 12. La Revista comienza a editar, en forma de folletín encuadernable, su traducción al español de *Mes fils*, del escritor francés Víctor Hugo. (La última sección aparecerá el día 21. Los periódicos Revista Universal y El Federalista lo editan en sendos folletos).

Abril 5. Participa en la primera sesión del debate sobre el tema "La influencia del espiritismo en el estudio de las ciencias en general", que se desarrolla en el Liceo Hidalgo. Hicieron intervenciones representantes de la escuela positivista y de la Sociedad Espírita.

Mayo 7. Comienza a publicar la sección de carácter editorial titulada "Boletín", que firma con el seudónimo Orestes. En esta fecha aparece su nombre entre los redactores de la Revista Universal.

Mayo 27. Inicia una polémica con el diario La Colonia Española en defensa de los independentistas que luchan en Cuba.

Noviembre 30. Aparece su último "Boletín", que firma con la inicial de su nombre y el apellido completo.

Diciembre 19. En el Teatro Principal se estrena su obra *Amor con amor se paga*, representada por Concepción Padilla y Enrique Guasp. Al caer el telón el público pide, entre aplausos, que se presente el autor, cuyo nombre no había sido anunciado en los carteles y programas. A pesar de la negativa del joven escritor, ambos actores lo conducen al escenario, donde Conchita le entrega, a nombre de la compañía artística, una corona de laurel.

Diciembre 21. La Sociedad Gorostiza, en su reunión periódica de cada martes, lo incluye entre sus nuevos socios.

(m.?). Conoce a Carmen Zayas Bazán durante una de sus frecuentes visitas a la casa del padre de esta, cercana al edificio que ocupa la Revista. (Había sido presentado a Francisco Zayas Bazán por el dueño de la casa que habita la familia Martí, Ramón Guzmán, cuñado de Carmen).

1876

Enero 31. Pronuncia un discurso en la Academia de Bellas Artes de San Carlos, en la velada con que el Liceo Hidalgo rinde homenaje al pintor Santiago Rebull.

Febrero 20. Comienza a colaborar en El Socialista, órgano del Gran Círculo Obrero de México, organización de carácter reformista que apoya la política del gobierno del presidente Sebastián Lerdo de Tejada.

Marzo 5. Es propuesto a las sociedades obreras, junto con otros destacados intelectuales, como candidato para diputado al primer congreso de trabajadores del país, el cual comienza sus sesiones este día en los salones de la Sociedad Artístico Industrial. La actividad es patrocinada por el Gran Círculo de Obreros y su órgano, El Socialista. (Las sesiones se prolongan hasta el mes de julio. Ver: Junio 4). Colabora en la edición literaria de El Federalista.

Mayo 7. Forma parte, junto con Nicolás Azcárate y Agapito Silva, de la comisión ejecutiva nombrada por un grupo de cuarenticuatro escritores que se proponen honrar al dramaturgo José Peón Contreras, para lo cual abren una suscripción. El periódico El Eco de Ambos Mundos auspicia la iniciativa.

Junio 4. Su nombre aparece en la relación de los delegados al primer congreso obrero publicada en El Socialista. Es designado para ejercer esa función por la sociedad Esperanza de Empleados, agrupación radicada en el Distrito Federal de la ciudad de México, y que congrega a trabajadores del Estado —secretariado del Congreso de la Unión, Tesorería General, ministerios de Hacienda y de Relaciones, etcétera—. (No hay confirmación de que asistiera al evento. Ver: Marzo 5).

Junio 30. Suscribe, junto con Nicolás Domínguez Cowan y otros cubanos, una comunicación dirigida a la Agencia general del gobierno cubano en los Estados Unidos, a fin de ser inscriptos en el registro de ciudadanos abierto para quienes fueran acreedores de este derecho por sus servicios y por su conducta en favor de la patria. (Ver: Agosto 2.)

Agosto 2. Reciben respuesta positiva de la Agencia General de Cuba, a la vez que se les solicitan fondos con que auxiliar al Ejército Libertador. (Ver: Junio 30).

Noviembre 23. El general Díaz, tras derrotar a las fuerzas leales al gobierno, cuyos miembros abandonan la capital, penetra con sus tropas en la ciudad de México. Dejan de publicarse varios periódicos, entre ellos Revista Universal, cuyo último número corresponde al día 19.

Diciembre 7. Su nombre aparece entre los colaboradores literarios de El Federalista, donde publica el artículo "Alea Jacta est", en el que condena los procedimientos empleados por el general Porfirio Díaz para llegar al poder.

Diciembre 16. Aparece en El Federalista su artículo "Extranjero", el cual expone las causas por las que no puede continuar en México, donde impera la voluntad de un caudillo militar.

Diciembre 29. Parte de la capital en el tren que inicia el viaje durante la madrugada. (Ha recibido ayuda económica de Manuel Mercado y Nicolás Domínguez Cowan).

Diciembre 30. Llega a Veracruz en las primeras horas de la tarde.

1877

Enero 2. En este puerto toma el vapor Ebro con destino a Cuba. Los documentos personales están expedidos a nombre de Julián Pérez, sus segundos nombre y apellido.

Enero 6. Llega a La Habana.

Febrero (d.?). Recibe de manos de José Mariano Domínguez, padre de sus amigos Fermín y Eusebio, cartas de recomendación dirigidas a algunas personas que residen en Guatemala, a quienes conoce por ser natural de ese país.

Febrero 24. Con el nombre de Julián Pérez toma el vapor City y of Havana, que parte hacia México.

Febrero 28. Llega a su destino, Progreso.

Marzo 1. Se dirige a Mérida y se relaciona con los círculos intelectuales yucatecos. (Durante su estancia en la ciudad debe haber contemplado la pieza lítica conocida como *Chac-Mool.*)

Marzo 1-3. Probablemente realiza breves visitas a las ciudades de Uxmal y Chichén Itzá.

Marzo 5 (d.?). Inicia su viaje a Centroamérica a bordo de una canoa.

Abril 2 (d.?). Llega a la capital de Guatemala.

Abril (d.?). Se presenta al cubano José María Izaguirre, director de la Escuela Normal, quien lo conocía por referencias. Queda adscrito al claustro de este centro como profesor de los cursos de literatura e interinamente de los ejercicios de composición.

Abril 16. El vicecónsul de España en Guatemala confirma la autenticidad de los sellos y firmas del certificado de estudios expedido a su nombre por la Universidad de Zaragoza que acredita su capacidad como abogado.

Abril (d.?). Escribe la obra teatral que titula *Patria y libertad.*

Abril 24. El despacho de Instrucción Pública reconoce la validez de su certificado de estudios de Derecho Civil y Canónico.

Abril (m.d.?). Conoce personalmente a Justo Rufino Barrios, presidente de Guatemala.

Mayo 26. Pronuncia el discurso central en la velada literaria que la Escuela Normal dedica a los jefes políticos de los departamentos, reunidos en la capital por convocatoria del gobierno.

Mayo 29. Es nombrado catedrático de Literatura francesa, inglesa, italiana y alemana y de Historia de la Filosofía en la Facultad de Filosofía y Letras de la Universidad de Guatemala.

Mayo (d.?). Lo admiten como miembro de la Sociedad Literaria El Porvenir, la cual agrupa a destacados intelectuales del país.

Junio 17. La prensa da a conocer que impartirá clases gratuitas de composición en la Academia de Niñas de Centro América, institución que dirige Margarita Izaguirre, hermana de su amigo José María. La escuela radica en 44-5ª Avenida Sur, antigua Calle de San Agustín.

Julio. Entre las alumnas de esta asignatura se halla María, hija del expresidente guatemalteco Miguel García Granados, cuya casa frecuentaba el joven cubano. (Dieciséis años más tarde evocará a la joven en el poema conocido como "La niña de Guatemala").

Noviembre 4-5. Es descubierta una conspiración que tiene como objetivos tomar el poder y asesinar a Barrios y a sus colaboradores y familiares.

Noviembre 6. Firma, conjuntamente con el director y demás profesores de la Escuela Normal, un manifiesto dirigido al presidente de la nación en el que condenan la intentona reaccionaria. (El documento es publicado el día 11 en el periódico oficial El Guatemalteco).

Noviembre 29. Inicia la travesía hacia la capital mexicana desde el puerto de San José, en uno de los vapores de la Línea del Pacífico.

Diciembre 11. Llega a ciudad de México. Se aloja en Mesones No. 11, la casa de Manuel Mercado, a quien entrega una parte de los manuscritos de su libro sobre Guatemala, cuya edición encomienda al querido amigo.

Diciembre 20. Contrae matrimonio con Carmen Zayas Bazán Hidalgo [...] en la parroquia del Sagrario Metropolitano. Posteriormente se dirigen a la casa de Mercado, donde tiene lugar una fiesta íntima.

Diciembre 26. Parte de la capital en compañía de su esposa.

1878

Enero 15. Recomienza las clases en la Escuela Normal.

Febrero (d.?). El periódico mexicano El Siglo XIX publica su libro *Guatemala* en forma de folletín encuadernable. El texto había sido editado por Manuel Mercado.

Marzo. Aparece la edición de *Guatemala* en un pequeño volumen.

Marzo (d.?). Lo dejan sin empleo en la Facultad de Filosofía y Letras de la Universidad, aunque continúa siendo catedrático de Historia de la Filosofía, pero sin sueldo.

Marzo 19. Sus alumnos de la Escuela Normal le obsequian una leontina.

Julio 6. Ante la insistencia de su esposa y de sus padres determina regresar a Cuba. Revela a Mercado que escribía, y tenía casi terminado, un libro acerca de "la historia de los primeros años de nuestra Revolución!?" (OC, 2001, 20:54).

Julio-agosto (m. d.?). Parte hacia Honduras en compañía de su esposa.

Agosto 31. Llegan a La Habana.

Septiembre 16. Dirige a la Audiencia una solicitud de habilitación para ejercer como abogado, a reservas de presentar su título, y acompaña el certificado que acredita sus estudios. (Ver: 1874. Octubre 29.)

Septiembre 21. Es declarada sin lugar su solicitud por carecer de título, decisión que el presidente de la Audiencia confirma cuatro días después.

Octubre 5. Solicita a la Audiencia la devolución del certificado de estudios adjunto a la petición denegada con el fin, según dice, de enviarlo a la Península para obtener el título correspondiente. Este día le expiden copia del documento. (Ver: 1879. Marzo 12).

Octubre (m.?). Se entrega a labores conspirativas junto a otros cubanos que responden al llamamiento del Comité Revolucionario Cubano, radicado en Nueva York.

Octubre (d.?). Escribe a Mercado, que vive en Tulipán No. 32.

Noviembre 22. Nace su único hijo, José Francisco. (Fallece el 22 de octubre de 1945).

Noviembre (m.?). Probablemente se entrevista con su antiguo maestro Rafael María de Mendive.

(a.?.). Durante este año —o en el período 1877-1878— comienza a escribir sus *Versos libres*.

1879

Enero. Reside con su pequeña familia en Industria No. 115.

Enero 15. Es elegido secretario de la Sección de Literatura del Liceo de Guanabacoa, conjuntamente con Nicolás Azcárate y Carlos Navarrete, presidente y vicepresidente, respectivamente.

Enero 17. Se encuentra trabajando como pasante en el bufete – ubicado en San Ignacio No. 55– de Nicolás Azcárate, quien había llegado a La Habana el 6 de octubre. (Allí conoce a Juan Gualberto Gómez).

Febrero 15. La dirección del Colegio Casa de Educación realiza los trámites para legalizar la propuesta de incorporarlo al claustro, y a la vez presenta los casos de otros profesores. Se ocuparía de los cursos de Gramática castellana, Retórica y Poética del primer año.

Marzo 9. Una gacetilla de El Progreso, calificado como "Órgano de Regla y Guanabacoa", anuncia que se ha encargado de reseñar los discursos que se pronuncien en el liceo guanabacoense.

Marzo 12. Dirige una nueva comunicación al gobernador general pidiéndole se sirva autorizarlo para ejercer la profesión de abogado, a reservas de presentar el título en el plazo que la autoridad estime conveniente. Dice haber solicitado este documento a la Península desde octubre del año anterior. (Ver: 1878. Octubre 5 y 1879. Abril 21).

Marzo 18. Asiste a la reunión de conspiradores convocada por el coronel Pedro Martínez Freire, quien asume la coordinación de las actividades insurreccionales entre las provincias orientales y occidentales, y en la cual queda constituido el Club Central Revolucionario Cubano, con sede en La Habana, para el que es elegido vicepresidente ... [allí] expresa sus reservas con respecto al objetivo de instalar en la Isla el centro conspirativo, independiente del Comité de Nueva York. (Éste se reúne el 13 de abril con el representante del grupo habanero enviado a los Estados Unidos y desaprueba el acuerdo).

Marzo 21. Concurre al Liceo de Guanabacoa, donde se continúa el debate sobre idealismo y realismo. (Ver: Marzo 29).

Marzo 29. Interviene en la sesión dedicada al idealismo y al realismo en el arte y refuta los criterios expuestos por el positivista José A. Dorbecker en la sesión anterior. Ocupa nuevamente la tribuna para leer un poema de Mercedes Matamoros.

Abril 21. Pronuncia un discurso en el banquete que ofrece a sus amigos el periodista Adolfo Márquez Sterling, director de La Discusión, fundado este año en los altos del café El Louvre, y expresa su rechazo a la política de conciliación con el régimen colonial. - - Es denegada nuevamente su solicitud para ejercer como abogado. (Ver: Marzo 12).
Junio (m.?). Posiblemente desde esta fecha realiza las funciones de subdelegado del Comité Revolucionario de Nueva York, el que nombra delegado a José Antonio Aguilera.
Junio (m.?). Denuncia los habilidosos procedimientos utilizados por las autoridades colonialistas para "alzar a los cubanos negros contra los cubanos blancos", y descubre "el plan de componer, con el espionaje astuto, falsas revoluciones" (OC, 2001, 5:366).
Julio 24. Le es anulada por el gobernador general la autorización para dar clases de segunda enseñanza con validez académica por no haber presentado el título de licenciado en Filosofía y Letras en el término fijado. (Cinco días antes el director del Instituto había advertido al Secretario del Gobierno sobre la falta del documento y acerca del vencimiento del plazo desde el 5 de mayo.
Septiembre 17. Es detenido en su casa de Amistad No. 42 entre Neptuno y Concordia y lo llevan a la estación de policía situada en Empedrado y Monserrate. (Los conspiradores suponen que un espía lo ha delatado. Por gestiones de Nicolás Azcárate le suspenden la incomunicación. Avisa a Miguel F. Viondi para que destruya documentos comprometedores que guarda, sin conocimiento de este, en el bufete).
Septiembre 25. Más de cincuenta amigos van a despedirlo a bordo del vapor Alfonso XII [...] Viaja en calidad de preso.
Octubre 12. El ministro de Ultramar ha dispuesto su traslado a Ceuta, en concepto de preso.
Octubre 13. Este día, "con el noble Setién entraba en la cárcel la orden de mi libertad bajo fianza. —Él era mi fiador". [E, I, 150] El Secretario del Gobierno provincial lo exime de la disposición de presentarse diariamente ante las autoridades.
Octubre 22. El gobernador Civil de Santander refrenda su pasaporte para que se dirija a Madrid, con la obligación de presentarse ante el funcionario de igual rango en dicha provincia.
Octubre 23. El gobernador militar de Santander comunica que el preso salió de la localidad con el objetivo de conferenciar con el

ministro de la Guerra, cargo ocupado por el general Arsenio Martínez Campos.

Octubre 29. Comparece ante el Gobernador Civil de Madrid. - - Fija su residencia en la calle Tetuán No. 20-21.

Octubre o noviembre (m.d.?). Se entrevista con Martínez Campos, quien al parecer intenta apartarlo de su causa mediante proposiciones honestas, que resultan infructuosas, aunque favorecen al deportado.

Noviembre 17. Por Real Orden se instruye trasladar al ministro de Ultramar una comunicación encareciéndole la conveniencia de que se deje sin efecto el traslado del joven cubano a Ceuta. (Tres días más tarde es anulada la disposición sobre su deportación a la colonia africana).

Diciembre 6. Visita el Museo del Prado y toma notas críticas acerca de los cuadros expuestos en el Salón de Autores Contemporáneos.

Diciembre (m.d.?). Se traslada furtivamente de España hacia Francia.

Diciembre 18. Asiste a la fiesta de París-Murcia que se celebra en el Hipódromo de Longchamp, en la que participa la famosa actriz dramática francesa Sarah Bernhardt.

Diciembre 20. Parte hacia Norteamérica en el trasatlántico-correo Francia, que viaja del puerto de Le Havre a Nueva York.

1880

Enero 3. Desembarca en la importante ciudad estadounidense. Miguel Fernández Ledesma lo invita a residir en su casa hasta que encuentre alojamiento.

Enero 8. Vive en la casa de huéspedes de Manuel Mantilla, en la calle 29 No. 51 Este [...].

Enero 9. Lo designan vocal del Comité Revolucionario Cubano, centro organizador y coordinador del movimiento insurreccional. Ocupa el cargo vacante por ausencia de José Francisco Lamadriz, quien se había trasladado a Cayo Hueso.

Enero 16. Asiste por primera vez a una reunión del Comité, la cual se efectúa en la casa del general Calixto García, en un piso interior de la calle 45 esquina a 9ª Avenida.

Enero 24. Pronuncia su discurso "La situación actual de Cuba y la actitud presente y probable de la política española", conocido como "Lectura en Steck Hall", por el local donde se reunieron los cubanos para escucharle, en la calle 14 No. 11 Este, cerca de University Place.

Febrero (d.?). La pieza oratoria se publica en forma de folleto con el título de *Asuntos cubanos*, el cual se vende con el fin de incrementar las recaudaciones.

Marzo 3. Su esposa y su hijo llegan a Nueva York. (Ver: Octubre 21.)

Marzo 26. Asume la presidencia interina del Comité Revolucionario Cubano. En horas de la noche Calixto García parte hacia Cuba en la goleta Hattie Haskel desde las costas de New Jersey.

Mayo 13. Convoca a sus compatriotas mediante la circular "Cubanos" para celebrar la noticia del desembarco del general Calixto García. Lleva esta fecha la proclama impresa del Comité Revolucionario "¡A los cubanos!", que incluye dos textos, también redactados por él, dirigidos al pueblo de la Isla y al ejército mambí, con la firma del general holguinero.

Junio 16. Pronuncia un discurso en el mitin que se celebra en Masonic Temple, en calle 23 y 6ª Avenida, Nueva York, donde informa que el Comité Revolucionario hace entrega de todos sus poderes y atribuciones a José Francisco Lamadriz, nombrado Agente oficial en los Estados Unidos por el gobierno provisional constituido en la Isla a mediados de mayo. Cesan, por consiguiente, sus funciones al frente del Comité.

Octubre 21. Su esposa e hijo parten hacia Cuba. (Ver: Marzo 3 (d.?) y 1882. Diciembre (d.?).).

1881

Enero 28. Saludan su arribo en las páginas de La Opinión Nacional, de Caracas, donde expresan la satisfacción por su reciente visita a este diario.

Febrero (m.?). Trabaja como profesor de Gramática francesa y de Literatura en el colegio Santa María, que dirige Agustín Aveledo.

Marzo 8. Arístides Rojas, Diego Jugo Ramírez y Guillermo Tell Villegas solicitan a Eloy Escobar y Antonio José Ponte, directivos del Club del Comercio, su conformidad para presentar en la próxima velada artístico-literaria de éste al joven escritor, poeta y orador recién llegado, quien diría unas palabras de saludo a Venezuela.

Marzo (m.?). Imparte clases de literatura en el Colegio Villegas, de Guillermo Tell Villegas, en el que establece una cátedra de Oratoria.

Marzo 21. Pronuncia un discurso en la velada artística convocada por el Club del Comercio para hacer su presentación pública. Logra un éxito completo que lo consagra ante aquel auditorio como gran orador y poeta.

Julio 1. Publica el primer número de la Revista Venezolana, que dirige, y cuyas treinta y dos páginas se deben a su pluma.

Julio 21. Comienza a circular el segundo número de la publicación que dirige. En "El carácter de la Revista Venezolana" expone sus criterios acerca de la renovación literaria que se inicia en América. Publica un elogioso trabajo dedicado a Cecilio Acosta. Este segundo número de la publicación recoge artículos y poemas de Guillermo Tell Villegas, Diego Jugo Ramírez, Lisandro Alvarado y Eloy Escobar.

Julio 27. El edecán del general presidente le ha comunicado que debe abandonar el país. En horas de la noche entrega a la redacción de La Opinión Nacional una carta en la que se despide de quienes le han dado muestras de afecto, a la vez que comunica la suspensión de la Revista Venezolana y la devolución del dinero a los abonados. Expresa: "De América soy hijo; a ella me debo. Y de la América, a cuya revelación, sacudimiento y fundación urgente me consagro, esta es la cuna (OC, 2001, I:212).

Agosto 10. Llega a Nueva York. (Posiblemente desde su arribo se instala en 459 Kent Avenue, Brooklyn).

Noviembre 4. Comienza la publicación de la "Sección constante" en La Opinión Nacional.

Diciembre 9. Se encuentra en las prensas su poemario *Ismaelillo*, escrito durante la estancia en Caracas. (Ver: 1882. Marzo-abril).

1882

Marzo-abril. Publica el pequeño libro de poemas *Ismaelillo,* dedicado a su hijo. (Ver: 1881. Diciembre 9).

Mayo (m.?). Se encuentra vinculado al movimiento que los revolucionarios cubanos organizan en los Estados Unidos y otros centros de emigrados, y que tiene ramificaciones en la Isla.

Julio 15. Escribe su primera crónica para La Nación, importante diario de Argentina.

Julio 20. Informa al general Máximo Gómez acerca de los trabajos

emprendidos con el fin de organizar un nuevo intento insurreccional, a la vez que solicita su adhesión y consejo sobre la idea del
resurgimiento en forma "adecuada a nuestras necesidades prácticas, del partido revolucionario", para oponerlo a quienes "favorecen vehementemente la anexión de Cuba a los Estados Unidos".
[E, I, 239 y 238] En igual sentido se dirige al general Antonio Maceo. (Ambas misivas las lleva el general Flor Crombet, quien viaja
a Honduras. Ver: Octubre 8 y Noviembre 19).

Septiembre 16. Escribe a Manuel Mercado: "No sé si he dicho ya
a V. que vivo ahora de trabajos de comercio [...] lo que equivale en
N. York a trocarse, de corcel de llano, en bestia de pesebre" (OC,
2001, I:249).

Septiembre 25. En esta fecha el general Flor Crombet le comunica
desde Honduras que aún no ha obtenido respuestas de Gómez y
Maceo, pero que la mayoría de los cubanos radicados en Teguci-
galpa coincide con sus ideas; a la vez, le solicita informes sobre el
comisionado que viajó a la Isla. - - La empresa D. Appleton and
Company, que edita y vende libros, le paga cien dólares por la traducción de *Antigüedades griegas*, de J. H. Mahaffy.

Septiembre 26. El director de La Nación, Bartolomé Mitre, le informa que su primera crónica, publicada el día 13, ha suscitado tal
interés que numerosos periódicos la reprodujeron; pero a la vez le
señala que tuvo que suprimir parte del escrito, pues las conclusiones radicales de su contenido, aunque encierran verdades innegables, podrían hacer creer que se abría una campaña de denuncia
contra los Estados Unidos. No desea ponerle trabas a su espíritu
crítico, sino pedirle que haga conocer lo bueno y lo malo de aquella
sociedad, de modo que no pueda atribuirse a intencionalidad lo que
constituye el resultado de los hechos. (Ver: Julio 15).

Octubre 8. El general Máximo Gómez le comunica, en respuesta
a su carta, que considera prematuro un movimiento revolucionario
y que espera ver a Crombet para conocer los trabajos iniciados y
darle entonces su opinión. Ratifica que siempre estará dispuesto a
integrarse a las filas combatientes. (Ver: Julio 20).

Noviembre (m.?). Trabaja activamente, en unión de otros revolucionarios, para crear comités que pidan la libertad de José Maceo,
José Rogelio Castillo y José Celedonio Rodríguez, quienes se hallan nuevamente en poder de las autoridades españolas, luego de
haber escapado de sus custodios en Cádiz y refugiarse, junto con

familiares de Maceo, en Gibraltar, donde la policía inglesa los entregó a España, contraviniendo las normas internacionales de asilo.

Noviembre 12. Participa en una reunión de patriotas cubanos, entre ellos Salvador Cisneros Betancourt, Juan Arnao y Cirilo Villaverde, quienes se proponen organizar un centro revolucionario que prepare las condiciones para el traslado a Cuba de Antonio Maceo, Gómez, Crombet y otros jefes. Acuerdan convocar una nueva reunión para tratar el asunto más profundamente.

Noviembre 14. Junto con Salvador Cisneros Betancourt, Cirilo Villaverde y Plutarco González hace esfuerzos para recaudar fondos en las fábricas de tabaco para conseguir la libertad de José Maceo, Rodríguez y Castillo.

Noviembre 19. Antonio Maceo le dirige una misiva desde Puerto Cortés, Panamá, en la que expresa estar siempre dispuesto para luchar por la independencia de Cuba y solicita lo ponga al corriente de los trabajos que realiza. (Ver: Julio 20).

Noviembre 20. Interviene activamente en la reunión donde queda constituido el Comité Patriótico Organizador de la Emigración Cubana de New York y sus Suburbios, para cuya directiva son elegidos Salvador Cisneros y Manuel C. de la Beraza, como presidente y secretario, respectivamente; Martín Morúa para el cargo de vice secretario y Juan Arnao para el de vocal. (El Comité será disuelto en agosto del siguiente año).

Diciembre (d.?). Llegan a Nueva York su esposa y su hijo. Los acompaña su sobrino Alfredo García, hijo de Leonor.

1883

Marzo (m.?). Inicia sus colaboraciones con La América, de Nueva York, revista de agricultura, industria y comercio, de la que es fundadora y propietaria la empresa E. Valiente y Compañía. Dirige la publicación Rafael de Castro Palomino. (Ver: Enero).

Julio 24. Pronuncia un discurso en el banquete-homenaje a Simón Bolívar, en el centenario de su natalicio, al que asisten el presidente de Honduras y diplomáticos de varios países latinoamericanos.

Octubre 10. Participa en el mitin con que los cubanos conmemoran la fecha patriótica. En su discurso se refiere a la necesidad de la unión para lograr la independencia y llama a colaborar en los esfuerzos por conquistarla.

1884

Enero. Ocupa el cargo de director de la revista La América, situada en Broadway 756. En esta fecha el editor propietario es la firma La América Publishing Company, que preside R. Farrés. (Ver: 1883. Marzo (m.?).

Enero 15. La sociedad Amigos del Saber, de Caracas, le expide el diploma mediante el cual lo reconocen como miembro corresponsal en Nueva York.

Mayo 22. Una comunicación al Departamento de Estado norteamericano expresa que desempeña las funciones de cónsul general interino de la República de Uruguay durante la ausencia de Enrique Estrázulas, a quien sustituye. El consulado radica en 17 y 19 William Street, habitación 20. (Ver: Octubre 10).

Septiembre 6. Dos artículos suyos, tomados de La América, de Nueva York, aparecen sin firma en la sección "Folletín" del habanero El Triunfo.

Octubre 2. Se reúne por primera vez con los generales Gómez y Maceo -quienes habían arribado a Nueva York el día anterior-, en el Hotel de Madame Griffou, en la calle 9 No. 21 Este, donde ambos se alojan. (Los visitará en otras ocasiones).

Octubre 10. Pronuncia un discurso ante los emigrados reunidos para conmemorar la fecha patria. - - Comunica a Carlos Farini, Secretario de la Legación del Uruguay, su renuncia al cargo de cónsul general interino, pues "daría mala prueba de mi cariño por el Uruguay exponiéndolo, con mi participación señalada en los asuntos de mi tierra, a un altercado desagradable con la Nación que hoy nos gobierna, y es su amiga.?" (OC, 2001, I:279). (Ver: Mayo 22).

Octubre (d.?). Es designado presidente de la Asociación Cubana de Socorro, institución que bajo cubierta legal recaudaría fondos destinados al proyecto insurreccional que encabeza el general Máximo Gómez. (Ver: 1885. Junio 13).

Octubre 18. Sostiene una entrevista con los generales Gómez y Maceo durante la cual tiene un incidente con el primero y una conversación con Maceo que le confirman la concepción inaceptable y los métodos erróneos del movimiento que se gesta, por lo que se marcha profundamente contrariado.

Octubre 20. Escribe al general Gómez la carta en que expone las causas por las que se separa de los planes que éste encabeza, y desiste de continuar los trabajos que había comenzado.

1885

Mayo 15. Inicia la publicación de su novela *Amistad funesta*, en forma de folletín por entregas, en la revista quincenal El Latino Americano, de Nueva York. Aparece bajo el seudónimo de *Adelaida Ral*. (Ver: Septiembre 15).

Junio 13. Es sustituido del cargo de presidente de la Asociación Cubana de Socorro en una reunión pública donde se elige una nueva directiva. En su ausencia fueron emitidos criterios injustos con respecto a la actitud de retraimiento mantenida en los últimos meses (Ver: 1884. Octubre (d.?). La campaña anti Martiana es promovida por Ramón Rubiera, director de La República).

Junio 24. Publica una circular dirigida "A los cubanos de New York" en la cual convoca para una reunión al día siguiente en Clarendon Hall, en la cual respondería cuantos cargos se sirvieran hacer sus conciudadanos acerca de su actitud política.

Julio 6. Publica en El Avisador Cubano una carta donde, sin enfrentarse públicamente al general Gómez, advierte los peligros de la aplicación de métodos erróneos. Expone que "la guerra no es más que la expresión de la revolución", para concluir que se ha de pelear "de manera que al desceñirnos las armas, surja un pueblo" (OC, 2001, I:306).

Septiembre 15. Es publicada la última parte de su novela *Amistad funesta*, aparecida en nueve números consecutivos de El Latino Americano. (Posteriormente concibe la posibilidad de editarla, en forma de libro, con el título de *Lucía Jerez*. Ver: Mayo 15).

1886

Marzo 22. Comunica a Mercado su proyecto de realizar una serie de publicaciones útiles para la educación americana, a bajo costo. A la vez, le pide ayuda para establecer colaboraciones con algún periódico mexicano.

Julio 8. Escribe su colaboración inicial para el diario hondureño La República, la que es publicada el 14 de agosto.

Octubre. Tiene su oficina en 120 Front Street, habitación 13.

Noviembre o diciembre (m.?). El general Máximo Gómez da por concluidas las gestiones preparatorias del movimiento revolucionario que encabezara desde 1884.

1887

Febrero 2. Su padre, Mariano Martí y Navarro, fallece en La Habana a los setenta y un años de edad.

Abril 16. Es nombrado Cónsul General de la República Oriental del Uruguay en Nueva York mediante un decreto presidencial del país sudamericano. (No presenta las cartas patentes expedidas a su favor ante el Departamento de Estado norteamericano, formalidad necesaria para obtener su *exequátur* como cónsul).

Agosto 8. En carta a Mercado dice que sus entradas mensuales por las correspondencias a La Nación y El Partido Liberal ascienden a cien pesos poco más o menos, aunque pasan de veinte los diarios que publican sus cartas, con encomios que agradece, "pero todos se sirven gratuitamente de ellas, y como *Molière*, las toman donde las hallan!" (OC, 2001, I:397).

Septiembre. Termina el prólogo para su traducción de la novela *Ramona*, de Helen Hunt Jackson, que ya está en la imprenta. Asume personalmente todos los gastos de la edición. (Ver: 1888. Julio).

Octubre 10. Pronuncia un importante discurso en la conmemoración de la fecha, ante sus compatriotas reunidos en Masonic Temple, lo que no hacía desde 1884. De este modo se reincorpora activamente a la vida política de las emigraciones.

Noviembre 9. Dirige una carta-circular a varios cubanos residentes en Nueva York, a quienes invita a reunirse con Fernández Ruz dos días más tarde en la casa de Enrique Trujillo, calle 57 No. 446 Oeste, para intercambiar opiniones acerca del modo práctico de actuar en favor de la independencia de Cuba.

Noviembre 11. La mayoría de los reunidos coincide en que debe aguardarse a la preparación racional de la guerra antes de llevar una invasión armada a la Isla. Nombran una comisión para que elabore un plan acerca de las tareas a realizar en adelante.

Noviembre 22 (d.?). Su madre llega a Nueva York. (En esta ocasión recibe el anillo grabado con la palabra Cuba, hecho con un eslabón de la cadena del grillete que llevó en presidio. Desde entonces lo usa permanentemente).

Noviembre 26. Cita a un grupo de cubanos, entre los que se hallan Emilio Núñez, José Castillo y Juan Arnao, para la noche del 30, cuando la comisión nombrada en la junta anterior presentará un proyecto sobre el modo de conducir los trabajos revolucionarios.

Noviembre 30. Es designado presidente de la Comisión Ejecutiva elegida en una reunión de cubanos representativos de la emigración neoyorquina, en la cual se establecen las bases que orientarán los fines estratégicos de la organización que encabezará los trabajos revolucionarios. La comisión está integrada además por Rafael de Castro Palomino como secretario, Félix Puentes, José M. Párraga y un Cuerpo Asesor de dieciocho personas.

Diciembre 3. Es elegido segundo vocal de la junta directiva de la Sociedad Literaria Hispano-americana de Nueva York, constituida el 5 de noviembre. (Ver: 1888. Marzo 20 y 1890. Diciembre 6).

Diciembre 16. Firma, conjuntamente con los demás integrantes de la Comisión Ejecutiva, una extensa carta circular dirigida, entre otros, a los generales Máximo Gómez y Antonio Maceo, y en la cual solicita adhesión a los trabajos emprendidos. (Ver: 1888. Enero 15 y 25 y Febrero 20).

1888

Enero 15. El general Antonio Maceo le expresa sus criterios acerca de la mejor forma de organizar centros revolucionarios que preparen la guerra, a la vez que le ofrece su cooperación y su franca y cordial amistad. (Ver: 1887. Diciembre 16).

Enero 25. Desde Panamá, el general Máximo Gómez dirige su respuesta "A la Comisión de New York" y reitera su disposición de ocupar, como siempre, su puesto de combate por la independencia de Cuba, aunque estima que el momento es prematuro. (Ver: 1887. Diciembre 16).

Febrero (m.d.?). Decide enviar a Flor Crombet a Cayo Hueso con instrucciones reservadas de la Comisión Ejecutiva para que proceda consecuentemente ante la actitud de Juan Fernández Ruz, quien pretende ser el jefe superior de la futura guerra y ha manifestado su disgusto al conocer la adhesión del general Gómez.

Febrero 20. El general Francisco Carrillo le expresa la disposición favorable de los jefes de la pasada contienda, a quienes, dice, sólo tendrían que facilitárseles los recursos materiales para iniciar la guerra. (Ver: 1887. Diciembre 16).

Marzo 20. Le es comunicada la decisión de la Junta Directiva de la Sociedad Literaria Hispano-americana, que unánimemente le suplica retire su renuncia al cargo de vocal y continúe formando parte de esta agrupación como socio activo. Firma la misiva el secretario, Diego Vicente Tejera. (Ver: 1887. Diciembre 3).

Abril 21. Flor Crombet le informa que trabaja en la organización de los emigrados de Cayo Hueso junto con Lamadriz y otros patriotas, y que el brigadier Fernández Ruz anda por otros caminos.

Abril 27. Mediante una carta le es presentado Carlos Baliño, quien se propone publicar un periódico titulado El Hogar, y desea que le honre con su colaboración.

Julio. Termina de imprimirse su traducción al español de la novela de Helen Hunt Jackson, y que publica con el título *Ramona. Novela americana.* (Ha hecho la edición por su cuenta, pues no obtuvo la suma necesaria para comenzar su planeada empresa editorial. (Ver: 1887. Septiembre).

Julio 15. Participa en el acalorado debate que suscitan las opiniones del brigadier Flor Crombet en el mitin que se celebra en el Pithagoras Hall, convocado por el club Los Independientes. Se ponen de manifiesto sus diferencias de criterio acerca de la dirección del movimiento revolucionario, que ambos soslayan en aras de la unidad.

Septiembre 25. Participa en una reunión convocada tres días antes por él, Rafael de Castro Palomino, Manuel Párraga y Félix Fuentes con el objetivo de discutir la mejor forma de conmemorar el próximo 10 de Octubre.

Octubre 12. Por indicación de Bartolomé Mitre y Bedia, presidente de la Asociación de la Prensa de Argentina, es designado socio corresponsal de la misma, con las atribuciones de representarla en los Estados Unidos y Canadá y para concertar acuerdos con instituciones similares sobre la base de la reciprocidad.

Octubre 27. Le comunican oficialmente que la Academia de Ciencias y Bellas Letras, de San Salvador, en la junta general del día 23 del mes anterior, lo ha nombrado socio corresponsal.

1889

Marzo 25. Publica en The Evening Post, de Nueva York, bajo el título "Vindicación de Cuba", su carta respuesta a los artículos "¿Queremos a Cuba?", aparecido en The Manufacturer, de Filadelfia, el día 16, y "Una opinión proteccionista sobre la anexión de Cuba", publicado el 21 en el periódico neoyorquino, en el cual este se hacía eco de las ofensivas ideas anticubanas expresadas en el anterior. (Ver: Abril (m.?).).

Abril (m.?). Publica el folleto *Cuba y los Estados Unidos*, que recoge los artículos anticubanos aparecidos en la prensa yanqui y su contundente respuesta. (Ver: Marzo 25).

Julio. Aparece el primer número de la revista mensual *La Edad de Oro*, cuya administración radica en William Street No. 77. (Se publicará sólo hasta octubre).

Septiembre 28. Escribe la primera crónica acerca de los momentos preliminares de la cita interamericana convocada por Washington.

Octubre. Publica el cuarto y último número de *La Edad de Oro*. (Abandona su trabajo de redactor de la revista porque el editor propietario quería que "hablase del 'temor de Dios', y que el nombre de Dios, y no la tolerancia y el espíritu divino, estuvieran en todos los artículos e historias" (OC, 2001, 2:163).

Octubre 2. Se realiza en la capital estadounidense la sesión inaugural de la Conferencia Internacional Americana. Luego de elegir a James G. Blaine, Secretario de Estado yanqui, como presidente del evento, los delegados inician una gira por el país anfitrión. (Ver: Noviembre 18).

Octubre (m.?). Su discurso del día 10 aparece en un folleto que recoge las palabras de los oradores que intervinieron en el acto político, entre los que se encuentran Gonzalo de Quesada y Emilio Núñez.

Noviembre 30. Interviene en la velada en homenaje al poeta José María Heredia, celebrada en Hardman Hall.

Diciembre (d.?). Sus palabras son reproducidas en un folleto que edita la imprenta de El Avisador Hispano-Americano.

Diciembre 19. Pronuncia el discurso conocido como *Madre América* en la velada artística que la Sociedad Literaria Hispanoamericana de Nueva York, en el segundo aniversario de su fundación, ofrece a los delegados al cónclave internacional.

1890

Marzo 15. Llega a Washington, donde permanece dos días. Posiblemente se entrevista con algunos delegados a la Conferencia Internacional Americana.

Julio 24. Es nombrado, por decreto presidencial, Cónsul de la República Argentina en Nueva York. (Ver: Octubre 3).

Julio 30. El presidente de la República del Paraguay lo nombra

Cónsul de su país en la importante ciudad del Norte.

Octubre 1. Es nombrado profesor de español de la Escuela Central Superior Nocturna, situada en la calle 63 No. 220 Este. (Ver: 1891. Junio 17).

Octubre 3. Le es extendido el *exequátur* que lo acredita como Cónsul de Argentina en New York. (Ver: Julio 24).

Octubre 10. Habla a los cubanos reunidos en Hardman Hall para conmemorar la fecha.

Diciembre 6. Resulta electo presidente de la Sociedad Literaria Hispano-americana de Nueva York, cargo que ocupaba interinamente Néstor Ponce de León desde el 31 de mayo. Forman parte de la junta directiva Benjamín J. Guerra, como primer vocal tesorero y Gonzalo de Quesada, segundo vocal. (Ver: 1887. Diciembre 3).

Diciembre 13. Lee *Versos sencillos* en la velada de homenaje a Chacón, que se celebra en su casa.

Diciembre 20. Toma posesión del cargo al frente de la Sociedad Literaria Hispanoamericana. Pronuncia un discurso.

Diciembre 23. Es nombrado por el gobierno de Uruguay su representante en la Comisión Monetaria Internacional Americana que próximamente sesionará en Washington. - - Le expiden el certificado de miembro activo del Club Crepúsculo, de Nueva York. **(¿m.?).** El pintor sueco Herman Norman le hace un retrato al óleo mientras trabaja en su oficina de 120 Front Street.

1891

Enero 1. Aparece publicado por primera vez su ensayo "Nuestra América" en La Revista Ilustrada de Nueva York. - - Le aumentan su remuneración en el Central Evening High School, donde trabaja como profesor de español. - - Reside en la calle 58 No. 361 Oeste.

Enero 8. Comunica al Secretario de Estado que aún no ha recibido respuesta a su carta del día 2. A la vez, informa de esta situación a M. Romero.

Febrero 4. Participa en la segunda sesión de la Conferencia Monetaria Internacional, que se celebra en Washington, en la cual es confirmado Matías Romero como presidente del cónclave.

Marzo 23. Se le designa, durante la cuarta sesión de la Conferencia Monetaria Internacional, para formar parte junto con los delegados de Chile, Brasil, Argentina y Colombia, de una comisión que estudiará y emitirá un dictamen acerca de las proposiciones hechas por la delegación de los Estados Unidos que, contra la idea de la convocatoria, considera inalcanzable la creación de una moneda universal, aboga por el bimetalismo, con una relación fija entre el oro y la plata, y solicita una conferencia mundial para tratar sobre estos asuntos. (Ver: Febrero 4).

Marzo 25. Asiste a una cena "de invitación inmediata y privada, en casa de Romero" (OC, 2001, 2:278).

Marzo 30. Lee, primero en español y luego en inglés, el dictamen que ha redactado y traducido, sobre las propuestas yanquis, de las que la comisión difiere en cuanto a la convocatoria de una nueva reunión para fecha próxima. (Esto suscita una larga discusión que ocupa las quinta y sexta sesiones).

Abril 1. Es nombrado miembro de una comisión, integrada también por los delegados de México, Argentina, Nicaragua y Colombia, que dictaminará sobre la conveniencia o no de levantar las sesiones sin hacer invitación alguna para una nueva conferencia de carácter universal.

Abril 23. Pronuncia un discurso en la velada que la Sociedad Literaria ofrece en homenaje a México, a la que asiste el cónsul de este país en Nueva York, Juan Navarro.

Mayo 1. Publica su artículo "La Conferencia Monetaria de las Repúblicas de América" en el número cinco de La Revista Ilustrada de Nueva York. Denuncia los objetivos ocultos del convite y alerta del peligro del vínculo que tratan de imponer los Estados Unidos: "Ni uniones de América contra Europa, ni con Europa contra un pueblo de América [...] La unión, con el mundo, y no con una parte de él; no con una parte de él, contra otra." [OC, 6, 160]

Junio 17. Es nombrado nuevamente para el cargo de instructor de Español en la Escuela Central Superior Nocturna para el período 1891-1892.

Junio 30. Llegan a Nueva York su esposa y su hijo. Se aloja con ellos en el Hotel Fénix, situado en la calle 14 No. 211 y 213 Oeste. (Ver: Agosto 27).

Agosto 27. Su esposa regresa con su hijo a Cuba. No volverá a verlos. (Ver: Junio 30. Carmen Zayas Bazán, en su ausencia, había solicitado a Enrique Trujillo que gestionara ante el cónsul español el despacho de los pasaportes con la mayor urgencia posible, lo que aquel hizo de inmediato. Al conocer lo sucedido, Martí rompió sus relaciones amistosas con el desleal periodista).

Agosto. Es publicado su libro *Versos sencillos.*

Octubre 10. Hace el resumen del acto dedicado a la fecha patriótica, que se celebra en Hardman Hall, pequeño para la numerosa concurrencia.

Octubre 11. Comunica por telégrafo al Ministro porteño su renuncia al cargo de cónsul de esa nación. Posiblemente este mismo día presenta igual decisión ante los funcionarios de Paraguay y de Uruguay. (En el caso de esta última, "la mano encargada de dar curso a la renuncia la retuvo" (OC, 2001, 3:52).

Octubre 20. Vicente G. Quesada le comunica la aceptación de su renuncia, a la vez que le expresa su agradecimiento por el desempeño de su cargo y por sus sentimientos amistosos hacia la República Argentina.

Octubre 30. Comunica al secretario de la Sociedad Literaria Hispano-americana su renuncia terminante a la presidencia de la misma, para así quitar "la ocasión que su permanencia en ella daría tal vez para entorpecer, con alegaciones de carácter personal, nuestra obra americana" (OC, 2001, 2:322).

Noviembre 7. No aceptan su renuncia los asistentes a la sesión general de la Sociedad Literaria.

Noviembre 16. Es invitado por Néstor L. Carbonell, presidente del club Ignacio Agramonte, de Tampa, a tomar parte en una fiesta artístico-literaria a beneficio de la asociación.

Noviembre 23. Inicia el viaje a Tampa.

Noviembre 25. Llega a medianoche bajo una fuerte lluvia. Es esperado por numeroso público que lo acompaña, precedidos por una banda de música, hasta el Liceo Cubano, donde pronuncia un breve discurso.

Noviembre 26. Se reúne con los representantes de los clubes locales. Discuten y aprueban el documento conocido como *Resoluciones.* Por la noche, en el Liceo Cubano, pronuncia su discurso "Con todos, y para el bien de todos".

Noviembre 27. Es admitido como miembro del club Liga Patriótica Cubana, de Ibor City, que preside Esteban Candau. Tiene lugar en la casa del patriota negro Cornelio Brito una reunión en la que se funda la Liga de Instrucción, sociedad análoga a la que existe en Nueva York. Esa noche pronuncia su discurso conocido como "Los Pinos Nuevos" en la velada-homenaje a los estudiantes fusilados en 1871, la cual se efectúa en el Liceo Cubano. (Las piezas oratorias de este día y del 26 son tomadas taquigráficamente por Francisco María González, llegado de Cayo Hueso con tal objetivo).

Noviembre 30. Llega a Nueva York.

Noviembre-diciembre (m.?). Su discurso del día 27 es reproducido en hojas sueltas con el título *Por Cuba y para Cuba*. Esta pieza oratoria y la del 26 aparecen reunidas en el folleto *Dos Discursos*.

Diciembre 22. Inicia su viaje a la Florida.

Diciembre 24. Llega a Tampa, enfermo.

Diciembre 25. Acompañado por una representación de los clubes tampeños y por una banda de música parte hacia Cayo Hueso en el vapor Olivette, engalanado al efecto. Una multitud lo espera en el muelle, donde recibe el saludo de José Francisco Lamadriz en representación de los emigrados revolucionarios. Es acompañado por una entusiasta comitiva hasta el Hotel Duval, donde improvisa un discurso, utilizando una silla como tribuna. Más tarde lo agasajan con un banquete.

Diciembre 26. Se halla enfermo de broncolaringitis aguda y lo atiende el doctor Eligio Palma.

Diciembre 27. Se suspende el acto donde hablaría, debido a su estado de salud.

Diciembre 30. Recibe de manos de los obreros de la fábrica de tabacos de Eduardo Hidalgo Gato un álbum que recoge pensamientos patrióticos escritos por ellos.

1892

Enero 3. Presenta a los dirigentes mencionados un esbozo, escrito por él, de los documentos que regirían la nueva organización. Discuten pormenorizadamente sus detalles hasta que coinciden en los principios esenciales, y quedan definidos y listos para su redacción final las *Bases del Partido Revolucionario Cubano* y sus *Estatutos secretos*. En horas de la noche participa en un mitin que se celebra en el club San Carlos, donde ocupa la tribuna después de las intervenciones de Lamadriz, Juan Arnao, Serafín Bello y Martín Herrera.

Enero 4. Visita algunas fábricas de tabaco, donde habla a los obreros.

Enero 8. Presenta las *Bases* y los *Estatutos* a los integrantes del club Liga Patriótica Cubana, quienes los aprueban.

Enero 9. Los documentos son acatados por el club Ignacio Agramonte. En horas de la noche se dirige a Nueva York.

Enero 24. Presenta las *Bases* y los *Estatutos* a los miembros del club Los Independientes, de Nueva York, quienes se adhieren al partido en formación.

Febrero 5. Es nombrado socio de mérito del Liceo Cubano de Ibor City, Tampa.

Febrero 21. Comunica al secretario de la Comisión Recomendadora, Francisco María González, que los clubes neoyorquinos José Martí y Pinos Nuevos han aprobado los documentos.

Marzo 11. Es aclamado como uno de los presidentes honorarios, junto a Ramón E. Betances y Eugenio M. de Hostos, del club Borinquen, integrado por cubanos y puertorriqueños.

Marzo 14. Aparece el primer número del periódico Patria, que funda y dirige.

Abril 8. Es elegido Delegado del Partido Revolucionario Cubano por los clubes de Cayo Hueso, Tampa y Nueva York. Benjamín Guerra lo es para el cargo de tesorero.

Abril 10. Las asociaciones de cubanos y puertorriqueños de esas tres localidades realizan actos de proclamación del Partido Revolucionario Cubano.

Mayo 13. Dirige una comunicación a los presidentes de los clubes, unidos en los Cuerpos de Consejo, donde explica las tareas a realizar por el Partido tanto en el exterior como en la Isla.

Junio 7. Le comunican su designación como presidente de la Sección de Literatura de la Sociedad Literaria Hispano-americana.

Junio 29. Comunica a los presidentes de los clubes que deben reunir "a todos los militares graduados en la guerra de Cuba" para tomarles sus votos sobre cuál debe ser el jefe superior a quien la Delegación ha de encomendar "la ordenación militar del Partido" (Ver: Agosto 18) (OC, 2001, 3:142).

Julio 3. Solicita a los presidentes de los Cuerpos de Consejo informes acerca de las personas que puedan y deseen ayudar a la Revolución en la Isla, así como otros datos útiles para los fines propuestos. Marcha hacia la Florida.

Julio 5. Arriba a Tampa alrededor de las diez de la noche. Es invitado a participar en la junta que celebra el club Liga Patriótica Cubana. Al término de la reunión habla con gran número de compatriotas. Se retira en horas de la madrugada.

Julio 8. Es recibido entre música y banderas por Serafín Sánchez y Carlos Roloff. Lo saludan con una fiesta patriótica en la sociedad Progreso.

Julio 16. Se dirige hacia Tampa en compañía de Serafín Sánchez, Carlos Roloff y José Dolores Poyo.

Julio 19. Visita diversas fábricas de tabaco junto con Roloff, Sánchez y Poyo, en las cuales habla a los obreros; en varias ocasiones se dirige en inglés a los trabajadores norteamericanos. Por la noche participa en una reunión del Cuerpo de Consejo y más tarde en la sesión general extraordinaria del club Ignacio Agramonte.

Julio 20. Recorre junto con sus acompañantes diversos talleres en los que resume los actos políticos que se improvisan.

Julio 21. Parte con su comitiva hacia Ocala, a las cinco de la mañana. Van directamente a los talleres, donde son recibidos por los obreros. Habla en español e inglés a los cubanos y norteamericanos, negros y blancos, que llenan el teatro local.

Julio 23. Llega a Jacksonville en compañía de Sánchez, Roloff y Poyo. Habla a la colonia cubana, que los despide cálidamente.

Julio 27. Se encuentra en Nueva York.

Agosto 8. Informa a los miembros de los clubes de Nueva York acerca de su reciente viaje a la Florida en una gran reunión convocada al efecto.

Agosto (d.?) Viaja a Washington. Presenta extraoficialmente una protesta privada por las violaciones de la correspondencia del Partido Revolucionario Cubano, y trata de desviar la persecución que instiga el ministro de la Península ante el gobierno estadounidense aduciendo que los cubanos emigrados se agrupan con fines bélicos y reúnen armas contra España, país amigo del Norte.

Agosto 17. Pronuncia un discurso en la recepción que ofrece en su honor el club Ignacio Agramonte No. 3, de Filadelfia, adonde ha viajado.

Agosto 18. Confirma la elección, rayana en la unanimidad, del mayor general Máximo Gómez "para encabezar la organización militar revolucionaria" (Ver: Junio 29). (OC, 2001, 3:183).

Agosto 31. Inicia su viaje a las Antillas.

Septiembre 9. Parte hacia Fort Liberté. De aquí continúa el viaje hasta Dajabón, donde visita al cubano Joaquín Montesinos, a quien conoció en la prisión de La Habana. Horas después arriba a Montecristi y se dirige a la casa comercial de Juan Isidro Jiménez, donde trabaja Francisco Gómez Toro, hijo del General. Visita el hogar de este y posteriormente se aloja en la casa de huéspedes de

Catalina Ramos.

Septiembre 10. Permanece en Montecristi.

Septiembre 11. Emprende el viaje hacia Laguna Salada, a caballo. En el poblado de Santa Ana visita brevemente al cubano Santiago I. Massenet. Es recibido por Gómez en su finca La Reforma, e inician las conversaciones, que se prolongan hasta la partida del Delegado.

Septiembre 13. Se dirige junto con el recio veterano hacia Santiago de los Caballeros, adonde llegan el mismo día. Se alojan en la casa del médico cubano Nicolás Ramírez. En carta oficial solicita a Gómez, en nombre del Partido, que asuma el mando supremo de la guerra.

Septiembre 18. Llega a Santo Domingo y se hospeda en el Hotel Universo. Conoce personalmente a Federico Henríquez y Carvajal y a su hermano Francisco. En compañía de ambos visita el Instituto de Señoritas que dirige Salomé Ureña de Henríquez, ausente en esos momentos, y recorren la ciudad.

Septiembre 19. Es recibido por Ignacio María González, ministro de Relaciones Exteriores de República Dominicana, quien lo atiende con agrado. "De los demás Ministros, llevo cartas serviciales para todo el viaje" (OC, 2001, 3:211).- - Obtiene el permiso oficial para que le sean mostrados los restos de Cristóbal Colón, y a tal efecto se dirige a la Catedral en compañía de varios dominicanos. - - En horas de la noche pronuncia un discurso ante el numeroso público presente en la recepción que le ofrece la Sociedad Amigos del País, en la que hablan también José María Pichardo, Manuel de Jesús Galván, Federico y Francisco Henríquez y Carvajal. Cerca de la medianoche parte hacia Barahona en el velero *Lépido*.

Septiembre 20. Llega a la ciudad al caer la tarde. Se aloja en la casa del gobernador, José Dolores Matos, a quien entrega cartas remitidas desde la capital. Visita al médico cubano Francisco González Colarte.

Septiembre 24. Arriba a Puerto Príncipe al atardecer y se hospeda en el Hotel de Francia. Es recibido por el cónsul dominicano, Elías Pereyra, quien avisa de su presencia a Juan Massó Parra y demás cubanos de la localidad, los que de inmediato acuden a saludarlo.

Septiembre 26. Pronuncia un discurso ante la emigración cubana y puertorriqueña que lo acoge en el local del club. Pasadas las diez de la noche se dirige al Hotel Bellevue, adonde ha trasladado su alojamiento.

Septiembre 27 a Octubre 4. Permanece en la capital haitiana, debido a las interrupciones que ocasiona una epidemia en el movimiento de los vapores. - - Sostiene varias reuniones de trabajo político y es agasajado en las casas de José Calderín y de Luis y Juan Rodríguez, entre otros.

Octubre 4. Numeroso público lo acompaña al muelle, desde donde parte a las ocho de la mañana en el vapor Alvena.

Octubre 8. Llega a Kingston, Jamaica, en horas de la tarde. Es recibido por el Cuerpo de Consejo local, encabezado por Alejandro González. Habla a los operarios del taller de J. B. Machado. Luego se traslada al Hotel Myrtle Bank, donde se hospeda y recibe a numerosos visitantes.

Octubre 9. Se dirige a Temple Hall, zona agrícola en la que varios cubanos tienen establecidas vegas de tabaco. Le ofrecen un gran recibimiento en la casa de Antonio León, y luego se trasladan a una recepción campestre. - - Lo fotografían los cubanos R. Núñez y Juan Bautista Valdés.

Octubre 10. Pronuncia un discurso en el acto conmemorativo de la histórica fecha, en el salón de Juan M. Rondón. Lo precedieron en el uso de la palabra, entre otros, Rafael Ross y Eladio Pérez.

Octubre 13. Parte hacia Nueva York en el vapor Ailsa.

Octubre 19. Arriba a esta ciudad estadounidense, donde lo esperan los emigrados cubanos y puertorriqueños.

Octubre 23. Informa a los miembros de los clubes neoyorquinos acerca de su reciente viaje.

Noviembre 9. Llega a Cayo Hueso a la una de la tarde. Le dan la bienvenida comisiones del Cuerpo de Consejo y de los clubes, así como numerosos amigos. Asiste a un concierto de la banda cubana.

Noviembre 10. Habla ante numeroso público reunido en el club San Carlos acerca de los resultados de su viaje a República Dominicana, Haití y Jamaica.

Noviembre 11. Participa en la sesión extraordinaria de la Convención Cubana en la que se analizan diversas opiniones sobre el envío o no de los elementos de guerra prometidos por esta organización a los revolucionarios de una comarca de la Isla. En su intervención pide al emisario llegado de Cuba que refrenen su impaciencia y aguarden hasta que el Partido termine sus trabajos de organización en el interior del país, para lanzarse a la lucha, unidos, los patriotas de dentro y de fuera. Termina dando cuenta de los resultados de su entrevista con el general Gómez. Los miembros de la Convención lo apoyan y declinan el envío de armas.

Noviembre 15. Informa al Cuerpo de Consejo local acerca de las importantes actividades realizadas, y recomienda el aumento gradual de los fondos de guerra. Propone y se acuerda reunir los clubes por grupos, a fin de hablar con todos los afiliados.

Noviembre 23. Imparte una conferencia en inglés en el club San Carlos, a petición del periódico Equator Democrat. Pone énfasis especial en el análisis de las ideas antianexionistas e independentistas radicales. El coronel Horatio Crain clausura la velada y asegura al Delegado que Cuba cuenta con la simpatía del pueblo de los Estados Unidos.

Noviembre 27. Pronuncia un discurso ante la concurrencia que colma el salón del club San Carlos, donde se efectúa un acto conmemorativo organizado por el club Hijas de la Libertad.

Diciembre 2. Asiste a la reunión del Cuerpo de Consejo, que acuerda, a propuesta suya, instituir el Día de la Patria —donación del importe del salario de una jornada para los fondos del Partido—, y se fija el martes 6 para iniciar esta forma de recaudación entre los afiliados. Se exhorta a los no militantes a unirse a la iniciativa.

Diciembre 10. Se halla en Tampa, en compañía de José Dolores Poyo. A pesar de sentirse enfermo habla durante hora y media en la fiesta por el segundo aniversario de la fundación de la Liga Patriótica Cubana.

Diciembre 12. Visita el taller de Vicente Martínez Ibor y habla a los obreros.

Diciembre 13. Concurre a las manufacturas de Pons y de Monné, donde dirige la palabra a los operarios, primero en español y luego en inglés. En la reunión de los clubes, a los que había convocado, explica el desarrollo de los planes revolucionarios y la necesidad de incrementar los recursos.

Diciembre 14. Parte hacia Ocala en compañía de José D. Poyo, Carlos Roloff y Carolina Rodríguez, *La Patriota*. Los reciben las comisiones de los clubes. Participan en la inauguración del nuevo poblado que los emigrados denominan Martí City (nueva subdivisión de Ocala, en la que predomina la población cubana). Apadrina la primera boda que allí se realiza. Por la noche habla a cubanos y estadounidenses reunidos en el salón de la manufactura de Camino y Cuesta. Luego participa en una junta del club General Jordan, donde le entregan el título de miembro de honor.

Diciembre 16. Parte en la madrugada, junto con sus acompañantes, hacia Tampa. Llegan a la ciudad, donde elementos al servicio del enemigo intentan asesinarlo mediante envenenamiento. Se teme por su vida. Lo atiende el doctor Miguel Barbarrosa.

Diciembre 22. Es constituido, por especial encargo suyo, el club Diez de Abril. Ligeramente mejorado de las consecuencias de la ingestión del tóxico, asiste a un mitin en el Liceo Cubano, organizado para despedirlo. Una numerosa comitiva lo acompaña hasta el ferrocarril.

Diciembre 24. Llega a Nueva York.

1893

Enero 5. Participa en la reunión del Cuerpo de Consejo local. Se refiere extensamente a la labor revolucionaria realizada en el extranjero y en la Isla y a la necesidad de mantener las actividades de los afiliados. Se acuerda celebrar una reunión pública de propaganda y otra con todos los clubes para tratar acerca da su reorganización efectiva.

Enero 15. Pronuncia un discurso en Hardman Hall en el que analiza la situación revolucionaria en Cuba y en las emigraciones.

Febrero 22. Visita los talleres de Pons y de Martínez Ibor, en los cuales habla a los obreros. Por la noche participa en una reunión extraordinaria en el Liceo Cubano, donde pronuncia un discurso. Al concluir el encuentro, la multitud asistente lo acompaña en manifestación hasta la estación del ferrocarril, para despedirlo. Toma una embarcación en Port Tampa.

Febrero 23. Llega a Cayo Hueso.

Febrero (d.?). Habla ante los miembros del club Cayo Hueso acerca de las necesidades económicas que afronta el Partido y, en respuesta, los afiliados expresan su disposición de engrosar los fondos de la Tesorería.

Marzo 2. Arriba a Tampa. Visita el club Ignacio Agramonte.

Marzo 3. Participa en varias reuniones de los clubes. Habla a los trabajadores de la fábrica de Martínez Ibor.

Marzo 4. Parte hacia Ocala a las cinco de la mañana.

Marzo 9. Se halla en New York. - - Escribe a un grupo de patriotas: "La Isla ha respondido, y el período de ensayo ha pasado" (OC, 2001, 3:272). Considera que el Partido ha entrado en una nueva etapa, e inicia una vasta campaña organizativa y de captación de nuevos elementos.

Abril 10. Es reelegido para el cargo de Delegado, y Benjamín Guerra para el de tesorero.

Abril 16. Pronuncia un discurso en el acto efectuado en Hardman Hall, Nueva York.

Abril 25. Llega a Filadelfia y se hospeda en la casa de Marcos Morales, donde se reúne con numerosos visitantes.

Abril 26. Asiste a la sesión constitutiva del club femenino Hermanas de Martí y a la fundación de la Liga Cubanoamericana de Filadelfia, en la que se unen antillanos y estadounidenses. Habla en un mitin de masas que concluye a medianoche.

Abril 29. Visita a varios compatriotas en Nueva Orleans. Planea dirigirse hacia Costa Rica, pero la noticia del alzamiento de los hermanos Sartorio en Purnio y Velazco, Holguín, lo hace variar de ruta.

Mayo 2. Participa en un gran mitin convocado por el Cuerpo de Consejo de Tampa. En su discurso analiza la situación en la Isla y exhorta a reforzar la unidad. Embarca hacia el Peñón desde Port Tampa.

Mayo 3. Llega a Cayo Hueso, donde lo recibe en el muelle una numerosa representación de las agrupaciones partidistas con sus banderas y estandartes. Lo acompañan hasta el club San Carlos, donde esperan cientos de compatriotas, a quienes habla. Posteriormente la ofrecen una recepción en la casa da Teodoro Pérez.

Mayo 6. Comunica al general Gómez que en los días que lleva en el Cayo "$30, 000 he levantado" (OC, 2001, 3:348).

Mayo 7. Asiste a la sesión regular de Convención Cubana, en la que se analizan el avance de los trabajos revolucionarios y el prematuro alzamiento de los Sartorio en Holguín.

Mayo 8. Expone ante los miembros del Cuerpo de Consejo local las posibles causas del levantamiento en la Isla. Considera que fracasaron los objetivos de España con esta provocación, pues todas las emigraciones han redoblado sus esfuerzos y tienen más confianza en la obra del Partido.

Mayo 20. Recién llegado a Nueva York asiste a la reunión del Consejo local, convocada a petición suya. Se acuerda nombrar comisiones que visiten los talleres a fin de reanimar el entusiasmo, así como celebrar un mitin de agitación. - - En La Habana, el diario integrista La Unión Constitucional publica una carta-circular confidencial que ha sido interceptada.

Mayo 23. El habanero La Igualdad reproduce la misiva.

Mayo 25. Inicia un nuevo viaje a las Antillas.

Mayo 27. Publica en Patria el manifiesto, escrito antes de partir, *El Partido Revolucionario Cubano a Cuba*, que además circula profusamente en hojas sueltas.

Junio 3. El importante documento es reproducido casi totalmente en el periódico La Igualdad, de La Habana. - - Llega a Montecristi, donde lo espera el general Gómez. Comienzan las conversaciones acerca de la situación en Cuba y trazan los planes expedicionarios, que deberán coordinarse con el alzamiento simultáneo de la Isla. (El intenso trabajo sólo les permite dormir unas tres horas en estos días).

Junio 10-22 (d.?). Permanece en la capital haitiana.

Junio 27. Llega a Panamá. Es recibido por los cubanos residentes en la localidad. El diario El Cronista saluda al visitante.

Junio 29 (d.?). Parte hacía Costa Rica.

Julio 1. Se halla en San José. (Durante su estancia en la capital se entrevista varias veces con el general Antonio Maceo, quien manifiesta la aceptación de los planes trazados en Montecristi).

Julio (d.?). Se entrevista con el presidente de Costa Rica, José Joaquín Rodríguez, y luego visita al Ministro de la Guerra. El general Maceo lo acompaña.

Julio 7. Diserta en el salón principal de la Escuela de Derecho de San José acerca del tema "El porvenir de América y las poderosas influencias extranjeras bajo las cuales se desenvuelven y crecen los pueblos latinoamericanos", con lo que complace la solicitud de la Asociación de Estudiantes del centro docente.

Julio 8. A las siete de la mañana emprende el viaje de regreso a los Estados Unidos.

Julio 13. Se encuentra en Nueva York. Participa en la reunión del Cuerpo de Consejo local, donde expresa que ante la situación crítica que afrontan los trabajadores, el Partido debía ser tolerante con los afiliados que no pudieran cubrir las cuotas.

Julio 22. Escribe la circular *La Delegación del Partido Revolucionario Cubano a los clubs*.

Agosto 29. Redacta un extenso informe, dirigido al general Gómez, en el que lo pone al tanto de los trabajos realizados en la Isla, los preparativos de las tres expediciones, la compra de armas que enviarán a distintas comarcas, y concluye que, para desencadenar la guerra, sólo falta coordinar detalles imprescindibles y obtener su aprobación. (Ver: Septiembre 18).

Septiembre 8. Llega sorpresivamente a Cayo Hueso.

Septiembre 13. Informa a los miembros del Cuerpo de Consejo local sobre los adelantos del trabajo del Partido, a pesar de que la situación económica de los Estados Unidos ha hecho disminuir las actividades públicas, y pide que aunque no pueda cumplirse con las cotizaciones se demuestre que el Peñón Histórico está en su puesto.

Septiembre 14 (d.?). Pasa en Tampa algunas horas y luego se detiene en Ocala.

Septiembre 15. Se halla de paso en Jacksonville en horas tempranas de la mañana y es agasajado por un numeroso grupo de cubanos en la estación ferroviaria.

Septiembre 17. Llega a Nueva York al mediodía y poco después participa en la reunión del Cuerpo de Consejo local. Interviene en la discusión acerca de la necesidad de reorganizar los clubes neoyorquinos y analiza las dificultades que existen en esa ciudad para sostener latente el entusiasmo revolucionario.

Septiembre 18. El general Máximo Gómez le comunica que difiere de sus apreciaciones, pues hasta entonces no ha podido ocuparse de una manera formal de las gestiones ante los jefes del interior de la Isla y de las emigraciones y que necesita recursos para realizarlas. Martí dispone el envío inmediato de estos. (Ver: Agosto 29).

Septiembre 19. Comunica a Serafín Sánchez que envía "a Cuba? ya van por tres rumbos?comisiones explicando la situación y organizando la distribución simultánea de armas?" (OC, 2001, 3:413).

Septiembre 20. Llega a Filadelfia por la tarde, y en horas de la noche se reúne con los afiliados del club Ignacio Agramonte.

Octubre 10. Pronuncia un discurso en Hardman Hall con motivo de la conmemoración de la fecha patriótica.

Octubre 21. Adquiere armas y equipos por valor de más de cuatro mil trescientos pesos.

Noviembre 14. Declaraciones suyas acerca de los últimos acontecimientos en Cuba son publicadas en The Evening Sun, de Nueva York.

Diciembre 12. Llega a Tampa de noche. Al conocerse su arribo lo invitan a participar en el acto inaugural de la sociedad de instrucción La Verdad, donde lo reciben jubilosamente. Expresa palabras de aliento para la naciente agrupación.

Diciembre 13 y 14. Se reúne con los afiliados de todos los clubes, de quienes obtiene entusiasta apoyo para los nuevos sacrificios que les pide. Similar es la actitud de los no afiliados presentes en una asamblea abierta. Visita los talleres de Martínez Ibor, Pons, Ellinger y McFaand. Ensancha la organización y extiende el esfuerzo a toda la ciudad.

Diciembre 14. Habla en el gran mitin con que lo despiden.

Diciembre 15. Llega a Cayo Hueso. Poco después se halla en la reunión del Cuerpo de Consejo, donde explica que los últimos acontecimientos ocurridos en Cuba constituían una nueva provocación de España, que pretendió descubrir las cabezas revolucionarias existentes en la isla, lo que no pudo lograr. Exhorta a nuevos esfuerzos para incrementar el tesoro de la Revolución.

Diciembre 18-20. Visita los talleres de Villamil, Teodoro Pérez, O'Halloran, Falk and Meyer, E. H. Gato Cigar Co., y López, Trujillo e Hijos, donde sus palabras son acogidas con entusiasmo.

Diciembre 21. Llegan a Tampa Bay a las tres de la tarde. Se traslada a Ibor City. Esta noche participa en una reunión del club Ignacio Agramonte.

Diciembre 22. Los recibe en Ocala un grupo de cubanos. Visita las casas nuevas y obtiene de la compañía colonizadora una parcela donde erigir el futuro liceo. Se le ofrece un banquete y luego habla en la asamblea pública que se realiza en la fábrica de Borroto. Posteriormente asiste a una reunión particular con los afiliados a los clubes del Partido. A medianoche continúa el viaje, junto con Bernardo.

Diciembre 23. Realizan una breve visita a Jacksonville. Habla en inglés y español a los trabajadores de la fábrica El Modelo, de Eduardo Hidalgo Gato. Parten en tren a las cuatro de la tarde.

Diciembre 25. Llegan a Nueva York.

1894

Enero 8. Se dirige a Filadelfia.

Enero 15 (d.?). Se halla en Tampa.

Enero 19 (d.?). Se dirige hacia Nueva York.

Enero (d.?). Visita Washington, pero ante el intento de algunos elementos de aprovechar su presencia en la sede del gobierno para influir negativamente sobre el asunto del Cayo, dándole una significación política, prepara "un informe intimo, que no debía ser ineficaz para Gresham, y me he estado callado en New York evitando toda publicidad". [E, IV, 29] (OC, 2001, 4:29).

Enero 27. Publica en Patria el artículo "¡A Cuba!" en el que analiza los sucesos del Cayo y expone como sus causas directas el contubernio entre intereses españoles y estadounidenses. Edita una versión en inglés, que se distribuye como suplemento del periódico.

Febrero 24. Pronuncia un discurso en el salón Jaeger's, de Nueva York, en el homenaje de un grupo de cubanos a Fermín Valdés Domínguez, quien se halla en la ciudad desde principios de mes.

Marzo 11. Ofrece a los miembros del Cuerpo de Consejo de Nueva York un informe de los trabajos realizados, y expresa su confianza en los resultados de la labor revolucionaria.

Marzo (d.?). Ordena a Enrique Loynaz del Castillo la preparación de un envío de doscientos fusiles y cuarentiocho mil cápsulas a Camagüey. (El alijo, con un valor superior a $2 500, es capturado por las autoridades españolas el 3 de abril).

Abril 8. Recibe al general Máximo Gómez y a su hijo Francisco (Panchíto), quienes se hospedan en el Hotel Central.

Abril 8-21. En varias entrevistas discuten y acuerdan los pormenores del plan coordinado de alzamiento con el arribo de expediciones, y se decide incrementar los fondos. Quedan allanados los últimos obstáculos entre ambos dirigentes.

Abril 10. Es reelegido por unanimidad como Delegado del Partido.

Abril 14. Parte hacia Filadelfia en compañía del general Gómez, Panchito y otros patriotas. Se hospedan en la casa de Marcos Morales.

Abril 15. Durante la mañana participa en la calurosa recepción que la caballería veterana estadounidense de la localidad brinda al General. Visitan el parque de Fairmont y la redacción del periódico Ledger. Por la noche se halla junto a Gómez en los agasajos que le brindan al viejo mambí en las casas de Marcos Morales y de Emilio Brunet.

Abril 21. El general Máximo Gómez parte hacia República Dominicana. Deja en Nueva York a su hijo Panchito.

Mayo 4. Visita a los cubanos de Filadelfia.

Mayo 10. De nuevo se halla en Central Valley.

Mayo 12. Parte desde Nueva York hacia la Florida acompañado por Panchito Gómez Toro.

Mayo 14. Llegan a Jacksonville en las primeras horas de la mañana. Visitan a algunos cubanos mientras esperan otro tren. Llegan a Port Tampa de noche, y embarcan en el Mascotte.

Mayo 15. Son recibidos en el muelle de Cayo Hueso.

Mayo 16. Interviene en la reunión extraordinaria del Cuerpo de Consejo, convocada a solicitud suya, donde expresa que el Partido debía estar alerta ante la situación peligrosa creada en Cuba por los trabajos conspirativos, y señala que las actuales necesidades exigen que los afiliados hagan efectivos sus ofrecimientos para el Tesoro de la Patria.

Mayo 19. Se marcha del Cayo en compañía de Panchito.

Mayo 20. Son recibidos en Port Tampa por una banda de música y comisiones de clubes y sociedades. En Tampa los saluda una multitud de compatriotas. Esta noche dicta una extensa conferencia en los salones de La Verdad.

Mayo 25. Se reúne con los afiliados a los clubes de la localidad y obtiene el compromiso de aumentar los fondos para la guerra. Deja constituida una comisión encargada de solicitar las contribuciones. Junto con Panchito Gómez recorre todos los barrios de la ciudad y varias fábricas de tabaco, donde son recibidos con muestras de afecto.

Mayo 27. Realiza, junto con Panchito, una rápida visita a Jacksonville, donde pasan un día útil. Habla en el mitin público que se efectúa en el salón Engel's House. Posteriormente se reúne con los miembros de los clubes y trata acerca de la obra secreta del Partido.

Mayo 30-31. Escribe más de cincuenta cartas y notas dirigidas a destinatarios de fuera y dentro de la Isla, en la mayoría de las cuales recaba la colaboración económica para la acción ya próxima.

Mayo 31. Parten al anochecer hacia Costa Rica en el vapor Albert Dumois.

Junio 7. Llegan a San José. El general Antonio Maceo, en compañía de Enrique Loynaz, Patricio Corona, Alberto Boix y otros cubanos, los recibe en la estación de Cartago. Se hospedan en el Gran Hotel.

Junio 7-10. Mantiene conversación continua con Maceo, a quien halla entusiasmado con un plan vasto y lento que se basa en "la ayuda de hoy, inquieta e insegura, de Eloy Alfaro [...] para desviar sobre Cuba un crecido contingente nicaragüense y colombiano"

(OC, 2001, 4:197) pero logra convencerlo de lo imprudente y dilatado de ese proyecto y acuerdan uno más sencillo y eficaz. Se entrevista con Eduardo Pochet, Enrique Boix y otros compatriotas y latinoamericanos, de quienes obtiene contribuciones para la causa revolucionaria.

Junio 10. Se reúne con los cubanos residentes en Costa Rica y les habla de la guerra que se avecina. Por iniciativa suya se funda el club General Maceo; las mujeres presentes consideran la utilidad de organizar una asociación femenina (que fue constituida ocho días más tarde).

Junio 13-18. Se hallan en Punta Arenas. Se entrevista con lo generales José Maceo y Flor Crombet y con comisionados de la colonia de Nicoya. Habla en el acto efectuado con motivo de la botadura de un barco. Es agasajado por costarricenses, cubanos y colombianos durante los cinco días que espera por la salida de un vapor.

Junio 18-21. Realizan un lento viaje hasta Panamá, adonde llegan en horas de la tarde. Los espera Manuel Coroalles, quien se hace cargo de la colecta que debe realizarse en aquella localidad.

Junio 22. Emprenden viaje hacia Jamaica, desde Colón.

Junio 24. Llegan a Kingston al atardecer.

Junio 25. Sostiene reuniones con los emigrados cubanos y deja establecido el compromiso de colectar unos cuatro mil pesos. En horas de la noche participa en un mitin. - - Escribe a Gómez una detallada comunicación sobre los últimos trabajos realizados, y concluye con la opinión de que nada impide el envío de las tres expediciones y el inicio de la acción. "Mándeme, General", expresa. [E, IV, 200] (OC, 2001, 4:200).

Junio 26. Poco antes de partir hacia Nueva York en unión de Panchito, en el vapor Ailsa, es entrevistado por un periodista de The Daily Gleaner.

Julio 5. Participa en la reunión del Cuerpo de Consejo neoyorquino, cuyos miembros exponen las dificultades económicas de los afiliados, en su mayoría obreros, lo que ha impedido cumplir con la última cuota individual acordada.

Julio 13. Inicia un nuevo viaje por Centroamérica. Deja en Nueva York a Francisco Gómez Toro. (Este regresará junto a su padre el día 21).

Julio 19. Visita sorpresivamente la casa de Manuel Mercado, quien ocupa el cargo de subsecretario de Gobernación. Conversa con su entrañable amigo y posteriormente se reúne con Justo Sierra y Juan de Dios Peza en la librería Bouret.

Julio 23. Solicita una entrevista al general Porfirio Díaz, presidente de México, para tratar acerca de la significación y alcance continental de la independencia de Cuba.

Julio 25. A las siete de la noche se halla en Veracruz, donde lo recibe el poeta yucateco José Peón Contreras. Se reúne con un grupo de militantes y colaboradores en la casa del médico cubano Manuel J. Cabrera que ocupa el claustro del antiguo convento de la Merced, en la cual tiene su sede el club Máximo Gómez.

Julio 27. Al regresar a la capital escribe de nuevo al presidente Díaz, quien durante su ausencia lo citara para el jueves 26, y le ratifica la solicitud hecha el 23.

Agosto 1 (d.?). Posiblemente se entrevista con el presidente de la República, general Porfirio Díaz. (Este dato no ha sido confirmado).

Septiembre 22. Avisa al general Antonio Maceo que debe aprestarse para actuar a mediados de octubre.

Septiembre 28. Informa al general Máximo Gómez el estado de los preparativos de la Isla y las gestiones que realiza mediante el envío de comisionados. Ha estado en Filadelfia.

Septiembre 30. Se dirige a la Florida para recibir personalmente comunicaciones de la Isla y comprobar el estricto empleo de la última suma de dinero enviada a La Habana.

Octubre 2. Arriba a Tampa.

Octubre 3. Llega a Cayo Hueso en horas de la noche. (En estos días se mantiene en contacto permanente con Serafín Sánchez y Carlos Roloff, con quienes comparte la atención de los preparativos del grupo expedicionario que estos comandarían).

Octubre 4. Complace la invitación de los obreros de la fábrica de E. H. Gato. Intercambian impresiones cordialmente.

Octubre 13. Está en Nueva York.

Octubre 20. Informa al general Gómez de la situación detectada en Santiago de Cuba y Camagüey, donde elementos indecisos o contrarios a la guerra pretenden aplazar ésta indefinidamente; y le informa que ha enviado un comisionado con instrucciones para contrarrestar cualquier confusión que pudiera provocarse en las filas independentistas.

Octubre 27. Solicita al fabricante de tabacos Eduardo Hidalgo Gato la cantidad de cinco mil pesos, en calidad de préstamo, para atender gastos urgentes que la Delegación prevé. (De inmediato recibe contestación afirmativa).

Noviembre 18 (d.?). Recibe al comandante Enrique Collazo en Filadelfia. Este le comunica que ha sido encomendado por la dirigencia revolucionaria de la Isla para alertarlo sobre el intento de elementos vacilantes de Camagüey, quienes solicitarían a Gómez el aplazamiento del inicio de la guerra.

Noviembre 23. Desde Nueva York escribe al general Maceo acerca de la red de intrigas enemigas que logró perturbar las conexiones establecidas, crear desconfianza y trabar la realización de los planes.

Diciembre 2. Recibe al coronel José María *(Mayía)* Rodríguez, acreditado como representante del general Gómez.

Diciembre 8. Redacta el Plan de Alzamiento, que firma junto con Mayía, en nombre del General, y Collazo, quien asume la representación de los conspiradores de la Isla. Lo envía a Juan Gualberto Gómez.

Diciembre 12 y 17. Solícita a Benjamín Guerra que deposite cuatro mil quinientos y cinco mil quinientos pesos, respectivamente, en la cuenta bancaria abierta a nombre de *D. E. Mantell* en The Importers and Traders National Bank.

Diciembre 16. Dispone el pago de aproximadamente mil dos cientos pesos por concepto de compra de armas.

Diciembre (d.?) Accede a las insistentes solicitudes del coronel Fernando López de Queralta, y lo acompaña a una agencia de buques donde procede sospechosamente al revelar a los contratistas el verdadero objetivo de sus gestiones, lo que desata la alarma entre agentes y propietarios.

Diciembre (d.?). Dispone varias medidas para evitar el descubrimiento de la trama conspirativa, y logra momentáneamente la continuación de los planes.

Diciembre (d.?). Contraviniendo sus orientaciones de máxima discreción, López de Queralta, ya separado de la expedición de Sánchez y Roloff, pero aún con la custodia de parte de las armas, envía estas a la estación de trenes neoyorquina declarando el cargamento como artículos militares. El Delegado actúa con celeridad y logra recogerlas y remitirlas a Fernandina por otra vía. (Todos los indicios contribuyen a ratificar la opinión de que este negociante en armas era un espía al servicio de España, de los Estados Unidos, o de ambos gobiernos).

Diciembre 21. Autoriza el pago de más de cuatro mil cuatrocientos pesos por la compra de armas, municiones y equipos bélicos.
Diciembre 25. Dispone la salida de las embarcaciones.

1895

Enero 12. En horas de la tarde, ya próximo a zarpar, el yate Lagonda es objeto de nuevo registro y se procede a su detención por orden del secretario de Hacienda. Quedan arrestados el capitán y algunos miembros de la tripulación, no así los pasajeros *John Mantell* y *José Miranda* –seudónimos de Manuel Mantilla y Patricio Corona–, encargados por Martí, respectivamente, de viabilizar la operación en Centroamérica y de llevar el dinero que necesitaba el general Maceo en aquellos momentos.

Enero 13. Convoca a varios de sus colaboradores para el Hotel Travellers, de Jacksonville, donde se oculta. Analiza la situación junto con Enrique Collazo, José María Rodríguez, Charles Hernández, Enrique Loynaz del Castillo y Tomás Collazo –a quienes se unieron poco después Gonzalo de Quesada y Horacio Rubens– y deciden continuar la tarea emprendida [...] A continuación se dirige hacia Nueva York junto con Manuel Mantilla y Patricio Corona; otros viajan a Tampa y Cayo Hueso. - - Llega a Fernandina el Baracoa y las autoridades del puerto lo registran sin resultado alguno.

Enero 14. Se oculta en la casa del doctor Ramón L. Miranda, en la calle 64 No. 116 Oeste. Informa telegráficamente al general Gómez la imposibilidad de realizar lo planeado y que próximamente irá a Montecristi. - - Son embargadas las aproximadamente ciento treinta cajas que se encuentran en el almacén de N. Borden, las cuales contienen material bélico para unos seiscientos hombres.

Enero 15. El Amadís es detenido por un guardacosta en Tybee. Lo dejan en libertad al día siguiente, pues no transporta carga alguna y sus documentos están en orden.

Enero 18. Se suspende la orden de detención que retenía al Lagonda, y las autoridades aduanales devuelven a Borden las cajas ocupadas en las bodegas del barco. Pero continúan embargadas las que fueron halladas en el almacén del comerciante floridano.

Enero 19. Informa al general Antonio Maceo los últimos acontecimientos y le propone que organice su expedición, para lo cual le enviaría dos mil pesos.

Enero 25. Se le comunica la suspensión del embargo del armamento que se halla en el almacén de Borden; no obstante, al propio tiempo conoce que las cajas han quedado retenidas con el pretexto de garantizar el pago de una reclamación presentada por el dueño del Amadís, quien demanda a los fletadores por violación de contrato.

Enero 28. Cumple cuarenta y dos años. Lo visitan sus amistades más cercanas en la casa del doctor Ramón L. Miranda, donde se oculta de los agentes españoles y yanquis que tratan de localizarlo.

Enero 29. Junto con Enrique Collazo y José María Rodríguez valora las últimas noticias, informes y comunicaciones recibidas de Cuba, y resuelven dar la orden para el alzamiento [...] Decide trasladarse a Montecristi.

Febrero 6. Arriban a Cabo Haitiano, donde recibe dos mil pesos que le remite la Delegación, resultado de una colecta urgente hecha por Gonzalo de Quesada en La Florida. Al oscurecer embarcan rumbo a Montecristi.

Febrero 7. Son recibidos por Gómez, a quien informan los detalles del revés sufrido. Deliberan sobre los siguientes pasos a emprender y determinan trasladarse a La Vega, a fin de entrevistarse con Eleuterio Hatton. *Mayía* Rodríguez, cumpliendo órdenes del General, se encamina hacia Santo Domingo, la capital.

Febrero 12. Llegan a La Reforma, la finca de Gómez. Continúan la marcha hasta la casa de Jesús Domínguez, en el camino a La Esperanza, donde duermen.

Febrero 24. Llegan a Montecristi. Tratan de conseguir una goleta para la expedición. Se ocupan infructuosamente en gestionar la partida de Collazo y Manuel Mantilla hacia Nueva York.

Febrero 26. Reciben la noticia del levantamiento armado en Cuba.

Marzo 3. Llega a Cabo Haitiano en horas de la tarde, después de hacer escala en Petit Trou. Se aloja en la casa de Ulpiano Dellundé, a quien expone la necesidad de conseguir armas para la expedición. El amigo se compromete a enviarle cuantas reúna.

Marzo 4. De noche, en lancha, embarca hacia Montecristi, adonde llega en las primeras horas del día siguiente.

Marzo 25. Considera junto con Gómez que la salida hacia la Isla es inminente. Escribe cartas de despedida dirigidas a la madre, a Carmen y María Mantilla, a Gonzalo de Quesada y Benjamín Guerra. Pero los marinos que debía contratar Poloney se niegan a realizar la travesía, a la vez que piden, para organizar otro intento, una considerable suma de dinero. Cerrada aquella vía y sin un nuevo plan inmediato se entrega, de común acuerdo con el General en Jefe, a la redacción del documento que ha pasado a la historia con el nombre de *Manifiesto de Montecristi*.

Marzo 30. Ambos revolucionarios deciden comprar la goleta de John Bastian, quien se compromete a llevarlos a tierra cubana.

Abril 1. Parte de Montecristi en la goleta Brothers junto con Gómez, Francisco Borrero, Ángel Guerra, César Salas y Marcos del Rosario. - - Llega a Cuba la goleta Honor, que conduce la expedición al mando de Crombet. Al pisar tierra, el general Maceo asume la jefatura del pequeño contingente.

Abril 5. Abordan el Nordstrand provistos de pasaportes con nombres falsos, documentos que les facilitara el cónsul de Haití.

Abril 6. Desembarca junto con sus acompañantes en Cabo Haitiano después del mediodía.

Abril 9. Se trasladan de nuevo a la embarcación.

Abril 10. Parten de Cabo Haitiano a las dos de la tarde con destino a Inagua. Durante la travesía conocen que un buque de guerra inglés los busca, por lo que Löwe desvía su barco de la ruta habitual y en la madrugada se aproxima a la isla, sin ser advertido, con el fin de comprobar si aquella nave continúa el acoso.

Abril 11. Atracan en el puerto de Matheu Town, capital de Inagua, en horas de la madrugada [...] el Nordstrand leva anclas a las diez de la mañana y parte hacia Puerto Antonio, Jamaica, desviándose de la ruta con el doble objetivo de alejarse de un posible encuentro con el navío que los busca y esperar la protectora oscuridad de la noche. A las ocho se encuentra aproximadamente a una milla de la costa sur de Oriente. En medio de un torrencial aguacero bajan el bote y lo abordan. Reman desesperadamente; pierden el timón y tras muchos esfuerzos, después de las diez de la noche, llegan a La Playita, punto cercano a Cajobabo, municipio de Baracoa. Cada uno toma un arma y dos mil cápsulas, así como sus mochilas y demás equipos. Se internan en el monte y caminan hasta las afueras del poblado. Duermen en el suelo, cerca de un bohío.

Abril 12. En horas de la madrugada llaman a la puerta de la vivienda. Después de las vacilaciones iniciales, el general Gómez es reconocido y les dispensan una magnífica acogida. Habían llegado a la casa del cubano Gonzalo Leyva.

Abril 14. [Avanzan hasta el rancho de Miguel Aguirre, conocido por el apodo de *Tavera*, en Vega Batea, adonde poco después llega el comandante Ruenes con sus hombres. El Delegado y el General en Jefe hablan a la tropa. Allí pasan la noche.

Abril 15. Escribe su primera carta desde tierra insurrecta –la concluirá al día siguiente–, dirigida a Benjamín Guerra y Gonzalo de Quesada. Al caer la tarde, el general Gómez, Borrero, Guerra y Ruenes se reúnen en una cañada cercana. "A poco sube, llamándome Ángel Guerra, con el rostro feliz. Era que Gómez, como General en Jefe, había acordado, en consejo de Jefes, a la vez que reconocerme en la guerra como Delegado del Partido Revolucionario, nombrarme, en atención a mis servicios y a la opinión unánime que lo rodea, Mayor General del Ejército Libertador" (OC, 2001, 5:162).

Abril 18. Se despiden de Ruenes y el grueso de sus soldados [...] Acompañados por seis soldados de la guerrilla baracoesa [...] llegan a la pendiente de Palmarito, donde acampan en un claro que abren con sus machetes.

Abril 21. Caminan hasta la zona de San Antonio, jurisdicción de Guantánamo. Conocen la noticia de la muerte del general Flor Crombet, herido el día 10 en un encuentro con uno de los grupos enemigos que perseguían a los expedicionarios de la goleta Honor. Acampan a la orilla del río Sabanalamar, en Madre Vieja.

Abril 24. De sol a sol cubren el camino fatigoso, hasta llegar a las inmediaciones del antiguo ingenio Santa Cecilia, y acampan en la finca La Yuraguana, donde pasan la noche. En las anotaciones del día expresa: "Se siente el peligro. Desde el Palenque nos van siguiendo de cerca las huellas". (OC, 2001, 9:212).

Abril 25. Se adentra en la región de Guantánamo, en compañía del General y el pequeño grupo, y llegan a la zona de Arroyo Hondo, donde se escucha ruido de combate: José Maceo y sus hombres se baten con el enemigo que, derrotado, se retira. Poco después, los dirigentes revolucionarios son agasajados por el jefe oriental y sus victoriosos soldados. Les entregan caballos, de los que han carecido desde el desembarco. El general José le obsequia el corcel bayo claro, casi blanco, que utiliza durante el resto de sus días mambises. A las cinco de la tarde prosiguen la ruta hasta las doce de la noche, cuando descansan en las márgenes del río Jaibo. Cura heridos.

Abril 28. Arenga a la tropa formada, a la que también habla el general Gómez. Escribe circulares, cartas y notas. Prosigue las labores preparatorias de la Asamblea de Representantes que elegiría al gobierno, para la que convoca mediante circulares. **Mayo 2.** Temprano, emprenden la marcha, y solo se detienen a descansar en el cafetal Kentucky. Ya entrada la noche llegan a la finca Leonor, donde se les une George Eugene Bryson, corresponsal del periódico The New York Herald, con quien se entrevista hasta las tres de la madrugada. Luego comienza a redactar la carta-manifiesto para el diario estadounidense.

Mayo 4. Contesta una comunicación del general Antonio Maceo, quien los cita para Bucuey.

Mayo 5. Avanzan por el camino de Zamora para reunirse con Maceo, pero este les sale al encuentro y, con el pretexto de estar en operaciones, no los conduce al campamento donde se hallan sus fuerzas, unos dos mil hombres, sino al demolido ingenio La Mejorana, donde se reúnen [...] Alrededor de las cuatro de la tarde, el jefe oriental se separa de Gómez y Martí, quienes quedan sólo con una pequeña escolta mal armada. Se desplazan hasta un rancho fangoso, ubicado en la zona conocida como Banabacoa, donde pasan la noche.

Mayo 6. Continúan la marcha a primera hora. Se encuentran con una avanzada de las fuerzas de Maceo, que los invita a entrar al campamento, donde son recibidos con gran entusiasmo por la tropa. El general Antonio se disculpa, y sostienen una cordial entrevista. Dos horas después continúan la ruta hasta Jagua, donde pernoctan.

Mayo 12. Parten hacia la Jatía. Por la mañana hacen un alto en la casa de Rosalío Pacheco. Atraviesan la zona denominada Boca de los Dos Ríos, cruzan el Contramaestre y pasan por la finca La Vuelta Grande. De La Jatía sale una comisión para averiguar el paradero de Masó, a quien envía una misiva. Escribe a varios patriotas de Camagüey. Suscribe junto con Gómez una circular dirigida a los jefes y oficiales de la comarca de Jiguaní, en la cual ordenan prohibir el paso de alimentos para el enemigo.

Mayo 13. Retroceden hacia la zona de Dos Ríos. Después de pasar por los potreros recorridos el día anterior, acampan en los ranchos abandonados de José Rafael Pacheco. Esperan al general Masó, quien ya ha sido localizado.

Mayo 15. Escribe a Masó, lo que también hace Gómez, y le reitera la urgencia de verlo antes de proseguir hacia Camagüey. - - Son repartidos en el campamento los objetos y víveres de un convoy recién capturado.

Mayo 17. Se queda al frente del campamento con unos doce hombres, pues Gómez parte a hostilizar un convoy enemigo. Trabaja con los escribientes, quienes hacen copias de la circular titulada *Instrucciones a los Jefes y Oficiales*.

Mayo 18. Comienza la carta conocida como su testamento político, dirigida a Manuel Mercado.

Mayo 19. Notifica al General en Jefe que la noche anterior había llegado Masó [...] Gómez se les une poco después de las doce del día y en medio de gran entusiasmo los tres jefes arengan a la tropa.

Mientras, el coronel José Ximénez de Sandoval, al mando de una columna de más de seiscientos hombres, recibe informes sobre la presencia de fuerzas cubanas en la zona de Dos Ríos, hacia donde se encamina, confiado en la superioridad numérica y de armamento a su disposición. Después del paso de Limones, la extrema vanguardia detiene al campesino Carlos Chacón, quien se acobarda y traiciona a los mambises: declara que recibió dinero para adquirir artículos y comestibles, y además sirve de guía. La tropa española avanza hasta Las Bijas, en el centro de los potreros de Boca de los Dos Ríos, donde se despliega estratégicamente y ocupa los posibles pasos de acceso y los flancos.

Una patrulla mambisa detecta al enemigo y avisa al campamento de Vuelta Grande. Gómez ordena montar y dice a Masó que lo siga con su gente [...] Gómez ordena a *Paquito* Borrero cargar por el flanco derecho, mientras él lo hace por el izquierdo, pero las descargas cerradas de la fusilería española impiden el avance del General en Jefe, quien intenta reorganizar sus hombres para volver a la carga. El combate se desarrolla por más de treinta minutos, pero se evidencia la falta de unidad y plan, por lo que el experimentado veterano ordena la retirada.

Antes de emprender la acción, el General había ordenado a Martí que permaneciera a la zaga; no obstante, este continúa la marcha al lado de Masó y dos de sus ayudantes, los hermanos Dominador y Ángel de la Guardia. Junto con este último, el Maestro realiza un movimiento que los aproxima a una escuadra española oculta por la alta hierba. Revólveres en manos, ambos patriotas avanzan, sin percatarse del peligro, hacia los emboscados, que disparan cuando los tienen cerca. El Delegado cae de su caballo, herido por tres disparos que ponen fin a su vida.

Mayo 23. Al final de la tarde se procede a exhumar el cadáver [...].

Mayo 25. El féretro es colocado sobre andas, entre dos mulos, para ser transportado hacia Palma Soriano [...].

Mayo 26. La columna española avanza hacia San Luis. Ante la presencia de caballería mambisa en El Paraíso, Michelena pide apoyo, y recibido este logra enfrentar a la tropa de Quintín Bandera [...] Al llegar al poblado, el féretro es situado en el patio del cuartel. Posteriormente llevan el sarcófago hasta la estación del ferrocarril y lo colocan bajo un árbol, donde permanece en espera del tren de pasajeros [...] para transportarlo hasta la capital provincial, ciudad a la que llegan alrededor de las seis de la tarde [...] En la necrópolis se establece una fuerte vigilancia, en previsión de un intento de rescate por parte de los patriotas santiagueros. El pueblo permanece silenciosamente estremecido por la pérdida irreparable del máximo dirigente del Partido Revolucionario Cubano.

Mayo 27. Se procede a dar sepultura al organizador y guía de la nueva guerra en el cementerio de Santa Ifigenia [...] El cuerpo sin vida es situado en el nicho número 134 de la galería sur de la necrópolis de Santiago de Cuba.

CON TODOS Y PARA EL BIEN DE TODOS.

Este discurso lo pronunció José Martí en el Liceo Cubano de Tampa el 26 de noviembre de 1891. En él expresó: "Yo quiero que la ley primera de nuestra república sea el culto de los cubanos a la dignidad plena del hombre" (OC, 2001, 4:267).

Cubanos: Para Cuba que sufre, la primera palabra. De altar se ha de tomar a Cuba, para ofrendarle nuestra vida, y no de pedestal, para levantarnos sobre ella. Y ahora, después de evocado su amadísimo nombre, derramaré la ternura de mi alma sobre estas manos generosas que ¡no a deshora por cierto! acuden a dármele fuerzas para la agonía de la edificación; ahora, puestos los ojos más arriba de nuestras cabezas y el corazón entero sacado de mí mismo, no daré gracias egoístas a los que creen ver en mí las virtudes que de mí y de cada cubano desean; ni al cordial Carbonell, ni al bravo Rivero, daré gracias por la hospitalidad magnífica de sus palabras, y el fuego de su cariño generoso; sino que todas las gracias de mi alma les daré, y en ellos a cuantos tienen aquí las manos puestas a la faena de fundar; por este pueblo de amor que han levantado cara a cara del dueño codicioso que nos acecha y nos divide; por este pueblo de virtud, en donde se prueba la fuerza libre de nuestra patria trabajadora; por este pueblo culto, con la mesa de pensar al lado de la de ganar el pan, y truenos de Mirabeau junto a artes de Roland, que es respuesta de sobra a los desdeñosos de este mundo; por este templo orlado de héroes, y alzado sobre corazones. Yo abrazo a todos los que saben amar. Yo traigo la estrella, y traigo la paloma, en mi corazón.

No nos reúne aquí, de puro esfuerzo y como a regañadientes, el respeto periódico a una idea de que no se puede abjurar sin deshonor; ni la respuesta siempre pronta, y a veces demasiado pronta, de los corazones patrios a un solicitante de fama, o a un alocado de poder, o a un héroe que no corona el ansia inoportuna de morir con el heroísmo superior de reprimirla, o a un menesteroso que bajo la capa de la patria anda sacando la mano limosnera. Ni el que viene se afeará jamás con la lisonja, ni es este noble pueblo

que lo reciba pueblo de gente servil y llevadiza. Se me hincha el
pecho de orgullo, y amo aún más a mi patria desde ahora, y creo
aún más desde ahora en su porvenir ordenado y sereno, en el porvenir, redimido del peligro grave de seguir a ciegas, en nombre de
la libertad, a los que se valen del anhelo de ella para desviarla en
beneficio propio; creo aún más en la república de ojos abiertos, ni
insensata ni tímida, ni togada ni descuellada, ni sobreculta ni inculta, desde que veo, por los avisos sagrados del corazón, juntos en
esta noche de fuerza y pensamiento, juntos para ahora y para después, juntas para mientras impere el patriotismo, a los cubanos
que ponen su opinión franca y libre por sobre todas las cosas, —y
a un cubano que se las respeta.

Porque si en las cosas de mi patria me fuera dado preferir un bien
a todos los demás, un bien fundamental que de todos los del país
fuera base y principio, y sin el que los demás bienes serían falaces
e inseguros, ese sería el bien que yo prefiriera: yo quiero que la ley
primera de nuestra república sea el culto de los cubanos a la dignidad plena del hombre. En la mejilla ha de sentir todo hombre
verdadero el golpe que reciba cualquier mejilla de hombre: envi-
lece a los pueblos desde la cuna el hábito de recurrir a camarillas
personales, fomentadas por un interés notorio o encubierto, para
la defensa de las libertades: sáquese a lucir, y a incendiar las almas, y a vibrar como el rayo, a la verdad, y sígala, libres, los
hombres honrados. Levántese por sobre todas las cosas esta tierna
consideración, este viril tributo de cada cubano a otro. Ni miste-
rios, ni calumnias, ni tesón en desacreditar, ni largas y astutas
preparaciones para el día funesto de la ambición. O la república
tiene por base el carácter entero de cada uno de sus hijos, el hábito
de trabajar con sus manos y pensar por sí propio, el ejercicio íntegro de sí y el respeto, como de honor de familia, al ejercicio íntegro
de los demás; la pasión, en fin, por el decoro del hombre, —o la
república no vale una lágrima de nuestras mujeres ni una sola
gota de sangre de nuestros bravos. Para verdades trabajamos, y
no para sueños. Para libertar a los cubanos trabajamos, y no para
acorralarlos. ¡Para ajustar en la paz y en la equidad los intereses
y derechos de los habitantes leales de Cuba trabajamos, y no para
erigir, a la boca del continente, de la república, la mayordomía espantada de Veintimilla, o la hacienda sangrienta de Rosas, o el
Paraguay lúgubre de Francia! ¡Mejor caer bajo los excesos del carácter imperfecto de nuestros compatriotas, que valerse del crédito

adquirido con las armas de la guerra o las de la palabra que reba-
jarles el carácter! Este es mi único titulo a estos cariños, que han
venido a tiempo a robustecer mis manos incansables en el servicio
de la verdadera libertad. ¡Muérdanmelas los mismos a quienes an-
helase yo levantar más, y ¡no miento! amaré la mordida, porque
me viene de la furia de mi propia tierra, y porque por ella veré
bravo y rebelde a un corazón cubano! ¡Unámonos, ante todo en
esta fe; juntemos las manos, en prenda de esa decisión, donde todos las vean, y donde no se olvida sin castigo; cerrémosle el paso a
la república que no venga preparada por medios dignos del decoro
del hombre, para el bien y la prosperidad de todos los cubanos!

¡De todos los cubanos! ¡Yo no se qué misterio de ternura tiene
esta dulcísima palabra, ni qué sabor tan puro sobre el de la palabra misma de hombre, que es ya tan bella, qué si se la pronuncia
como se debe, parece que es el aire como nimbo de oro, y es trono
o cumbre de monte la naturaleza! ¡Se dice cubano, y una dulzura
como de suave hermandad se esparce por nuestras entrañas, y se
abre sola la caja de nuestros ahorros, y nos apretamos para hacer
un puesto más en la mesa, y echa las alas el corazón enamorado
para amparar al que nació en la misma tierra que nosotros, aunque el pecado lo trastorne, o la ignorancia lo extravíe, o la ira lo
enfurezca, o lo ensangriente el crimen! ¡Como que unos brazos di-
vinos que no vemos nos aprietan a todos sobre un pecho en que
todavía corre la sangre y se oye todavía sollozar el corazón! Créese
allá en nuestra patria, para darnos luego trabajo de piedad, créese,
donde el dueño corrompido pudre cuanto mira, un alma cubana
nueva, erizada y hostil, un alma hosca, distinta de aquélla alma
casera y magnánima de nuestros padres o hija natural de la miseria que ve triunfar al vicio impune, y de la cultura inútil, que sólo
halla empleo en la contemplación sorda de si misma! ¡Acá, donde
vigilamos por los ausentes, donde reponemos la casa que allá se
nos cae encima, donde creamos lo que ha de reemplazar a lo que
allí se nos destruye, acá no hay palabra que se asemeje más a la
luz del amanecer, ni consuelo que se entre con más dicha por nuestro corazón que esta palabra inefable y ardiente de cubano!

¡Porque eso es esta ciudad; eso es la emigración cubana entera;
eso es lo que venimos haciendo en estos años de trabajo sin ahorro,
de familia sin gusto, de vida sin sabor, de muerte disimulada! ¡A
la patria que allí se cae a pedazos y se ha quedado ciega de la po-

dre, hay que llevar la patria piadosa y previsora que aquí se levanta! ¡A lo que queda de patria allí, mordido de todas partes por la gangrena que empieza a roer el corazón, hay que juntar la patria amiga donde hemos ido, acá en la soledad, acomodando el alma, con las manos firmes que pide el buen cariño, a las realidades todas, de afuera y de adentro, tan bien veladas allí en unos por la desesperación y en otros por el goce babilónico, que con ser grandes certezas y grandes esperanzas y grandes peligros, son, aun para los expertos, poco menos que desconocidos! ¿Pues qué saben allá de esta noche gloriosa de resurrección, de la fe determinada y metódica de nuestros espíritus, del acercamiento continuo y creciente de los cubanos de afuera, que los errores de los diez años y las veleidades naturales de Cuba, y otras causas maléficas no han logrado por fin dividir, sino allegar tan íntima y cariñosamente, que no se ve sino un águila que sube, y un sol que va naciendo, y un ejército que avanza?

¿Qué saben allá de estos tratos sutiles, que nadie prepara ni puede detener, entre el país desesperado y los emigrados que esperan? ¿Qué saben de este carácter nuestro fortalecido, de tierra en tierra, por la prueba cruenta y el ejercicio diario? ¿Qué saben del pueblo liberal, y fiero, y trabajador, que vamos a llevarles? ¿Qué sabe el que agoniza en la noche, del que le espera con los brazos abiertos en la Aurora? Cargar barcos puede cualquier cargador; y poner mecha al cañón cualquier artillero puede; pero no ha sido esa tarea menor, y de mero resultado y oportunidad, la tarea única de nuestro deber, sino la de evitar las consecuencias dañinas, y acelerar las felices, de la guerra próxima, e inevitable, —e irla limpiando, como cabe en lo humano, del desamor y del descuido y de los celos que la pudiesen poner donde sin necesidad ni excusa nos pusieron la anterior, y disciplinar nuestras almas libres en el conocimiento y orden de los elementos reales de nuestro país, y en el trabajo que es el aire y el sol de la libertad, para que quepan en ella sin peligro, junto a las fuerzas creadoras de una situación nueva, aquellos residuos inevitables de las crisis revueltas que son necesarias para constituirlas. Y las manos nos dolerán más de una vez en la faena sublime, pero los muertos están mandando, y aconsejando, y vigilando, y los vivos los oyen, y los obedecen, y se oye en el viento ruido de ayudantes que pasan llevando órdenes, y de pabellones que se despliegan! ¡Unámonos, cubanos, en esta otra fe: con todos, y para todos: la guerra inevitable, de modo que la respete y la desee y la ayude la patria, y no nos la mate, en flor, por local o por personal o por incompleta, el enemigo: la revolución de justicia y de realidad, para el reconocimiento y la práctica franca de las libertades verdaderas.

¡Ni los bravos de la guerra que me oyen tienen paces con estos análisis menudos, de las cosas públicas, porque al entusiasta le parece crimen la tardanza misma de la sensatez en poner por obra el entusiasmo; ni nuestra mujer, que aquí oye atenta, sueña más que en volver a pisar la tierra propia, donde no ha de vivir su compañero, agrio como aquí vive y taciturno; ni el niño, hermano o hijo de mártires y de héroes, nutrido en sus leyendas, piensa en más que en lo hermoso de morir a caballo, peleando por el país, al pie de una palma!

¡Es el sueño mío, es el sueño de todos; las palmas son novias que esperan: y hemos de poner la justicia tan alta como las palmas! Eso es lo que queríamos decir. A la guerra del arranque, que cayó en el desorden, ha de suceder, por insistencia de los males públicos, la guerra de la necesidad, que vendría floja y sin probabilidad de vencer, si no le diese su pujanza aquel amor inteligente y fuerte del derecho por donde las almas más ansiosas de él recogen de la sepultura el pabellón que dejaron caer, cansados del primer esfuerzo, los menos necesitados de justicia. Su derecho de hombres es lo que buscan los cubanos en su independencia; y la independencia se ha de buscar con alma entera de hombre. ¡Que Cuba, desolada, vuelve a nosotros los ojos! ¡Que los niños ensayan en los troncos de los caminos la fuerza de sus brazos nuevos! ¡Que las guerras estallan, cuando hay causas para ella, de la impaciencia de un valiente o de un grano de maíz! ¡Que el alma cubana se está poniendo en fila, y se ven ya, como al alba, las masas confusas! ¡Que el enemigo, menos sorprendido hoy, menos interesado, no tiene en la tierra los caudales que hubo de defender la vez pasada, ni hemos de entretenernos tanto como entonces en dimes y diretes de localidad, ni en competencias de mando, ni en envidias de pueblo, ni en esperanzas locas! ¡Que afuera tenemos el amor en el corazón, los ojos en la costa, la mano en la América, y el arma al cinto! ¿Pues quién no lee en el aire todo eso con letras de luz? Y con letras de luz se ha de leer que no buscamos, en este nuevo sacrificio, meras formas, ni la perpetuación del alma colonial en nuestra vida, con novedades de uniforme yanqui, sino la esencia y realidad de un país republicano nuestro, sin miedo canijo de unos a la expresión saludable de todas las ideas y el empleo honrado de todas las energías, —ni de parte de otros aquel robo al hombre que consiste en pretender imperar en nombre de la libertad por violencias en que se prescinde del derecho de los demás a las garantías y los métodos de ella. Por supuesto que se nos echarán atrás los petimetres de la política, que olvidan cómo es necesario contar con lo que no se puede suprimir, —y que se pondrá a refunfuñar el patriotismo de polvos de arroz, so pretexto de que los pueblos, en el sudor de la creación, no dan siempre olor de clavellina. ¿Y qué le hemos de hacer? ¡Sin los gusanos que fabrican la tierra no podrían hacerse palacios suntuosos!

En la verdad hay que entrar con la camisa al codo, como entra en la res el carnicero. Todo lo verdadero es santo, aunque no huela a clavellina. ¡Todo tiene la entraña fea y sangrienta; es fango en las artesas el oro en que el artista talla luego sus joyas maravillosas; de lo fétido de la vida saca almíbar la fruta y colores la flor; nace el hombre del dolor y la tiniebla del seno maternal, y del alarido y el desgarramiento sublime; y las fuerzas magníficas y corrientes de fuego que en el horno del sol se precipitan y confunden, no parecen de lejos a los ojos humanos sino manchas! ¡Paso a los que no tienen miedo a la luz: caridad, para los que tiemblan de sus rayos! Ni vería yo esa bandera con cariño, hecho como estoy a saber que lo más santo se toma como instrumento del interés por los triunfadores audaces de este mundo, si no creyera que en sus pliegues ha de venir la libertad entera, cuando el reconocimiento cordial del decoro de cada cubano, y de los modos equitativos de ajustar los conflictos de sus intereses, quite razón a aquellos consejeros de métodos confusos que sólo tienen de terribles lo que tiene de terca la pasión que se niega a reconocer cuanto hay en sus demandas de equitativo y justiciero. ¡Clávese la lengua del adulador popular, y cuélguese al viento como banderola de ignominia, donde sea castigo de los que adelantan sus ambiciones azuzando en vano la pena de los que padecen, u ocultándoles verdades esenciales de su problema, o levantándoles la ira: —y al lado de la lengua de los aduladores, clávese la de los que se niegan a la justicia!

La lengua del adulador se clave donde todos la vean, —y la de los que toman por pretexto las exageraciones a que tiene derecho la ignorancia, y que no puede acusar quien no ponga todos los medios de hacer cesar la ignorancia, para negarse a acatar lo que hay de dolor de hombre y de agonía sagrada en las exageraciones que es más cómodo excomulgar, de toga y birrete, que estudiar, lloroso el corazón, con el dolor humano hasta los codos! En el presidio de la vida es necesario poner, para que aprendan justicia, a los jueces de la vida. El que juzgue de todo, que lo conozca todo. No juzgue de prisa el de arriba, ni por un lado: no juzgue el de abajo por un lado ni de prisa. No censure el celoso el bienestar que envidia en secreto. ¡No desconozca el pudiente el poema conmovedor, y el sacrificio cruento, del que se tiene que cavar el pan que come; de su sufrida compañera, coronada de corona que el injusto no ve; de los hijos que no tienen lo que tienen los hijos de los otros por el mundo! ¡Valiera más que no se desplegara esa bandera de su mástil, si no hubiera de amparar por igual a todas las cabezas!

Muy mal conoce nuestra patria, la conoce muy mal, quien no sepa que hay en ella, como alma de lo presente y garantía de lo futuro, una enérgica suma de aquella libertad original que cría el hombre en sí, del jugo de la tierra y de las penas que ve, y de su idea propia y de su naturaleza altiva. Con esta libertad real y pujante, que sólo puede pecar por la falta de la cultura que es fácil poner en ella, han de contar más los políticos de carne y hueso que con esa libertad de aficionados que aprenden en los catecismos de Francia o de Inglaterra, los políticos de papel. Hombres somos y no vamos a querer gobiernos de tijeras y figurines sino trabajo de nuestras cabezas, sacado del molde de nuestro país. Muy mal conoce a nuestro pueblo quien no observe en él como a la par de este ímpetu nativo que lo levanta para la guerra y no lo dejará dormir en la paz, se ha criado con la experiencia y el estudio, y cierta ciencia clara que da nuestra tierra hermosa, un cúmulo de fuerzas de orden, humanas y cultas, —una falange de inteligencias plenas, fecundadas por el amor al hombre, sin el cual la inteligencia no es más que azote y crimen, — una concordia tan íntima, venida del dolor común, entre los cubanos de derecho natural, sin historia y sin libros, y los cubanos que han puesto en el estudio la pasión que no podían poner en la elaboración de la patria nueva, —una hermandad tan ferviente entre los esclavos ínfimos de la vida y los esclavos de una tiranía aniquiladora, — que por este amor unánime y abrasante de justicia de los de un oficio y los de otro; por este ardor de humanidad igualmente sincero en los que llevan el cuello alto, porque tienen alta la nuca natural, y los que lo llevan bajo, porque la moda manda lucir el cuello hermoso; por esta patria vehemente en que se reúnen con iguales sueños, y con igual honradez, aquellos a quienes pudiese divorciar el diverso estado de cultura —sujetará nuestra Cuba, libre en la armonía de la equidad, la mano de la colonia que no dejará a su hora de venírsenos encima, disfrazada con el guante de la república. ¡Y cuidado, cubanos, que hay guantes tan bien imitados que no se diferencian de la mano natural! A todo el que venga a pedir poder, cubanos, hay que decirle a la luz, donde se vea la mano bien: ¿mano o guante?— Pero no hay que temer en verdad, ni hay que regañar. Eso mismo que hemos de combatir, eso mismo nos es necesario. Tan necesario es a los pueblos lo que sujeta como lo que empuja: tan necesario es en la casa de familia el padre, siempre activo, como la madre, siempre temerosa. Hay política hombre y política mujer. ¿Locomotora con caldera que la haga andar, y sin freno que la detenga a tiempo? Es preciso, en cosas de pueblos, llevar el freno en una mano, y la caldera en la otra. Y por ahí padecen los pueblos: por el exceso de freno, y por el exceso de caldera.

¿A qué es, pues, a lo que habremos de temer? ¿Al decaimiento de nuestro entusiasmo, a lo ilusorio de nuestra fe, al poco número de los infatigables, al desorden de nuestras esperanzas? Pues miro yo a esta sala, y siento firme y estable la tierra bajo mis pies, y digo: "Mienten". Y miro a mi corazón, que no es más que un corazón cubano, y digo: —"Mienten".

¿Tendremos miedo a los hábitos de autoridad contraídos en la guerra, y en cierto modo ungidos por el desdén diario de la muerte? Pues no conozco yo lo que tiene de brava el alma cubana, y de sagaz y experimentado el juicio de Cuba, y lo que habrían de contar las autoridades viejas con las autoridades vírgenes, y aquel admirable concierto de pensamiento republicano y la acción heroica que honra, sin excepciones apenas, a los cubanos que cargaron armas; o, como que conozco todo eso, al que diga que de nuestros veteranos hay que esperar ese amor criminal de sí, ese postergamiento de la patria a su interés, esa traición inicua a su país, le digo: —"¡Mienten!"

¿O nos ha de echar atrás el miedo a las tribulaciones de la guerra, azuzado por gente impura que está a paga del gobierno español, el miedo a andar descalzo, que es un modo de andar ya muy común en Cuba, porque entre los ladrones y los que los ayudan, ya no tienen en Cuba zapatos sino los cómplices y los ladrones? ¡Pues como yo sé que el mismo que escribe un libro para atizar el miedo a la guerra, dijo en versos, muy buenos por cierto, que la jutía basta a todas las necesidades del campo en Cuba, y sé que Cuba está otra vez llena de jutías, me vuelvo a los que nos quieren asustar con el sacrificio mismo que apetecemos, y les digo: —Mienten".

¿Al que más ha sufrido en Cuba por la privación de la libertad le tendremos miedo, en el país donde la sangre que derramó por ella se la hecho amar demasiado para amenazarla? ¿Le tendremos miedo al negro, al negro generoso, al hermano negro, que en los cubanos que murieron por él ha perdonado para siempre a los cubanos que todavía lo maltratan? Pues yo sé de manos de negro que están más dentro de la virtud que las de blanco alguno que conozco: yo sé del amor negro a la libertad sensata, que sólo en la intensidad mayor y natural y útil se diferencia del amor a la libertad del cubano blanco: yo sé que el negro ha erguido el cuerpo noble, y está poniéndose de columna firme de las libertades patrias. Otros le teman: yo lo amo: a quien diga mal de él, me lo desconozca, le digo a boca llena: —"Mienten".

¿Al español en Cuba habremos de temer? ¿Al español armado, que no nos pudo vencer por su valor, sino por nuestras envidias, nada más que por nuestras envidias? ¿Al español que tiene en el Sardinero o en la Rambla su caudal y se irá con su caudal, que es su única patria; o al que lo tiene en Cuba, por apego a la tierra o por la raíz de los hijos, y por miedo al castigo opondrá poca resistencia, y por sus hijos? ¿Al español llano, que ama la libertad como la amamos nosotros, y busca con nosotros una patria en la justicia, superior al apego a una patria incapaz e injusta, al español que padece, junto a su mujer cubana, del desamparo irremediable y el mísero porvenir de los hijos que le nacieron con el estigma de hambre y persecución, con el decreto de destierro en su propio país, con la sentencia de muerte en vida con que vienen al mundo los cubanos? ¿Temer al español liberal y bueno, a mi padre valenciano, a mi fiador montañés, al gaditano que me velaba el sueño febril, al catalán que juraba y votaba porque no quería el criollo huir con sus vestidos, al malagueño que saca en sus espaldas del hospital al cubano impotente, al gallego que muere en la nieve extranjera, al volver de dejar el pan del mes en la casa del general en jefe de la guerra cubana? ¡Por la libertad del hombre se pelea en Cuba, y hay muchos españoles que aman la libertad! ¡A estos españoles los atacarán otros: yo los amparé toda mi vida! A los que no saben que esos españoles son otros tantos cubanos, les decimos: —"¡Mienten!"

¿Y temeremos a la nieve extranjera? Los que no saben bregar con sus manos en la vida, o miden el corazón de los demás por su corazón espantadizo, o creen que los pueblos son meros tableros de ajedrez, o están tan criados en la esclavitud que necesitan quien les sujete el estribo para salir de ella, esos buscarán en un pueblo de componentes extraños y hostiles la república que sólo asegura el bienestar cuando se le administra en acuerdo con el carácter propio, y de modo que se acendre y realce. A quien crea que falta a los cubanos coraje y capacidad para vivir por sí en la tierra creada por su valor, le decimos: —"Mienten".

Y a los lindoros que desdeñan hoy esta revolución santa cuyos guías y mártires primeros fueron hombres nacidos en el mármol y seda de la fortuna, esta santa revolución que en el espacio más breve hermanó, por la virtud redentora de las guerras justas, al primogénito heroico y al campesino sin heredad, al dueño de hombres y a sus esclavos; a los olimpos de pisapapel, que bajan de la trípode calumniosa para preguntar aterrados, y ya con ánimos de sumisión, si ha puesto el pie en tierra este peleador o el otro, a fin de poner en paz el alma con quien puede mañana distribuir el poder; a los alzacolas que fomentan, a sabiendas, el engaño de los que creen que este magnífico movimiento de almas, esta idea encendida de la redención decorosa, este deseo triste y firme de la guerra inevitable, no es más que el tesón de un rezagado indómito, o la correría de un general sin empleo, o la algazara de los que no gozan de una riqueza que sólo se puede mantener por la complicidad con el deshonor o la amenaza de una turba obrera, con odio por corazón y papeluchos por sesos, que irá, como del cabestro, por donde la quiera llevar el primer ambicioso que la adule, o el primer déspota encubierto que le pase por los ojos la bandera, —a lindoros, o a olimpos, y a alzacolas, —les diremos: — "Mienten". ¡Esta es la turba obrera, el arca de nuestra alianza, el tahalí, bordado de mano de mujer, donde se ha guardado la espada de Cuba, el arenal redentor donde se edifica, y se perdona, y se prevé y se ama! ¡Basta, basta de meras palabras! Para lisonjearnos no estamos aquí, sino para palparnos los corazones, y ver que viven sanos, y que pueden; para irnos enseñando a los desesperanzados, a los desbandados, a los melancólicos, en nuestra fuerza de idea y de acción, en la virtud probada que asegura la dicha por venir, en nuestro tamaño real, que no es de presuntuoso, ni de teorizante,

ni de salmodista, ni de melómano, ni de cazanubes, ni de pordio-
sero. Ya somos uno, y podemos ir al fin: conocemos el mal, y vere-
mos de no recaer; a puro amor y paciencia hemos congregado lo
que quedó disperso, y convertido en orden entusiasta lo que era,
después de la catástrofe, desconcierto receloso; hemos procurado
la buena fe, y creemos haber logrado suprimir o reprimir los vicios
que causaron nuestra derrota, y allegar con modos sinceros y para
fin durable, los elementos conocidos o esbozados, con cuya unión
se puede llevar la guerra inminente al triunfo. ¡Ahora, a formar
filas! ¡Con esperar, allá en lo hondo del alma, no se fundan pueblos! Delante de mí vuelvo a ver los pabellones, dando órdenes; y
me parece que el mar que de allá viene, cargado de esperanza y de
dolor, rompe la valla de la tierra ajena en que vivimos, y revienta
contra esas puertas sus olas alborotadas... ¡Allá está, sofocada en
los brazos que nos la estrujan y corrompen! ¡Allá está, herida en
la frente, herida en el corazón, presidiendo, atada a la silla de tor-
tura, el banquete donde las bocamangas de galón de oro ponen el
vino del veneno en los labios de los hijos que se han olvidado de
sus padres! ¡Y el padre murió cara a cara al alférez, y el hijo va, de
brazo con el alférez, a pudrirse a la orgía! ¡Basta de meras palabras! De las entrañas desgarradas levantemos un amor inextinguible por la patria sin la que ningún hombre vive feliz, ni el bueno
ni el malo. Allí está, de allí nos llama, se la oye gemir, nos la violan
y nos la befan y nos la gangrenan a nuestros ojos, nos corrompen
y nos despedazan a la madre de nuestro corazón! ¡Pues alcémonos
de una vez, de una arremetida última de los corazones, alcémonos
de manera que no corra peligro la libertad en el triunfo, por el desorden o por la torpeza o por la impaciencia en prepararla; alcémonos, para la república verdadera, los que por nuestra pasión por el
derecho y por nuestro hábito del trabajo sabremos mantenerla; alcémonos para darles tumba a los héroes cuyo espíritu vaga por el
mundo avergonzado y solitario; alcémonos para que algún día ten-
gan tumba nuestros hijos! Y pongamos alrededor de la estrella, en
la bandera nueva, esta fórmula del amor triunfante: "Con todos, y
para el bien de todos".

NUESTRA AMÉRICA [284]

Cree el aldeano vanidoso que el mundo entero es su aldea, y con tal él quede de alcalde, o le mortifique al rival que le quitó la novia, o le crezcan en la alcancía los ahorros, ya da por bueno el orden universal, sin saber de los gigantes que llevan siete leguas en las botas y le pueden poner la bota encima, ni de la pelea de los cometas en el Cielo, que van por el aire dormidos engullendo mundos.

Lo que quede de aldea en América ha de despertar. Estos tiempos no son para acostarse con el pañuelo a la cabera, sino con las armas de almohada, como los varones de Juan de Castellanos: las armas del juicio, que vencen a las otras.

Trincheras de ideas valen más que trincheras de piedra.

No hay proa que taje una nube de ideas. Una idea enérgica, flameada a tiempo ante el mundo para, como la bandera mística del juicio final, a un escuadrón de acorazados. Los pueblos que no se conocen han de darse prisa para conocerse, como quienes van a pelear juntos. Los que se enseñan los puños, como hermanos celosos, que quieren los dos la misma tierra, o el de casa chica, que le tiene envidia al de casa mejor, han de encajar, de modo que sean una, las dos manos.

Los que, al amparo de una tradición criminal, cercenaron, con el sable tinto en la sangre de sus mismas venas, la tierra del hermano vencido, del hermano castigado más allá de sus culpas, si no quieren que les llame el pueblo ladrones, devuélvanle sus tierras al hermano. Las deudas del honor no las cobra el honrado en dinero, a tanto por la bofetada.

Ya no podemos ser el pueblo de hojas, que vive en el aire, con la copa cargada de flor, restallando o zumbando, según la acaricie el capricho de la luz, o la tundan y talen las tempestades; ¡los árboles se han de poner en fila, para que no pase el gigante de las siete leguas! Es la hora del recuento, y de la marcha unida, y hemos de andar en cuadro apretado, como la plata en las raices de los Andes.

---

284 OC, 2001, 6:15.

A los sietemesinos sólo les faltará el valor. Los que no tienen fe en su tierra son hombres de siete meses. Porque les falta el valor a ellos, se lo niegan a los demás. No les alcanza al árbol difícil el brazo canijo, el brazo de uñas pintadas y pulsera, el brazo de Madrid o de París, y dicen que no se puede alcanzar el árbol. Hay que cargar los barcos de esos insectos dañínos, que le roen el hueso a la patria que los nutre.

Si son parisienses o madrileños, vayan al Prado, de faroles, o vayan a Tortoni de sorbetes. ¡Estos hijos de carpintero, que se avergüenzan de que su padre sea carpintero! ¡Estos nacidos en América, que se avergüenzan porque llevan delantal indio, de la madre que los crió, y reniegan, ¡bribones!, de la madre enferma, y la dejan sola en el lecho de las enfermedades!

Pues, ¿quién es el hombre? el que se queda con la madre, a curarle la enfermedad, o el que la pone a trabajar donde no la vean y vive de su sustento en las tierras podridas, con el gusano de corbata maldiciendo del seno que lo cargó, paseando el letrero de traidor en la espalda de la casaca de papel?

¡Estos hijos de nuestra América, que ha de salvarse con sus indios, y va de menos a más; estos desertores que piden fusil en los ejércitos de la América del Norte, que ahoga en sangre a sus indios y va de más a menos! ¡Estos delicados, que son hombres y no quieren hacer el trabajo de hombres!

Pues el Washington que les hizo esta tierra ¿se fue a vivir con los ingleses, a vivir con los ingleses en los años en que los veía venir contra su tierra propia? ¡Estos "increíbles" del honor que lo arrastran por el suelo extranjero, como los increíbles de la Revolución francesa, danzando y relamiéndose, arrastraban las erres!

Ni ¿en qué patria puede tener un hombre más orgullo que en nuestras repúblicas dolorosas de América, levantadas entre las masas mudas de indios, al ruido de pelea del libro con el cirial, sobre los brazos sangrientos de un centenar de apóstoles? De factores tan descompuestos, jamás, en menos tiempo histórico, se han creado naciones tan adelantadas y compactas.

Cree el soberbio que la tierra fue hecha para servirle de pedestal, porque tiene la pluma fácil o la palabra de colores, y acusa de incapaz e irremediable a su república nativa, porque no le dan sus selvas nuevas modo continuo de ir por el mundo de gamonal famoso, guiando jacas de Persia y derramando champaña.

La incapacidad no está en el país naciente, que pide formas que se le acomoden y grandeza útil, sino en los que quieren regir pueblos originales, de composición singular y violenta, con leyes heredadas de cuatro siglos de práctica libre en los Estados Unidos, de diecinueve siglos de monarquía en Francia. Con un decreto de Hamilton no se le para la pechada al potro del llanero. Con una frase de Siryés no se desestanca la sangre cuajada de la raza india.

A lo que es, allí donde se gobierna, hay que atender para gobernar bien; y el buen gobernante en América no es el que sabe cómo se gobierna el alemán o el francés, sino el que sabe con qué elementos está hecho su país, y cómo puede ir guiándolos en junto, para llegar, por métodos e instituciones nacidas del pais mismo, a aquel estado apetecible donde cada hombre se conoce y ejerce, y disfrutan todos de la abundancia que la Naturaleza puso para todos en el pueblo que fecundan con su trabajo y defienden con sus vidas.

El gobierno ha de nacer del país. El espíritu del gobierno ha de ser el del país. La forma del gobierno ha de avenirse a la constitución propia del país. El gobierno no es más que el equilibrio de los elementos naturales del país.

Por eso el libro importado ha sido vencido en América por el hombre natural. Los hombres naturales han vencido a los letrados artificiales. El mestizo autóctono ha vencido al criollo exótico. No hay batalla entre la civilización y la barbarie, sino entre la falta erudición y la naturaleza.

El hombre natural es bueno, y acata y premia la inteligencia superior, mientras ésta no se vale de su sumisión para dañarle, o le ofende prescindiendo de él, que es cosa que no perdona el hombre natural, dispuesto a recobrar por la fuerza el respeto de quien le hiere la susceptibilidad o le perjudica el interés.

Por esta conformidad con los elementos naturales desdeñados han subido los tiranos de América al poder; y han caído en cuanto les hicieron traición. Las repúblicas han purgado en las tiranías su incapacidad para conocer los elementos verdaderos del país, derivar de ellos la forma de gobierno y gobernar con ellos. Gobernante, en un pueblo nuevo, quiere decir creador.

En pueblos compuestos de elementos cultos e incultos, los incultos gobernarán, por su hábito de agredir y resolver las dudas con su mano: allí donde los cultos no aprendan el arte del gobierno. La masa inculta es perezosa, y tímida en las cosas de la inteligencia, y quiere que la gobiernen bien; pero si el gobierno le lastima, se lo sacude y gobierna ella.

¿Cómo han de salir de las universidades los gobernantes, si no hay universidad en América donde se enseñe lo rudimentario del arte del gobierno, que es el análisis de los elementos peculiares de los pueblos de América? A adivinar salen los jóvenes al mundo, con antiparras yanquis o francesas, y aspiran a dirigir un pueblo que no conocen.

En la carrera de la política habría de negarse la entrada a los que desconocen los rudimentos de la política. El premio de los certámenes no ha de ser para la mejor oda, sino para el mejor estudio de los factores del país en que se vive.

En el periódico, en la cátedra, en la academia, debe llevarse adelante el estudio de los factores reales del país. Conocerlos basta, sin vendas ni ambages; porque el que pone de lado, por voluntad u olvido, una parte de la verdad, cae a la larga por la verdad que le faltó, que crece en la negligencia, y derriba lo que se levanta sin ella.

Resolver el problema después de conocer sus elementos, es más fácil que resolver el problema sin conocerlos. Viene el hombre natural, indignado y fuerte, y derriba la justicia acumulada de los libros, porque no se la administra en acuerdo con las necesidades patentes del país.

Conocer es resolver. Conocer el país, y gobernarlo conforme al conocimiento, es el único modo de librarlo de tiranías. La universidad europea ha de ceder a la universidad americana. La historia de América, de los incas acá, ha de enseñarse al dedillo, aunque no se enseñe la de los arcontes de Grecia. Nuestra Grecia es preferible a la Grecia que no es nuestra. Nos es más necesaria. Los políticos nacionales han de reemplazar a los políticos exóticos.

Injértese en nuestras repúblicas el mundo; pero el tronco ha de ser el de nuestras repúblicas. Y calle el pedante vencido; que no hay patria en que pueda tener el hombre más orgullo que en nuestras *dolorosas repúblicas* americanas.

Con los pies en el rosario, la cabeza blanca y el cuerpo pinto de indio y criollo, vinimos, denodados, al mundo de las naciones. Con el estandarte de la Virgen salimos a la conquista de la libertad. Un cura, unos cuantos tenientes y una mujer alzan en México la república, en hombros de los indios. Un canónigo español, a la sombra de su, capa, instruye en la libertad francesa a unos cuantos bachilleres magníficos, que ponen de jefe de Centro América contra España al general de España. Con los hábitos monárquicos, y el Sol por pecho, se echaron a levantar pueblos los venezolanos por el Norte y los argentinos por el Sur.

Cuando los dos héroes chocaron, y el continente iba a temblar, uno, que no fue el menos grande, volvió riendas. Y como el heroísmo en la paz es más escaso, porque es menos glorioso que el de la guerra; como al hombre le es más fácil morir con honra que pensar con orden; como gobernar con los sentimientos exaltados y unánimes es más hacedero que dirigir, después de la pelea, los pensamientos diversos, arrogantes, exóticos o ambiciosos; como los poderes arrollados en la arremetida épica zapaban, con la cautela felina de la especie y el peso de lo real, el edificio que había izado, en las comarcas burdas y singulares de nuestra América mestiza, en los pueblos de pierna desnuda y casaca de París, la bandera de los pueblos nutridos de savia gobernante en la práctica continua de la razón y de la libertad ; como la constitución jerárquica de las colonias resistía la organización democrática de la República, o las capitales de corbatín dejaban en el zaguán al campo de bota de potro, o los redentores bibliógenos no entendieron que la revolución que triunfó con el alma de la tierra, desatada -a la voz del salvador, con el alma de la tierra había de gobernar, y no contra ella ni sin ella, entró a padecer América, y padece, de la fatiga de acomodación entre los elementos discordantes y hostiles que heredó de un colonizador despótico y avieso, y las ideas y formas importadas que han venido retardando, por su falta de realidad local, el gobierno lógico.

El continente descoyuntado durante tres siglos por un mando que negaba el derecho del hombre al ejercicio de su razón, entra, desatendiendo o desoyendo a los ignorantes que lo habían ayudado a redimirse, en un gobierno que tenía por base la razón; la razón de todos en las cosas de todos, y no la razón universitaria de unos sobre la razón campestre de otros.

El problema de la independencia: no era el cambio de formas, sino el cambio de espíritu. Con los oprimidos había que hacer causa común, para afianzar el sistema opuesto a los intereses y hábitos de mando de los opresores. El tigre, espantado del fogonazo, vuelve de noche al lugar de la presa.

Muere echando llamas por los ojos y con las zarpas al aire. No se le oye venir, sino que viene con zarpas de terciopelo. Cuando la presa despierta, tiene al tigre encima. La colonia continuó viviendo en la república; y nuestra América se está salvando de sus grandes yerros -de la soberbia de las ciudades capitales, del triunfo ciego de los campesinos desdeñados, de la importación excesiva de las ideas y fórmulas ajenas, del desdén inicuo e impolítico de la raza aborigen,- por la virtud superior, abonada con sangre necesaria, de la república que lucha contra la colonia.

El tigre espera, detrás de cada árbol, acurrucado en cada esquina. Morirá; con las zarpas al aire, echando llamas por los ojos.

Pero "estos países se salvarán", como anunció Rivadavia el argentino, el que pecó de finura en tiempos crudos; al machete no le va vaina de seda, ni en el país que se ganó con lanzón se puede echar el lanzón atrás, porque se enoja y se pone en la puerta del Congreso de Iturbide "a que le hagan emperador al rubio".

Estos países se salvarán porque, con el genio de la moderación que parece imperar, por la armonía serena de la Naturaleza, en el continente de la luz, y por el influjo de lectura crítica que ha sucedido en Europa a la lectura de tanteo y falansterio en que se empapó la generación anterior, le está naciendo a América, en estos tiempos reales, el hombre real.

Eramos una visión, con el pecho de atleta, las manos de petimetre y la frente de niño. Eramos una máscara, con los calzones de Inglaterra, el chaleco parisiense, el chaquetón de Norteamérica y la montera de España.

El indio, mudo, nos daba vueltas alrededor, y se iba al monte, a la cumbre del monte, a bautizar sus hijos. El negro, oteado, cantaba en la noche la música de su corazón, solo y desconocido, entre las olas y las fieras. El campesino, el creador, se revolvía, ciego de indignación, contra la ciudad desdeñosa, contra su criatura.

Eramos charreteras y togas, en países que venían al mundo con la alpargata en los pies y la vincha en la cabeza. El genio hubiera estado en hermanar, con la caridad del corazón y con el atrevimiento de los fundadores, la vincha y la toga; en desestancar al indio; en ir haciendo lado al negro suficiente; en ajustar la libertad al cuerpo de los que se alzaron y vencieron por ella.

Nos quedó el oidor, y el general, y el letrado, y el prebendado. La juventud angélica, como de los brazos de un pulpo, echaba al Cielo, para caer con gloria estéril, la cabeza, coronada de nubes. El pueblo natural, con el empuje del instinto, arrollaba, ciego del triunfo, los batones de oro. Ni el libro europeo, ni el libro yanqui, daban la clave del enigma hispanoamericano.

Se probó el odio, y los países venían cada año a menos. Cansados del odio inútil, de la resistencia del libro contra la lanza, de la razón contra el cirial, de la ciudad contra el campo, del imperio imposible de las, castas urbanas divididas sobre la nación natural, tempestuosa o inerte, se empieza, como sin saberlo, a probar el amor. Se ponen en pie los pueblos, y se saludan.

"¿Cómo somos?" se preguntan; y unos a otros se van diciendo cómo son. Cuando aparece en Cojímar un problema, no van a buscar la solución a Dantzig. Las levitas son todavía de Francia, pero el pensamiento empieza a ser de América. Los jóvenes de América se ponen la camisa al codo, hunden las manos en la masa, y la levantan con la levadura de su sudor. Entienden que se imita demasiado, y que la salvación está en crear.

Crear es la palabra de pase de esta generación. El vino, de plátano; y si sale agrio, ¡es nuestro vino! Se entiende que las formas de gobierno de un país han de acomodarse a sus elementos naturales; que las ideas absolutas, para no caer por un yerro de forma, han de ponerse en formas relativas; que la libertad, para ser viable, tiene que ser sincera y plena; que si la república no abre los brazos a todos y adelanta con todos, muere la república.

El tigre de adentro se entra por la hendija, y el tigre de afuera. El general sujeta en la marcha la caballería al paso de los infantes. O si deja a la zaga a los infantes, le envuelve el enemigo la caballería. Estrategia es politica. Los pueblos han de vivir criticándose, porque la critica es la salud; pero con un solo pecho y una sola mente.

¡Bajarse hasta los infelices y alzarlos en los brazos! ¡Con el fuego del corazón deshelar la América coagulada! ¡Echar, bullendo y rebotando, por las venas, la sangre natural del país! En pie, con los ojos alegres de los trabajadores, se saludan, de un pueblo a otro, los hombres nuevos americanos. Surgen los estadistas naturales del estudio directo de la Naturaleza.

Leen para aplicar, pero no para copiar. Los economistas estudian la dificultad en sus orígenes. Los oradores empiezan a ser sobrios. Los dramaturgos traen los caracteres nativos a la escena.

Las academias discuten temas viables. La poesía se corta la melena zorrillesca y cuelga del árbol glorioso el chaleco colorado. La prosa, centelleante y cernida, va cargada de idea. Los gobernadores, en las repúblicas de indios, aprenden indio.

De todos sus peligros se va salvando América. Sobre algunas repúblicas está durmiendo el pulpo. Otras, por la ley del equilibrio, se echan a pie a la mar, a recobrar, con prisa loca y sublime, los siglos perdidos. Otras, olvidando que Juárez paseaba en un coche de mulas, ponen coche de viento y de cochero a una pompa de jabón; el lujo venenoso, enemigo de la libertad, pudre al hombre liviano y abre la puerta al extranjero. Otras acendran, con el espíritu épico de la independencia amenazada, el carácter viril. Otras crían, en la guerra rapaz contra el vecino, la soldadesca que puede devorarlas.

Pero otro peligro corre, acaso, nuestra América, que no le viene de sí, sino de la diferencia de orígenes, métodos e intereses entre los dos factores continentales, y es la hora próxima en que se le acerque demandando relaciones intimas, un pueblo emprendedor y pujante que la desconoce y la desdeña. Y como los pueblos viriles, que se han hecho de sí propios con la escopeta y la ley, aman, y sólo aman, a los pueblos viriles; como la hora del desenfreno y la ambición, de que acaso se libre por el predominio de lo más puro de su sangre, la América del Norte, o en que pudieran lanzarla sus masas vengativas y sórdidas, la tradición de conquista y el interés de un caudillo hábil, no esta tan cercana aún a los ojos del más espantadizo, que no dé tiempo a la prueba de altivez, continua y discreta, con que se la pudiera encarar y desviarla; como su decoro de república pone a la América del Norte, ante los pueblos atentos del Universo, un freno que no le ha de quitar la provocación pueril o la arrogancia ostentosa, o la discordia parricida de nuestra América, el deber urgente de nuestra América es enseñarse como es, una en alma e intento, vencedora veloz de un pasado sofocante, manchada sólo con la sangre de abono que arranca a las manos la pelea con las ruinas, y la de las venas que nos dejaron picadas nuestros dueños.

El desdén del vecino formidable, que no la conoce, es el peligro mayor de nuestra América; y urge, porque el día de la visita está próximo, que el vecino la conozca, la conozca pronto, para que no la desdeñe. Por ignorancia llegaría, tal vez, a poner en ella la codicia. Por el respeto, luego que la conociese, sacaría de ella las manos. Se ha de tener fe en lo mejor del hombre y desconfiar de lo peor de él. Hay que dar ocasión a lo mejor para que se revele y prevalezca sobre lo peor. Si no, lo peor prevalece.

Los pueblos han de tener una picota para quien les azuza a odios inútiles; y otra para quien no les dice a tiempo la verdad.

No hay odio de razas, porque no hay razas. Los pensadores canijos, los pensadores de lamparas, enhebran y recalientan las razas de librería, que el viajero justo y el observador cordial buscan en vano en la justicia de la Naturaleza, donde resalta en el amor victorioso y el apetito turbulento, la identidad universal del hombre. El alma emana, igual y eterna, de los cuerpos diversos en forma y en color. Peca contra la Humanidad el que fomente y propague la oposición y el odio de las razas.

Pero en el amasijo de los pueblos se condensan, en la cercanía de otros pueblos diversos, caracteres peculiares y activos, de ideas y de hábitos, de ensanche y adquisición, de vanidad y de avaricia, que del estado latente de preocupaciones nacionales pudieran, en un periodo de desorden interno o de precipitación del carácter acumulado del país, trocarse en amenaza grave para las tierras vecinas, aisladas y débiles, que el país fuerte declara perecederas e inferiores.

Pensar es servir. Ni ha de suponerse, por antipatía de aldea, una maldad ingénita y fatal al pueblo rubio del continente, porque no habla nuestro idioma, ni ve la casa como nosotros la vemos, ni se nos parece en sus lacras políticas, que son diferentes de las nuestras; ni tiene en mucho a los hombres biliosos y trigueños, ni mira caritativo, desde su eminencia aún mal segura, a los que, con menos favor de la Historia, suben a tramos heroicos la vía de las repúblicas; ni se han de esconder los datos patentes del problema que puede resolverse, para la paz de los siglos, con el estudio oportuno y la unión tacita y urgente del alma continental.

¡Porque ya suena el himno unánime; la generación actual lleva a cuestas, por el camino abonado por los padres sublimes, la América trabajadora; del Bravo a Magallanes, sentado en el lomo del cóndor, regó el Gran Semí, por las naciones románticas del continente y por las islas dolorosas del mar, la semilla de la América nueva!

EL PARTIDO REVOLUCIONARIO CUBANO A CUBA (*MANIFIESTO DE MONTECRISTI*)[285]

Este documento es conocido como el *Manifiesto de Montecristi* y es un documento oficial del Partido Revolucionario Cubano en el que se exponen las ideas en las que se basó José Martí para organizar la guerra de independencia de 1895. Fue firmado por él y Máximo Gómez el 25 de marzo de 1895 en la localidad de Montecristi (República Dominicana).

La revolución de independencia, iniciada en Yara después de preparación gloriosa y cruenta, ha entrado en Cuba en un nuevo período de guerra, en virtud del orden y acuerdos del Partido Revolucionario en el extranjero y en la Isla, y de la ejemplar congregación en él de todos los elementos consagrados al saneamiento y emancipación del país, para bien de América y del mundo; y los representantes electos de la revolución que hoy se confirma, reconocen y acatan su deber,-sin usurpar el acento y las declaraciones sólo propias de la majestad de la república constituída,-de repetir ante la patria, que no se ha de ensangrentar sin razón, ni sin justa esperanza de triunfo los propósitos precisos, hijos del juicio y ajenos a la venganza, con que se ha compuesto, y llegará a su victoria racional, la guerra inextinguible que hoy lleva a los combates, en conmovedora y prudente democracia, los elementos todos de la sociedad de Cuba.

La guerra no es, en el concepto sereno de los que aún hoy la representan, y de la revolución pública y responsable que los eligió el insano triunfo de un partido cubano sobre otro, o la humillación siquiera de un grupo equivocado de cubanos; sino la demostración solemne de la voluntad de un país harto probado en la guerra anterior para lanzarse a la ligera en un conflicto sólo terminable por la victoria o el sepulcro, sin causas bastante profundas para sobreponerse a las cobardías humanas y a sus varios disfraces, y sin determinación tan respetable-por ir firmada por la muerte-que

285 OC, 2001, 4:93-104.

debe imponer silencio a aquellos cubanos menos venturosos que no se sienten poseídos de igual fe en las capacidades de su pueblo ni de valor igual con que emanciparlo de su servidumbre.

La guerra no es la tentativa caprichosa de una independencia más temible que útil, que sólo tendrían derecho a demorar o condenar los que mostrasen la virtud y el propósito de conducirla a otra más viable y segura, y que no debe en verdad apetecer un pueblo que no la pueda sustentar; sino el producto disciplinado de la resolución de hombres enteros que en el reposo de la experiencia se han decidido a encarar otra vez los peligros que conocen, y de la congregación cordial de los cubanos de más diverso origen, convencidos de que en la conquista de la libertad se adquieren mejor que en el abyecto abatimiento las virtudes necesarias para mantenerla.

La guerra no es contra el español, que, en el seguro de sus hijos y en el acatamiento a la patria que se ganen podrá gozar respetado, y aun amado, de la libertad que sólo arrollará a los que le salgan, imprevisores, al camino. Ni del desorden, ajeno a la moderación probada del espíritu de Cuba, será cuna la guerra; ni de la tiranía.-Los que la fomentaron, y pueden aún llevar su voz, declaran en nombre de ella ante la patria su limpieza de todo odio,-su indulgencia fraternal para con los cubanos tímidos o equivocados, su radical respeto al decoro del hombre, nervio del combate y cimiento de la república,-su certidumbre de la aptitud de la guerra para ordenarse de modo que contenga la redención que la inspira, la relación en que un pueblo debe vivir con los demás, y la realidad que la guerra es,-y su terminante voluntad de respetar, y hacer que se respete, al español neutral y honrado, en la guerra y después de ella, y de ser piadosa con el arrepentimiento, e inflexible sólo con el vicio, el crimen y la inhumanidad.-En la guerra que se ha renaudado en Cuba no ve la revolución las causas del júbilo que pudiera embargar al heroísmo irreflexible, sino las responsabilidades que deben preocupar a los fundadores de pueblos.

Entre Cuba en la guerra con la plena seguridad, inaceptable sólo a los cubanos sedentarios y parciales, de la competencia de sus hijos para obtener el triunfo, por la energía de la revolución pensadora y magnánima, y de la capacidad de los cubanos, cultivada en diez años primeros de fusión sublime, y en las prácticas modernas del gobierno y el trabajo, para salvar la patria desde su raíz de los desacomodos y tanteos, necesarios al principio del siglo, sin comunicaciones y sin preparación en las repúblicas feudales o teóricas de Hispano-América. Punible ignorancia o alevosía fuera desconocer las causas a menudo gloriosas y ya generalmente redimidas, de los trastornos americanos, venidos del error de ajustar a moldes extranjeros; de dogma incierto o mera relación a su lugar de origen, la realidad ingenua de los países que conocían sólo de las libertades el ansia que las conquista, y la soberanía que se gana por pelear por ellas. La concentración de la cultura meramente literaria en las capitales; el erróneo apego de las repúblicas a las costumbres señoriales de la colonia; la creación de caudillos rivales consiguiente al trato receloso e imperfecto de las comarcas apartadas; la condición rudimentaria de la única industria, agrícola o ganadera; y el abandono y desdén de la fecunda raza indígena en las disputas de credo o localidad que esas causas de los trastornos en los pueblos de América mantenían,-no son, de ningún modo los problemas de la sociedad cubana. Cuba vuelve a la guerra con un pueblo democrático y culto, conocedor celoso de su derecho y del ajeno; o de cultura mucho mayor, en lo más humilde de él, que las masas llaneras o indias con que, a la voz de los héroes primados de la emancipación, se mudaron de hatos en naciones las silenciosas colonias de América; y en el crucero del mundo, al servicio de la guerra, y a la fundación de la nacionalidad le vienen a Cuba, del trabajo creador y conservador en los pueblos más hábiles del orbe, y del propio esfuerzo en la persecución y miseria del país, los hijos lúcidos, magnates o siervos, que de la época primera de acomodo, ya vencida, entre los componentes heterogéneos de la nación cubana, salieron a preparar, o-en la misma Isla continuaron preparando, con su propio perfeccionamiento, el de la nacionalidad a que concurren hoy con la firmeza de sus personas laboriosas, y el seguro de su educación republicana. El civismo de sus guerreros; el cultivo y benignidad de sus artesanos; el empleo real y moderno de un número vasto de sus inteligencias y riquezas; la peculiar moderación del campesino sazonado en el destierro y en la guerra; el trato íntimo y diario, y rápida e inevitable unificación de las diversas secciones del país; la admiración recíproca de las virtudes iguales entre los cubanos que de las diferencias de la esclavitud pasaron a la hermandad del sacrificio; y la benevolencia y aptitud crecientes del liberto, superiores a los raros ejemplos de su desvío o encono,-aseguran a Cuba, sin ilícita ilusión, un porvenir en que las condiciones de asiento, y del trabajo inmediato de

un pueblo feraz en la república justa, excederán a las de disocia-
ción y parcialidad provenientes de la pereza o arrogancia que la
guerra a veces cría, del rencor ofensivo de una minoría de amos
caída de sus privilegios; de la censurable premura con que una
minoría aún invisible de libertos descontentos pudiera aspirar,
con violación funesta del albedrío y naturaleza humanos, al respeto social que sola y seguramente ha de venirles de la igualdad
probada en las virtudes y talentos; y de la súbita desposesión, en
gran parte de los pobladores letrados de las ciudades, de la sun-
tuosidad o abundancia relativa que hoy les viene de las gabelas
inmorales y fáciles de la colonia, y de los oficios que habrán de
desaparecer con la libertad.-Un pueblo libre, en el trabajo abierto
a todos, enclavado a las bocas del universo rico e industrial, susti-
tuirá sin obstáculo, y con ventaja, después de una guerra inspi-
rada en la más pura abnegación, y mantenida conforme a ella, al
pueblo avergonzado donde el bienestar sólo se obtiene a cambio de
la complicidad expresa o tácita con la tiranía de los extranjeros
menesterosos que lo degradan y corrompen. No dudan de Cuba, ni
de sus aptitudes para obtener y gobernar su independencia, los
que en el heroísmo de la muerte y en el de la fundación callada de
la patria, ven resplandecer de continuo, en grandes y en pequeños,
las dotes de concordia y sensatez sólo inadvertibles para los que,
fuera del alma real de su país, lo juzgan, en el arrogante concepto
de sí propios, sin más poder de rebeldía y creación que el que
asoma tímidamente en la servidumbre de sus quehaceres coloniales.

De otro temor quisiera acaso valerse hoy, so pretexto de prudencia, la cobardía: el temor insensato; y jamás en Cuba justificado, a
la raza negra. La revolución, con su carga de mártires, y de guerreros subordinados y generosos, desmiente indignada, como desmiente la larga prueba de la emigración y de la tregua en la isla,
la tacha de amenaza de la raza negra con que se quisiese inicua-
mente levantar, por los beneficiarios del régimen de España, el
miedo a la revolución. Cubanos hay ya en Cuba de uno y otro color,
olvidados para siempre-con la guerra emancipadora y el trabajo
donde unidos se gradúan-del odio en que los pudo dividir la esclavitud. La novedad y aspereza de las relaciones sociales, consi-
guientes a la mudanza súbita del hombre ajeno en propio, son menores que la sincera estimación del cubano blanco por el alma
igual, la afanosa cultura, el fervor de hombre libre, y el amable

carácter de su compatriota negro. Y si a la raza le naciesen dema-gogos inmundos, o almas ávidas cuya impaciencia propia azuzase la de su color, o en quienes se convirtiera en injusticia con los de-más la piedad por los suyos,-con su agradecimiento y su cordura, y su amor a la patria, con su convicción de la necesidad de desau-torizar por la prueba patente de la inteligencia y la virtud del cu-bano negro la opinión que aún reine de su incapacidad para ellas, y con la posesión de todo lo real del derecho humano, y el consuelo y la fuerza de la estimación de cuanto en los cubanos blancos hay de justo y generoso, la misma raza extirparía en Cuba el peligro negro, sin que tuviera que alzarse a él una sola mano blanca. La revolución lo sabe, y lo proclama: la emigración lo proclama tam-bién. Allí no tiene el cubano negro escuelas de ira, como no tuvo en la guerra una sola culpa de ensoberbecimiento indebido o de insubordinación. En sus hombros anduvo segura la república a que no atentó jamás. Sólo los que odian al negro ven en el negro odio; y los que con semejante miedo injusto traficasen, para suje-tar, con inapetecible oficio, las manos que pudieran erguirse a ex-pulsar de la tierra cubana al ocupante corruptor.

En los habitantes españoles de Cuba, en vez de la deshonrosa ira de la primera guerra, espera hallar la revolución, que ni lisonjea ni teme, tan afectuosa neutralidad o tan veraz ayuda, que por ellas vendrán a ser la guerra más breve, sus desastres menores, y más fácil y amiga la paz en que han de vivir juntos padres e hijos. Los cubanos empezamos la guerra, y los cubanos y los españoles la ter-minaremos. No nos maltraten, y no se les maltratará. Respeten, y se les respetará. Al acero responda el acero, y la amistad a la amis-tad. En el pecho antillano no hay odio; y el cubano saluda en la muerte al español a quien la crueldad del ejercicio forzoso arrancó de su casa y su terruño para venir a asesinar en pechos de hombre la libertad que él mismo ansía. Más que saludarlo en la muerte, quisiera la revolución acogerlo en vida; y la república será tran-quilo hogar para cuantos españoles de trabajo y honor gocen en ella de la libertad y bienes que no han de hallar aún por largo tiempo en la lentitud, desidia, y vicios políticos de la tierra propia. Este es el corazón de Cuba, y así será la guerra. ¿Qué enemigos españoles tendrá verdaderamente la revolución? ¿Será el ejército, republicano en mucha parte, que ha aprendido a respetar nuestro valor, como nosotros respetamos el suyo, y más sienten impulsos a veces de unírsenos que de combatirnos? ¿Serán los quintos, educados ya en las ideas de humanidad, contrarias a derramar sangre de sus semejantes en provecho de un cetro inútil o una patria codiciosa, los quintos segados en la flor de su juventud para venir a defender, contra un pueblo que los acogería alegre como ciudadanos libres, un trono mal sujeto, sobre la nación vendida por sus guías, con la complicidad de sus privilegios y sus logros? ¿Será la masa, hoy humana y culta, de artesanos y dependientes, a quienes so pretexto de patria, arrastró ayer a la ferocidad y al crimen el interés de los españoles acaudalados que hoy, con lo más de sus fortunas salvas en España, muestran menos celo que aquel con que ensangrentaron la tierra de su riqueza cuando los sorprendió en ella la guerra con toda su fortuna? ¿O serán los fundadores de familias y de industrias cubanas, fatigados ya del fraude de España y de su desgobierno, y como el cubano vejados y oprimidos, los que, ingratos e imprudentes, sin miramiento por la paz de sus casas y la conservación de una riqueza que el régimen de España amenaza más que la revolución, se revuelvan contra la tierra que de tristes rústicos los ha hecho esposos felices, y dueños de una prole capaz de morir sin odio por asegurar al padre sangriento un suelo libre al fin de la discordia permanente entre el criollo y el peninsular, donde la honrada fortuna pueda mantenerse sin cohecho y desarrollarse sin zozobra, y el hijo no vea entre el beso de sus labios y la mano de su padre la sombra aborrecida del opresor? ¿Qué suerte elegirán los españoles: la guerra sin tregua, confesa o disimulada, que amenaza y perturba las relaciones siempre inquietas y violentas del país, o la paz definitiva, que jamás se conseguirá en Cuba sino con la independencia? ¿Enconarán y ensangrentarán los españoles arraigados en Cuba la guerra en que puedan quedar vencidos? ¿Ni con qué derecho nos odiarán los españoles, si los cubanos no los odiamos? La revolución emplea sin miedo este lenguaje, porque el decreto de emancipar de una vez a Cuba de la ineptitud y corrupción irremediables del gobierno de España, y abrirla franca para todos los hombres al mundo nuevo, es tan terminante como la voluntad de mirar como a cubanos, sin tibio corazón ni amargas memorias, a los españoles que por su pasión de libertad ayuden a conquistarla en Cuba y a los que con su respeto a la guerra de hoy rescaten la sangre que en la de ayer manó a sus golpes de pecho de sus hijos.

En las formas que se dé la revolución, conocedora de su desinterés, no hallará sin duda pretexto de reproche la vigilante cobardía, que en los errores formales del país naciente, o en su poca suma visible de república, pudiese procurar razón con que negarle la sangre que le adeuda. No tendrá el patriotismo puro causa de temor por la dignidad y suerte futura de la patria.-La dificultad de las guerras de independencia en América, y las de sus primeras nacionalidades, ha estado, más que en la discordia de sus héroes y en la emulación y recelo inherentes al hombre, en la falta oportuna de forma que a la vez contenga el espíritu de redención que, con apoyo de ímpetus menores, promueve y nutre la guerra.-y las prácticas necesarias a la guerra, y que ésta debe desembarazar y sostener. En la guerra inicial se ha de hallar el país maneras tales de gobierno que a un tiempo satisfagan la inteligencia madura y suspicaz de sus hijos cultos, y las condiciones requeridas para la ayuda y respeto de los demás pueblos,-y permitan-en vez de entrabar1-el desarrollo pleno y término rápido de la guerra fatalmente necesaria a la felicidad pública. Desde sus raíces se ha de constituir la patria con formas viables, y de sí propia nacidas, de modo que un gobierno sin realidad ni sanción no la conduzca a las parcialidades o a la tiranía.-Sin atentar, con desordenado concepto de su deber, al uso de las facultades íntegras de constitución, con que se ordenen y acomoden, en su responsabilidad peculiar ante el mundo contemporáneo, liberal e impaciente, los elementos expertos y novicios, por igual movidos de ímpetu ejecutivo y pureza ideal, que con nobleza idéntica, y el título inexpugnable de su sangre, se lanzan tras el alma y guía de los primeros héroes, a abrir a la humanidad una república trabajadora; sólo es lícito al Partido Revolucionario Cubano declarar su fe en que la revolución ha de hallar formas que le aseguren, en la unidad y vigor indispensables a una guerra culta, el entusiasmo de los cubanos, la confianza de los españoles y la amistad del mundo. Conocer y fijar la realidad; componer en molde natural, la realidad de las ideas que producen o apagan los hechos, y la de los hechos que nacen de las ideas; ordenar la revolución del decoro, el sacrificio y la cultura de modo que no quede el decoro de un solo hombre lastimado, ni el sacrificio parezca inútil a un solo cubano, ni la revolución inferior a la cultura del país, no a la extranjeriza y desautorizada cultura que se enajena el respeto de los hombres viriles por la ineficacia de sus resultados y el contraste lastimoso entre la poquedad real y la arrogancia de sus estériles poseedores, sino al profundo conocimiento de la labor del hombre en el rescate y sostén de su dignidad:-ésos son los deberes, y los intentos, de la revolución. Ella se regirá de modo que la guerra pujante y capaz dé pronto casa firme a la nueva república.

La guerra sana y vigorosa desde el nacer con que hoy reanuda Cuba, con todas las ventajas de su experiencia, y la victoria asegurada a las determinaciones finales, el esfuerzo excelso, jamás recordado sin unción, de sus inmarcesibles héroes, no es sólo hoy el piadoso anhelo de dar vida plena al pueblo que, bajo la inmoralidad y ocupación crecientes de un amo inepto, desmigaja o pierde su fuerza superior en la patria sofocada o en los destierros esparcidos. Ni es la guerra el insuficiente prurito de conquistar a Cuba con el sacrificio tentador, la independencia política, que sin derecho pediría a los cubanos su brazo si con ella no fuese la esperanza de crear una patria más a la libertad del pensamiento, la equidad de las costumbres, y la paz del trabajo. La guerra de independencia de Cuba, nudo del haz de islas donde se ha de cruzar, en plazo de pocos años, el comercio de los continentes, es suceso de gran alcance humano, y servicio oportuno que el heroísmo juicioso de las Antillas presta a la firmeza y trato justo de las naciones americanas, y al equilibrio aún vacilante del mundo. Honra y conmueve pensar que cuando cae en tierra de Cuba un guerrero de la independencia, abandonado tal vez por los pueblos incautos o indiferentes a quienes se inmola, cae por el bien mayor del hombre, la confirmación de la república moral en América, y la creación de un archipiélago libre donde las naciones respetuosas derramen las riquezas que a su paso han de caer sobre el crucero del mundo. ¡Apenas podría creerse que con semejantes mártires, y tal porvenir, hubiera cubanos que atasen a Cuba a la monarquía podrida y aldeana de España, y a su miseria inerte y viciosa!-A la revolución cumplirá mañana el deber de explicar de nuevo al país y a las naciones las causas locales, y de ideas e interés universal, con que para el adelanto y servicio de la humanidad reanuda el pueblo emancipador de Yara y de Guáimaro una guerra digna del respeto de sus enemigos y el apoyo de los pueblos, por su rígido concepto del derecho del hombre, y su aborrecimiento de la venganza estéril y la desvastación inútil. Hoy, al proclamar desde el umbral de la tierra venerada el espíritu y doctrinas que produjeron y alientan la guerra entera y humanitaria en que se une aún más el pueblo de Cuba, invencible e indivisible, séanos lícito invocar, como guía y ayuda de nuestro pueblo, a los magnánimos fundadores, cuya labor renueva el país agradecido,-y al honor, que ha de impedir a los cubanos herir, de palabra o de obra, a los que mueren por ellos.- Y al declarar así en nombre de la patria, y deponer ante ella y ante su libre facultad de constitución, la obra idéntica de dos generaciones, suscriben juntos, la declaración, por la responsabilidad común de su representación, y en muestra de la unidad y solidez de la revolución cubana, el Delegado del Partido Revolucionario Cubano, creado para ordenar y auxiliar la guerra actual, y el General en Jefe electo en él por todos los miembros activos del Ejército Libertador.

Montecristi, 25 de marzo de 1895

LOS PINOS NUEVOS [286]

Este discurso, conocido por *Los Pinos Nuevos*, pronunciado por Martí en el Liceo Cubano, en la velada-homenaje de la Convención Cubana a los estudiantes fusilados en 1871, fue también tomado taquigráficamente por Francisco María González. 27 de noviembre de 1891.

Cubanos:

Todo convida esta noche al silencio respetuoso más que a las palabras: las tumbas tienen por lenguaje las flores de resurrección que nacen sobre las sepulturas: ni lágrimas pasajeras ni himnos de oficio son tributo propio a los que con la luz de su muerte señalaron a la piedad humana soñolienta el imperio de la abominación y la codicia. Esas orlas son de respeto, no de muerte; esas banderas están a media asta, no los corazones. Pido luto a mi pensamiento para las frases breves que se esperan esta noche del viajero que viene a estas palabras de improviso, después de un día atareado de creación: y el pensamiento se me niega al luto. No siento hoy como ayer romper coléricas al pie de esta tribuna, coléricas y dolorosas, las olas de la mar que trae de nuestra tierra la agonía y la ira, ni es llanto lo que oigo, ni manos suplicantes las que veo, ni cabezas caídas las que escuchan,-¡sino cabezas altas! y afuera de esas puertas repletas, viene la ola de un pueblo que marcha. ¡Así el sol, después de la sombra de la noche, levanta por el horizonte puro su copa de oro!

Otros lamenten la muerte necesaria: yo creo en ella como la almohada, y la levadura, y el triunfo de la vida. La mañana después de la tormenta, por la cuenca del árbol desarraigado echa la tierra fuente de frescura, y es más alegre el verde de los árboles, y el aire está como lleno de banderas, y el cielo es un dosel de gloria azul, y se inundan los pechos de los hombres de una titánica alegría. Allá, por sobre los depósitos de la muerte, aletea, como redimiéndose, y se pierde por lo alto de los aires, la luz que surge invicta de la podredumbre. La amapola más roja y más leve crece sobre las

286 OC, 2001, 4:281-286.

tumbas desatendidas. El árbol que da mejor fruta es el que tiene debajo un muerto.

Otros lamenten la muerte hermosa y útil, por donde la patria saneada rescató su complicidad involuntaria con el crimen, por donde se cría aquel fuego purísimo e invisible en que se acendran para la virtud y se templan para el porvenir las almas fieles. Del semillero de las tumbas levántase impalpable, como los vahos del amanecer, la virtud inmortal, orea la tierra tímida, azota los rostros viles, empapa el aire, entra triunfante en los corazones de los vivos: la muerte da jefes, la muerte da lecciones y ejemplos, la muerte nos lleva el dedo por sobre el libro de la vida: ¡así, de esos enlaces continuos invisibles, se va tejiendo el alma de la patria!

La palabra viril no se complace en descripciones espantosas; ni se ha de abrumar al arrepentido por fustigar al malvado; ni ha de convertirse la tumba del mártir en parche de pelea; ni se ha de decir, aun en la ciega hermosura de las batallas, lo que mueve las almas de los hombres a la fiereza y al rencor. ¡Ni es de cubanos, ni lo será jamás, meterse en la sangre hasta la cintura, y avivar con un haz de niños muertos, los crímenes del mundo: ni es de cubanos vivir, como el chacal en la jaula, dándole vueltas al odio! Lo que anhelamos es decir aquí con qué amor entrañable, un amor como purificado y angélico, queremos a aquellas criaturas que el decoro levantó de un rayo hasta la sublimidad, y cayeron, por la ley del sacrificio, para publicar al mundo indiferente aún a nuestro clamor, la justicia absoluta con que se irguió la tierra contra sus dueños: lo que queremos es saludar con inefable gratitud, como misterioso símbolo de la pujanza patria, del oculto y seguro poder del alma criolla, a los que, a la primer voz de la muerte, subieron sonriendo, del apego y cobardía de la vida común, al heroísmo ejemplar.

¿Quién, quién era el primero en la procesión del sacrificio, cuando el tambor de muerte redoblaba, y se oía el olear de los sollozos, y bajaban la cabeza los asesinos; quién era el primero, con una sonrisa de paz en los labios, y el paso firme, y casi alegre, y todo él como ceñido ya de luz? Chispeaba por los corredores de las aulas un criollo dadivoso y fino, el bozo en flor y el pájaro en el alma, ensortijada la mano, como una joya en pie, gusto todo y regalo y carruaje, sin una arruga en el ligero pensamiento: ¡y el que marchaba a paso firme a la cabeza de la procesión, era el niño travieso y casquivano de las aulas felices, el de la mano de sortijas y el pie

como una joya! ¿Y el otro, el taciturno, el que tenían sus compañeros por mozo de poco empuje y de avisos escasos? ¡Con superior
beldad se le animó el rostro caído, con soberbio poder se le levantó
el ánimo patrio, con abrazos firmes apretó, al salir a la muerte, a
sus amigos, y con la mano serena les enjugó las lágrimas! ¡Así, en
los alzamientos por venir, del pecho más oscuro saldrá, a triunfar,
la gloria! ¡Así, del valor oculto, crecerán los ejércitos de mañana!
¡Así, con la ocasión sublime, los indiferentes y culpables de hoy,
los vanos y descuidados de hoy, competirán en fuego con los más
valerosos! El niño de dieciseis años iba delante, sonriendo, ceñido
como de luz, volviendo atrás la cabeza, por si alguien se le acobar-
daba...

Y ¿recordaré el presidio inicuo, con la galera espantable de vicios
contribuyentes, tanto por cada villanía, a los pargos y valdepeñas
de la mesa venenosa del general: con los viejos acuchillados por
pura diversión,-los viejos que dieron al país trece hombres fuer-
tes,-para que no fuese en balde el paseo de las cintas de hule y de
sus fáciles amigas; con los presidiarios moribundos, volteados sobre la tierra, a ver si revivían, a punta de sable; con el castigo de
la yaya feroz, al compás de la banda de bronce, para que no se
oyesen por sobre los muros de piedra los alaridos del preso despe-
dazado? ¡Pues éstos son de otros horrores más crueles, y más tristes y más inútiles, y más de temer que los de andar descalzo! ¿O
recordaré la madrugada fría, cuando de pie, como fantasmas jus-
ticiadores, en el silencio de Madrid dormido, a la puerta de los palacios y bajo la cruz de las iglesias, clavaron los estudiantes sobrevivientes el padrón de vergüenza nacional, el recuerdo del crimen
que la ciudad leyó espantada? ¿O un día recordaré, un día de verano madrileño, cuando al calce de un hombre seco y lívido, de
barba y alma ralas, muy cruzado y muy saludado y muy pomposo,
iba un niño febril, sujeto apenas por brazos más potentes, gritando
al horrible codicioso: "¡Infame, infame!" ¡Recordaré al magnánimo
español, huésped querido de todos nuestros hogares, laureado
aquí en efigie junto con el heroico vindicador, que en los dientes de
la misma muerte, prefiriendo al premio del cómplice la pobreza del
justo, negó su espada al asesinato! Dicen que sufre, comido de pesar en el rincón donde apenas puede consolarlo de la cólera del
vencedor pudiente, el cariño de los vencidos miserables. ¡Sean
para el buen español, cubanas agradecidas, nuestras flores piado-
sas!

Y después ¡ya no hay más, en cuanto a tierra, que aquellas cuatro osamentas que dormían, de Sur a Norte, sobre las otras cuatro que dormían de Norte a Sur: no hay más que un gemelo de camisa, junto a una mano seca: no hay más que un montón de huesos abrazados en el fondo de un cajón de plomo! ¡Nunca olvidará Cuba, ni los que sepan de heroicidad olvidarán, al que con mano augusta detuvo, frente a todos los riesgos, el sarcófago intacto, que fue para la patria manantial de sangre; al que bajó a la tierra con sus manos de amor, y en acerba hora, de aquellas que juntan de súbito al hombre con la eternidad, palpó la muerte helada, bañó de llanto terrible los cráneos de sus compañeros! El sol lucía en el cielo cuando sacó sus brazos, de la fosa, los huesos venerados: ¡jamás cesará de caer el sol sobre el sublime vengador sin ira!

¡Cesen ya, puesto que por ellos es la patria más pura y hermosa, las lamentaciones que sólo han de acompañar a los muertos inútiles! Los pueblos viven de la levadura heroica. El mucho heroísmo ha de sanear el mucho crimen. Donde se fue muy vil, se ha de ser muy grande. Por lo invisible de la vida corren magníficas leyes. Para sacudir al mundo, con el horror extremo de la inhumanidad y la codicia que agobian a su patria, murieron, con la poesía de la niñez y el candor de la inocencia, a manos de la inhumanidad y la codicia. Para levantar con la razón de su prueba irrecusable el ánima medrosa de los que dudan del arranque y virtud de un pueblo en apariencia indiferente y frívolo, salieron riendo del aula descuidada, o pensando en la novia y el pie breve, y entraron a paso firme, sin quebrantos de rodilla ni temblores de brazos, en la muerte bárbara. Para unir en concordia, por el respeto que impone en unos el remordimiento y la piedad que moverán en otros los arrepentidos, las dos poblaciones que han de llegar por fatalidad inevitable a un acuerdo en la justicia o a un exterminio violento, se alzó el vengador con alma de perdón, y aseguró, por la moderación de su triunfo, su obra de justicia. ¡Mañana, como hoy en el destierro, irán a poner flores en la tierra libre, ante el monumento del perdón, los hermanos de los asesinados, y loa que, poniendo el honor sobre el accidente del país, no quieren llamarse hermanos de los asesinos!

Cantemos hoy, ante la tumba inolvidable, el himno de la vida. Ayer lo oí a la misma tierra, cuando venía, por la tarde hosca, a este pueblo fiel. Era el paisaje húmedo y negruzco; corría turbulento el arroyo cenagoso; las cañas, pocas y mustias, no mecían su

verdor quejosamente, como aquellas queridas por donde piden redención los que las fecundaron con su muerte, sino se entraban,
ásperas e hirsutas, como puñales extranjeros, por el corazón: y en
lo alto de las nubes desgarradas, un pino, desafiando la tempestad,
erguía entero, su copa. Rompió de pronto el sol sobre un claro del
bosque, y allí, al centelleo de la luz súbita, vi por sobre la yerba
amarillenta erguirse, en torno al tronco negro de los pinos caídos,
los racimos gozosos de los pinos nuevos: ¡Eso somos nosotros: pinos
nuevos!

CARTA A ENRIQUE COLLAZO[287]

New York, 12 de enero de 1892
Sr. Enrique Collazo
Señor:

Amargo es el deber de censurar públicamente a quien desalienta a su pueblo en la hora en que parece que van a serle muy necesarios los alientos; más amarga me es, por mirar yo a todo cubano como a hermano mío, la obligación de contestar la infortunada carta que con fecha 6 de enero se sirvió Ud. dirigirme, y me causó más pena que enojo, porque en ella revela Ud. la capacidad de ofender sin razón, y muestra su desconocimiento lamentable de la obra de generosidad y de prudencia con que la emigración, aleccionada por los sucesos anteriores y posteriores a la guerra, se dispone a no recaer en el divorcio y abandono que Ud. y el autor de A pie y descalzo censuran con justicia, mas no con la viveza y tesón con que los censuro yo desde hace 12 años, ni con el empeño que desde entonces pongo en evitar que la guerra nueva fracase y se desvíe por el culpable desacuerdo entre el país que ha de combatir y la emigración que ha de ayudarlo. ¿Y qué hace Ud., señor Collazo, desde hace doce años, para salvar a su patria de los peligros en que la dejó una guerra personal y descompuesta; para desentrañar y publicar sus errores, a fin de no caer de nuevo en ellos; para disponer con lo viejo y lo nuevo una guerra honrada y de bien público, que no nos traiga más males de los que se lleve; para juntar sin cobardía ni gazmoñería los elementos indispensables al triunfo duradero de una guerra que no es lícito desear, ni posible impedir? ¿O pudo descuidarse, cuando se preveía la ineficacia de los remedios de la paz arrodillada, el deber de preparar, con respeto al voto del país y al decoro de los cubanos, la guerra que habría de suceder a aquellas tentativas inútiles? ¿O se cumple este deber en la silla, singularmente segura, del empleado de gobierno; la silla que ha de quemar a quien peleó contra él,-o narrando en

287 OC, 2001, 1:288-293.

un libro sombrío, a las puertas mismas de la guerra inevitable, todo lo que la pueda hacer temible, con silencio astuto y riguroso sobre los recursos con que habría de contar, y las causas por que la guerra anterior vino a caer, y la grandeza que hace adorable y útil el sacrificio, y da majestad imperecedera a los sacrificados?

Este es el párrafo mismo que dio motivo a la carta de Ud.: "¿O nos ha de echar atrás el miedo a las tribulaciones de la guerra, azuzado por gente impura que está a paga del gobierno español; el miedo a andar descalzo, que es un modo de andar ya muy común en Cuba, porque entre los ladrones y los que los ayudan, ya no tienen en Cuba zapatos sino los cómplices y los ladrones? (Pues como yo sé que el mismo que escribe un libro para atizar el miedo a la guerra dijo en versos, muy buenos por cierto, que la jutía basta a todas las necesidades del campo en Cuba, y sé que Cuba está otra vez llena de jutías, me vuelvo a los que nos quieren asustar con el sacrificio mismo que apetecemos, y les digo ¡mienten!)".

Yo no hablo en este párrafo, Sr. Collazo, como pretende Ud. hacer creer, de "los que militaron en la Revolución y viven ahora en Cuba". Vivan o no en Cuba, los que militaron en la revolución son para mí los hombres de quienes dije hace dos años: "Sí; se nos salta el corazón, de celos y de gratitud, cuando oímos la historia de aquellos hechos de indecible bravura que ha de poner en lo más alto del firmamento la admiración del hombre; de aquellos hechos que no se pueden oír sin que se llene como de luz toda nuestra carne mortal, o sin sentir como que la mar se hace puente, y nos vamos detrás del ejemplo ilustre, adonde la tierra nos llama". Vivan o no en Cuba, los que militaron en la revolución son los hombres de quienes dije hace tres meses: "Y es lo primero este año, porque ha pasado por el aire una que otra ave de noche, proclamar que nunca fue tan vehemente ni tan tierno en nuestras almas el culto de la revolución. Aquellos padres de casa, servidos desde la cuna por esclavos, que decidieron servir a los esclavos con su sangre, y se trocaron en padres de pueblo; aquellos propietarios regalones, que en la casa tenían su recién nacido y su mujer, y en una hora de transfiguración sublime, se echaron selva adentro, con la estrella en la frente; aquellos letrados entumidos que al resplandor del primer rayo saltaron de la toga tentadora al caballo de pelear; aquellos jóvenes angélicos que del altar de sus bodas o del festín de la fortuna salieron, arrebatados de júbilo celeste, a sangrar y morir, sin agua y sin almohada, por nuestro decoro de hombres; aquéllos son carne nuestra, y entrañas y orgullos nuestros, y raíces de nuestra libertad, y padres de nuestro corazón, y soles de nuestro cielo, y del cielo de la justicia, y sombras que nadie ha de tocar sino con reverencia y ternura. ¡Y todo el que sirvió es sagrado! El que puso el pie en la guerra; el que armó un cubano de su bolsa; el que quiso la Revolución de buena fe, y le sacrificó su porvenir y su fortuna, ya lleva un sello sobre el rostro, y un centelleo en los ojos que ni su misma ignominia le pudiera borrar luego". El que peleó en la Revolución es santo para mí, Sr. Collazo. El que hace industria de haber peleado en la Revolución, o goza después de ella entre sus enemigos de un influjo superior al que tuvo entre sus compatriotas, o usa de su influencia para aflojar la virtud renaciente de un país que necesita de toda su virtud, ése bajará ante mí los ojos, Sr. Collazo, aunque haya militado en la Revolución; y los bajará ante todo hombre honrado.

No sé yo con qué especial derecho se dirige Ud. a mí, y con Ud. sus compañeros; cuanto yo dije de "paga del Gobierno español", se refiere a la "gente impura que azuza el miedo a las tribulaciones de la guerra"; a no ser que Ud. y sus compañeros deseen contarse entre los que azuzan el miedo, que es de quien dije lo de la paga. Y ni de Ud. ni de ellos lo creo, Sr. Collazo. Ud. ha firmado la carta del día 6, por ignorancia increíble de la labor revolucionaria de estos doce años, y por el mal consejo de iras viejas contra la emigración, y en otro tiempo justas. Un solo punto habría habido a lo sumo que levantar en el párrafo mío que Ud. cita, pasando por alto la consideración piadosa con que puse en una parte general lo de la paga, para que tocara el blanco sin herir, y en otra lo especial y directo sobre el libro. ¿Está o no al servicio del Gobierno español el revolucionario que publica un libro precipitado en que se acumulan los horrores de la guerra, y se narran sus obstáculos sin narrar sus recursos, y se enumeran los elementos hostiles sin enumerar los amigos, en los instantes en que parece volver a pensar en la guerra el país? Si está al servicio del Gobierno español, no tiene derecho a que se considere desinteresado un libro que favorece indirectamente al Gobierno a quien sirve. Esto he dicho, y no más. Levántese el punto.

¡Qué dolor éste de añadir pena, por culpa de Ud., a la que tendrá de seguro, y más si erró sin voluntad, el autor de un libro considerado por cuantos cubanos conozco, sin una sola excepción, -por cuantos hombres de la guerra conozco, y tengo entre ellos amigos muy amados, -como una falta grave contra la verdad y la patria, como una obra culpable de la astucia o del despecho! Mucho pudiera decir, y no lo digo: a mí me duele mucho, Sr. Collazo, todo error cubano; con mi sangre lo quisiera borrar, en vez de publicarlo con mi pluma. Pero diré, por culpa de Ud., que si es noble decir la verdad, lo noble es decirla toda. Ocultar la verdad es delito; ocultar parte de ella, la que impele y anima, es delito: ocultar lo que no conviene al adversario, y decir lo que le conviene, es delito. Cuando es constante el riesgo de que, por falta de solución tan inmediata como los males que piden remedio, acude el país a la guerra de la desesperación, -peca grandemente contra su deber quien contribuye a propagar la creencia en la inutilidad del sacrificio indispensable.

Y no es que nos infunda por acá temor, como Ud. dice, la pintura del sacrificio que nos enamora, ni que hablemos acá para quitarnos el miedo de unas cuantas hojas de papel. Aquí hablamos para que se oiga allá lo que allá no se puede decir; para levantar la piel podrida; para sacar la sangre al rostro de los cansados y los olvidadizos; para provocar cartas como la de Ud., en que el ataque injusto a un hombre que no ha manchado su mano con el salario que le pagan sus enemigos, sea al menos ocasión de enseñar cuánta virtud patriótica subsiste en los que vivieron demasiado en ella para que pudieran olvidarla. Hablamos para que se sepa que los cubanos que vivimos en el extranjero no vivimos enconados contra el cubano de la Isla, ni echándole en cara una situación de la que no se puede desembarazar; sino ardiendo en amor por él, y en deseo de juntar con él los brazos. Echemos atrás, Sr. Collazo, las guerras de personas, o de corrillo imperial y desdeñoso, o de casta cegata y empedernida; y echemos, Sr. Collazo, adelante las guerras públicas y generosas. (Pues si para algo vivo es para impedir, caso de que tal peligro hubiese, que cayera sobre Cuba una guerra que no fuere, desde su raíz hasta su fin, y en métodos como en propósitos, para el bien igual y durable de todos los cubanos!) Y no ha oído estos días a miles de hijos de Cuba proclamar, sin una sola voz de disentimiento, ni de rico ni de pobre, ni de negro ni de blanco, ni de patriota de ayer ni de patriota de hoy, ni de hombre de guerra ni de hombre de paz, que "El Partido Revolucionario Cubano no tiene por objeto llevar a Cuba una agrupación victoriosa que considere la Isla como su presa y dominio, sino preparar, con cuantos medios eficaces le permita la libertad del extranjero, la guerra que se ha de hacer para el decoro y bien de todos los cubanos, y entregar al país la patria libre?".

No hablamos aquí, Sr. Collazo, para caer en aquel triste estado de antes, cuando los héroes, abandonados por la guía incapaz de las emigraciones, tuvieron tiempo para gangrenarse de manera que a alguno le ha llegado acaso la gangrena al corazón; sino para impedir, como decía ayer un cubano en Cayo Hueso, que "vuelvan a ir por vías opuestas, según fueron, la revolución magnífica y conmovedora, la revolución radical y reconstructora de dentro de la Isla, y aquella de miedos y melindres, de formas y reservas, de corbatín y puño de oro, de lo que en algunos instantes parecieron más deseosos de entregar la patria al extranjero que de auxiliar su independencia". No hablamos aquí para rechazar fuerza alguna, de ayer o de hoy, que coadyuve al bien de la patria; ni para repeler, so pretexto de haberla servido, a los que quieran servirla. Pues, ¿qué suerte guardan, Ud. y sus tres compañeros, a los cubanos que por causas notorias no pudieron tomar parte de soldado en la guerra anterior; porque no vivían en Cuba al pie de su caballo; porque los sacaba la policía del barrio glorioso; porque salieron del banco de la escuela al banco de la prisión; porque la cárcel o la enfermedad o la pobreza los tuvo lejos de los embarcaderos de la guerra en los primeros años de las expediciones; porque luego no hubieran tenido más modo de ir al campo que echarse a nado al mar? ¿De modo que, para Ud. y sus tres compañeros, los que no pudimos servir a la patria con las armas llevaremos perennemente el marchamo de cobardes, y estamos incapacitados de servirla, o la hemos de servir como réprobos mal admitidos en la iglesia, aun cuando hayamos alzado del polvo la bandera de la Revolución en los instantes en que los que acababan de abandonarla se sentaban a la mesa del Gobierno español? ¡Pues vale más haber recogido del polvo la bandera, que servir al interés del enemigo, hiriendo por el costado a quien la lleva, en el instante en que se le ponen alrededor las fuerzas necesarias para la batalla!

Y ahora, Sr. Collazo, ¿qué le diré de mi persona? Si mi vida me defiende, nada puedo alegar que me ampare más que ella. Y si mi vida me acusa, nada podré decir que la abone. Defiéndame mi vida. Sé que ha sido útil y meritoria, y lo puedo afirmar sin arrogancia, porque es deber de todo hombre trabajar porque su vida lo sea: responder a Ud. sería enumerar los que considero yo mis méritos. Jamás, Sr. Collazo, fuí el hombre que Ud. pinta.

Jamás preferí mi bienestar a mi obligación. Jamás dejé de cumplir en la primera guerra, niño y pobre y enfermo, todo el deber patriótico que a mi mano estuvo, y fue a veces deber muy activo. Queme Ud. la lengua, Sr. Collazo, a quien le haya dicho que serví yo "a la madre patria". Queme Ud. la lengua a quien le haya dicho que serví en algún modo, o pedí puesto alguno, al Partido Liberal, o que, en eso de la Diputación hice más que oír al capitulado que me vino a tentar inútilmente, no sé en servicio de quién, la vanidad oratoria, y escribir, en respuesta a un ilustre santiaguero, la carta, tomada por la policía al portador, en la que dije que, caso de venirme diputación semejante, se entendiera que la aceptaba para defender en el Parlamento español lo único que a mi juicio puede defender allí, para bien de la Isla y de España, un cubano sensato: la independencia de Cuba. ¡Y con el pie en el barco de la guerra estaré, y si me encargasen que tentara la independencia por la paz, haría esperar el barco y la tentaría! Y en cuanto a lo de arrancar a los emigrados sus ahorros, ¿no han contestado a Ud. en juntas populares de indignación, los emigrados de Tampa y de Cayo Hueso? ¿No le han dicho que en Cayo Hueso me regalaron las trabajadoras cubanas una cruz? Creo, Sr. Collazo, que he dado a mi tierra, desde que conocí la dulzura de su amor, cuanto hombre puede dar. Creo que he puesto a sus pies muchas veces fortuna y honores. Creo que no me falta el valor necesario para morir en su defensa.

Y aquí cumple, Sr. Collazo, que aluda a lo que se sirve Ud. decirme sobre "darnos las manos en la manigua". Puede ser que el espíritu patriótico que resplandece en su carta, y la consagración de que a mis ojos gozan cuantos pelearon por la libertad, me permitieran olvidar, al darle la mía, que la mano de Ud. es la de un hombre que ha calumniado a otro. Vivo tristemente de un trabajo oscuro, porque renuncié hace poco, en obsequio de mi patria, a mi mayor bienestar. Y es frío este rincón y poco propicio para visitas. Pero no habrá que esperar a la manigua, Sr. Collazo, para darnos las manos; sino que tendré vivo placer en recibir de Ud. una visita inmediata, en el plazo y país que le parezcan convenientes.

Queda sirviéndole su compatriota,

José Martí.

CARTA A MANUEL MERCADO [288]

Habiendo tomado las armas, el 18 de mayo de 1895, desde el Campamento de Dos Ríos, Martí escribe una carta, la cual queda inconclusa, dirigida a su amigo Manuel Mercado. El 19 de mayo de 1895 es herido en combate y muere.

Campamento de Dos Ríos,
18 de mayo de 1895

Señor. Manuel Mercado.

Mi hermano queridísimo:
Ya puedo escribir: ya puedo decirle con qué ternura y agradecimiento y respeto lo quiero, y a esa casa que es mía, y mi orgullo y obligación; ya estoy todos los días en peligro de dar mi vida por mi país, y por mi deber —puesto que lo entiendo y tengo ánimos con que realizarlo— de impedir a tiempo con la independencia de Cuba que se extiendan por las Antillas los Estados Unidos y caigan, con esa fuerza más, sobre nuestras tierras de América. Cuanto hice hasta hoy, y haré, es para eso. En silencio ha tenido que ser, y como indirectamente, porque hay cosas que para logradas han de andar ocultas, y de proclamarse en lo que son, levantarían dificultades demasiado recias pª alcanzar sobre ellas el fin. Las mismas obligaciones menores y públicas de los pueblos, —como ese de Vd. , y mío,— más vitalmente interesados en impedir que en Cuba se abra, por la anexión de los imperialistas de allá y los españoles, el camino, que se ha de cegar, y con nuestra sangre estamos cegando, de la anexión de los pueblos de nuestra América al Norte revuelto y brutal q. los desprecia, —les habrían impedido la adhesión ostensible y ayuda patente a este sacrificio, que se hace en bien inmediato y de ellos. Viví en el monstruo, y le conozco las entrañas; — y mi honda es la de David. Ahora mismo; pocos días hace, al pie de la victoria con que los cubanos saludaron nuestra salida libre de las sierras en que anduvimos los seis hombres de la expedición

---

288 OC, 2001, 4:167-170.

catorce días, el corresponsal del *Herald,* q. me sacó de la hamaca
en mi rancho, me habla de la actividad anexionista, menos temible
por la poca realidad de los aspirantes, de la especie curial, sin cintura ni creación, que por disfraz cómodo de su complacencia o sumisión a España, le pide sin fe la autonomía de Cuba, contenta
sólo de que haya un amo, yankee o español, que les mantenga, o
les cree, en premio de su oficio de celestinos, la posición de prohom-
bres, desdeñosos de la masa pujante, —la masa mestiza, hábil y
conmovedora, del país,— la masa inteligente y creadora de blancos
y negros. Y de más me habla el corresponsal del *Herald;* Eugenio
Bryson: —de un sindicato yankee, — que no será, —con garantía
de las Aduanas, harto empeñadas con los rapaces bancos españoles p^a q. quede asidero a los del Norte, — incapacitado afortunada-
mente, por su entrabada y compleja constitución política, para emprender o apoyar la idea como obra del gobierno. Y de más me habló Bryson, —aunque la certeza de la conversación que me refería,
sólo la puede comprender quien conozca de cerca el brío con que
hemos levantado la revolución,— el desorden, desgano y mala
paga del ejército novicio español, —y la incapacidad de España p^a
allegar, en Cuba o afuera, los recursos contra la guerra q. en la vez
anterior sólo sacó de Cuba:— Bryson me contó su conversación con
Martínez Campos, al fin de la cual le dio a entender este q. sin
duda, llegada la hora, España preferiría entenderse con los E. Unidos a rendir la Isla a los cubanos: —Y aún me habló Bryson más:
de un conocido nuestro, y de lo q. en el Norte se le cuida, como
candidato de los Estados Unidos, p^a cdo. el actual presidente des-
aparezca, a la presidencia de México. Por acá, yo hago mi deber.
La guerra de Cuba, realidad superior a los vagos y dispersos deseos de los cubanos y españoles anexionistas a que sólo daría relativo poder su alianza con el gobierno de España, ha venido a su
hora en América, para evitar, aún contra el empleo franco de todas
esas fuerzas, la anexión de Cuba a los Estados Unidos, que jamás
la aceptarán de un país en guerra, ni pueden contraer, puesto que
la guerra no aceptará la anexión, el compromiso odioso y absurdo
de abatir por su cuenta y con sus armas una guerra de independencia americana. —Y México— ¿no hallará modo sagaz, efectivo
e inmediato, de auxiliar, a tiempo, a quien lo defiende? Sí lo hallará, —o yo se lo hallaré. Esto es muerte o vida, y no cabe errar.
El modo discreto es lo único que se ha de ver. Ya yo lo habría ha-
llado y propuesto. Pero he de tener más autoridad en mí, o de saber

quien la tiene, antes de obrar o aconsejar. Acabo de llegar. Puede aún tardar dos meses, si ha de ser real y estable, la constitución de nuestro gobierno, útil y sencillo. Nuestra alma es una, y la sé, y la voluntad del país; pº estas cosas son siempre obra de la relación, momento y acomodos. Con la representación que tengo, no quiero hacer nada que parezca extensión caprichosa de ella. Llegué, con el General Máximo Gómez y cuatro más, en un bote, en que llevé el remo de proa bajo el temporal, a una pedrera desconocida de nuestras playas; cargué, catorce días, a pie por espinas y alturas, mi morral y mi rifle, —alzamos gente a nuestro paso; siento en la benevolencia de las almas la raíz de este cariño mío a la pena del hombre y a la justicia de remediarla; los campos son nuestros sin disputa, a tal punto que en un mes sólo he podido oír un fuego; y a las puertas de las ciudades, o ganamos una victoria, o pasamos revista, ante entusiasmo parecido al fuego religioso, a tres mil armas; seguimos camino, al centro de la Isla, a deponer yo, ante la revolución que he hecho alzar, la autoridad que la emigración me dio, y se acató adentro, y debe renovar, conforme a su estado nuevo, una asamblea de delegados del pueblo cubano visible, de los revolucionarios en armas. La revolución desea plena libertad en el ejército, sin las trabas q. antes le opuso una Cámara sin sanción real, o la suspicacia de una juventud celosa de su republicanismo, o los celos, y temores de excesiva prominencia futura, de un caudillo puntilloso o previsor; pero quiere la revolución a la vez sucinta y respetable representación republicana, —la misma alma de humanidad y decoro, llena del anhelo de la dignidad individual, en la representación de la república, que la que empuja y mantiene en la guerra a los revolucionarios. Por mí, entiendo que no se puede guiar a un pueblo contra el alma que lo mueve, o sin ella, y sé cómo se encienden los corazones, y cómo se aprovecha para el revuelo incesante y la acometida el estado fogoso y satisfecho de los corazones. Pero en cuanto a formas, caben muchas ideas: y las cosas de hombres, hombres con quienes las hacen. Me conoce. En mí, sólo defenderé lo que tenga yo por garantía o servicio de la revolución. Sé desaparecer. Pero no desaparecería mi pensamiento, ni me agriaría mi oscuridad. —Y en cuanto tengamos forma, obraremos, cúmplame esto a mí, o a otros. Y ahora, puesto delante lo de interés público, le hablaré de mí, ya que sólo la emoción de este deber pudo alzar de la muerte apetecida al hombre que, ahora que Nájera no vive donde se le vea, mejor lo conoce, y acaricia como un tesoro en su corazón la amistad con que Vd. lo enorgullece. Ya sé sus regaños, callados, después de mi viaje. ¡Y tanto q. le dimos, de toda nuestra alma, y callado él! ¡Qué engaño es este y qué alma tan encallecida la suya, que el tributo y la honra de nuestro afecto no ha podido hacerle escribir una carta más sobre el papel de carta y de periódico que llena al día¡ ...

Hay efectos de tan delicada honestidad...

ENMIENDA PLATT DE 1901[289]

Que en cumplimiento de la declaración contenida en la Resolución Conjunta aprobada en 20 de abril de mil ochocientos noventa y ocho, estimulaba «Para el conocimiento de la Independencia del Pueblo cubano» exigiendo que el Gobierno de España renuncie a su autoridad y gobierno en la Isla de Cuba, y retire sus fuerzas terrestres, y marítimas de Cuba y de las aguas de Cuba y ordenando al Presidente de los Estados Unidos que haga uso de las fuerzas de tierra y mar de los Estados Unidos para llevar a efecto estas resoluciones; el Presidente por la presente quedó autorizado para dejar el Gobierno y Control de dicha isla, a su pueblo, tan pronto como se haya establecido en esa Isla un Gobierno bajo una Constitución en la cual, como parte de la misma, o en una ordenanza agregada a ella se definan las futuras relaciones entre Cuba y los Estados Unidos sustancialmente como sigue:

I.- Que el Gobierno de Cuba nunca celebrará con ningún Poder o Poderes extranjeros ningún tratado u otro convenio que pueda menoscabar o tienda a menoscabar la Independencia de Cuba ni en manera alguna autorice o permita a ningún Poder o Poderes extranjeros, obtener por colonización o para propósitos militares o navales, o de otra manera, asiento en o control sobre ninguna porción de dicha Isla.

II.- Que dicho Gobierno no asumirá o contraerá ninguna deuda pública para el pago de cuyos intereses y amortización definitiva después de cubierto los gastos del Gobierno, resulten inadecuados los ingresos ordinarios.

III.- Que el Gobierno de Cuba consiente que los Estados Unidos puedan ejercitar el derecho de intervenir para la conservación de la Independencia cubana, el mantenimiento de un Gobierno adecuado para la protección de vidas, propiedad y libertad individual y para cumplir las obligaciones que con respecto a Cuba han sido

---

289 Báez, 1974, 4:651.

impuestas a los Estados Unidos por el tratado de París y que deben ahora ser asumidas y cumplidas por el Gobierno de Cuba.

IV.- Que todos los actos realizados por los Estados Unidos en Cuba, durante su ocupación militar, sean tenidos por válidos, ratificados y que todos los derechos legalmente adquiridos a virtud de ellos, sean mantenidos y protegidos.

V.- Que el Gobierno de Cuba ejecutará y en cuanto fuese necesario cumplirá los planes ya hechos y otros que mutuamente se convengan para el saneamiento de las poblaciones de la Isla, con el fin de evitar el desarrollo de enfermedades epidémicas e infecciones, protegiendo así al pueblo y al comercio de Cuba, lo mismo que el comercio y el pueblo de los puertos del Sur de los Estados Unidos.

VI.- Que la Isla de Pinos será omitida de los límites de Cuba propuestos por la Constitución, dejándose para su futuro arreglo por Tratado la propiedad de la misma.

VII.- Que para poner en condiciones a los Estados Unidos de mantener la Independencia de Cuba y proteger al pueblo de la misma, así como para su propia defensa, el Gobierno de Cuba venderá o arrendará a los Estados Unidos las tierras necesarias para carboneras o estaciones navales en ciertos puntos determinados que se convendrán con el Presidente de los Estados Unidos.

VIII.- Que para mayor seguridad en lo futuro, el Gobierno de Cuba insertará las anteriores disposiciones en un Tratado Permanente con los Estados Unidos.

Bibliografía consultada

Abad, D. (1995). *De la Guerra Grande al Partido Revolucionario Cu bano*. La Habana, Cuba: Editorial de Ciencias Sociales.

Adams, J. Q. (1823). John Quincy Adams to Hugh Nelson, April 28, 1823, U.S. Congress, House of Representatives, 32d Cong., 1st sess., House Document No. 121, Ser. 648,

Aja Díaz, A. (2000). *La Emigración Cubana hacia Estados Unidos a la luz de su política Migratoria*. La Habana, Cuba: Centro de Estudios de la Migración Internacional. Tomado de http://bibliotecavirtual.clacso.org.ar/ar/libros/cuba/cemi/laemig.pdf

Aja-Díaz, A. (2013, Feb. 9). La migración: un fenómeno histórico. *La Jiribilla*, La Habana. Cuba [Página Web]. Tomado de http://www.lajiribilla.cu/articulo/3370/la -migracion-un-fenomeno-historico.

Alarcón de Quesada, R. (1998, Mayo). Cuba y la lucha por la demo cracia. *IX Conferencia de Presidentes de Parlamentos Democráticos Iberoamericanos*, celebrada en Montevideo, Uruguay. Tomado de http://www.cuba-si.ch/docs/89 .pdf

Aldao, C. A. (1907). *A través del Mundo*. , Buenos Aires, Argentina: Imprenta de M. Biedma é Hijo.

AMAE (1880, Nov. 28). Documentación en dos legajos fechados de 1842 a 1896, depositados en el Archivo del Ministerio de Asuntos Exteriores de Madrid, Correspondencia consular, H-1867. Cayo Hueso. En María Dolores González-Ripoll Navarro: La emigración cubana de Cayo Hueso (1855-1896): Independencia, tabaco y Revolución. *Revista de Indias*, Madrid, España. 1998, 58(212):237-254. Tomado de http://revistadeindias.revistas.csic.es/index.php /revistadeindias/article/viewFile/772/842

Anónimo (1847). *Cuadro estadístico de la siempre fiel isla de Cuba, correspondiente al año de 1846*. La Habana, Cuba: Imprenta del Gobierno y Capitanía General por S. M.

Argüelles, L. A. (1982). La huella martiana en Fernando Ortiz. En *Anuario del Centro de Estudios Martianos*.5:218-233. La Habana, Cuba: Centro de Estudios Martianos. Tomado de http://www.metro.inter.edu/cai/martianos/Anuario05.pdf

Arteaga-González, S. & Laureiro-Ramírez, I. (2012, Dic. 12). José Martí: precursor de la Cultura de paz. *Revista* digital *Varela*, Universidad de Ciencias Pedagógicas "Félix Varela Morales". 2(12). Santa Clara, Cuba. [Página Web]. Tomado de http:// www.revistavarela.rimed.cu/articulos/rv0202.pdf

Alvarez-Estévez, R. (1986). *La emigración cubana en Estados Uni dos, 1868-1878.* La Habana, Cuba: Editorial Ciencias Sociales.

Barcia, M. C., García, G. & Torres-Cuevas, E. (1996). *Historia de Cuba. Las luchas por la independencia nacional y las transfor- maciones estructurales. 1868-1898.* Instituto de Historia de Cuba. La Habana, Cuba. Editora Política.

Barcia-Zequeira, M. C. (1987). *Burguesía esclavista y abolición,* La Habana, Cuba: Editorial de Ciencias Sociales.

Báez, V. (1974). *La Enciclopedia de Cuba, Historia.* Madrid, España Enciclopedia y Clásicos Cubanos Inc. San Juan y Madrid. V. 4.

Baeza-Flores, A. (1992). La profunda sencillez de los Versos Senci llos de José Martí. *Círculo.* Revista de Cultura, XXI:7-12. To- mado de http://www.circulodecultura panamericano.org/estu- dios_sub_pgs/LA%20PROFUNDA%20SENCILLEZ%20DE %20LOS%20VERSOS%20SENCILLOS%20DE%20JOSE %20MARTI.htm

Barrera, M. (1979). *Race and Class in the Southwest: A Theory of Racial Inequality,* Notre Dame, IN: ND University Press, 1979.

Barnet-Rodríguez, A. (2011, Dic. 15) Esa profunda amalgama, la cubanidad. *Cubahora* [Página Web]. Tomado de http://www.cu- bahora.cu/historia/esa-profunda-amalga ma-la-cubanidad

Batista-Delgado, J. (2013). Patria. 14 de marzo de 1892. *José Martí Vida y Obra.* Perlavisión, Isla de la Juventud, Cuba [Página Web]. Tomado de http://www.perlavisi on.icrt.cu/josemarti/pa- ges/patria.html

Blanchard, L. (1975, Jul. 3). The History of Jews in Florida [La histo ria de los judíos en La Florida]. Religion in News [Religión en las Noticias]. *The Miami News.* Miami, La Florida. Tomado de http://news.google.com/newspapers?nid=2206&dat=1975 0703 &id=r9szAAAAIBAJ&sjid=gusFAAAAIBAJ&pg=3183,1309363

Bohórquez-Morán, C. L. (2003). *Francisco de Miranda: Precursor de la independencia de la América Latina.* La Habana, Cuba: Editorial Ciencias Sociales.

Bojórquez-Urzaiz, C.E. (2006). *Martí y la emigración cubana de Yu catán frente al nacimiento de la República (1902-1925).* Chapter 13. En The Cuban Republic and José Martí : reception and use of a national symbol, edited by Mauricio A. Font and Alfonso W. Quiroz. Lanham, MD: Lexington Books.

Bosch, J. (1981). *De Cristóbal Colón a Fidel Castro: El Caribe, fron tera imperial*, La Habana, Cuba: Casa de las Américas.

Boyle, C. (2008, Julio). Individuación o la teoría de la traición I. *Re flexiones Siesteras.* [Blog]. Tomado de http://carlosboyle.blogs pot.com/2008/07/individuacin-o-la-teora-de-la-traicin.html

Buch-Sánchez, R. M. (2009). De Caballero a Martí. Trayectoria de la filosofía cubana Electiva del siglo XIX. Revista *Honda*, 25:50, La Habana, Cuba. Tomada de http://www.josemarti.cu/files/06-De%20Cabalero%20a%20Mart%C3%AD.pdf

Camacho, J. (2008). Liberalismo y etnicidad: las crónicas mexica nas y guatemaltecas de José Martí. *Ciberletras*, Revista de crítica literaria y de cultura. No. 19. Tomado de http://www.lehman .cuny.edu/ciberletras/v19/camacho.html

Casasús, Juan J. E. (1952). *La emigración cubana y la independen cia de la patria.* La Habana, Cuba: Editorial Lex.

Castellanos, G. (1935). *Motivos de Cayo Hueso. Contribución a la historia de la emigración cubana en Estados Unidos.* La Habana, Cuba: UCAR, García y cía.

Césaire, A. (1955). *Discours sur le colonialisme.* París, Francia: Éditions Présence Africaine. Tomado de http://www.larevuedesres-sources.org/IMG/pdf/CESAIRE .pdf - Traducción al español en Revista *Casa de las Américas*, La Habana, No. 36-37, mayo-agosto de 1966.

Céspedes, C. M. de (1974). Carta a José M. Mestre en: Fernando Portuondo y Hortensia Pichardo, *Carlos Manuel de Céspedes. Escritos*, Tomo I. La Habana, Cuba: Editorial de Ciencias Sociales.

Céspedes, C. M. (1993, Feb. 5). Carta al señor Charles Summer Wells, presidente de la comisión del senado de los Estados Unidos, en: Hortensia Pichardo. Morir todos o ser independientes. Revista *Bohemia*, La Habana, Cuba.

Chang-Ramírez, J. A. (2008, Nov. 24). El Padre Las Casas en la percepción de José Martí. *Monografías.com* [Página Web]. Tomado de http://www.monografias.com /usuario/perfiles/jose_alberto_chang_ramirez/monografias

Cisneros-Betancourt, S. (1968). Voto Particular contra la Enmienda Platt. Revista *Pensamiento Crítico*, La Habana, Cuba: nº 13, pp191-198. Tomado de http://www.filosofia.org/rev/pch/1968 /pdf/n13p186.pdf

Colectivo (1985). *Historia del movimiento obrero cubano: 1865-1958*. Instituto de Historia del Movimiento Comunista y la Revolución Socialista de Cuba. La Habana, Cuba: Editora Política. 1985 (1987).

Colectivo de Autores (1994). *El Diferendo Estados Unidos Cuba*, La Habana, Cuba: Editorial Verde Olivo.

Collazo, E. (1981). Cuba Independiente. Santiago de Cuba, Cuba: Editorial Oriente. Tomado de https://archive.org/details/cubaindependien00collgoog

Connell-Smith, G. (1997). *Los Estados Unidos y América Latina*, Ciudad de México, México: Fondo de Cultura Económica.

Cordoví-Núñez, Y. (2003) *Liberalismo, crisis e independencia en Cuba, 1880-1904*. La Habana, Cuba: Editorial de Ciencias Sociales.

Cosío-Villegas, D. (1966). *Estados Unidos falla en Cuba*, en *Ensayos y notas*. Barcelona, España: Editorial Hermes.

Cova, A. R. de la (2003, Verano). Fernandina Filibuster Fiasco: Birth of the 1895 Cuban War of Independence. *The Florida Historical Quarterly*. 82(1):16-42. Tomado de http://www.latinamericanstudies.org/academic/fernandina.pdf

Darío, R. (1905). *Los Raros*. Buenos Aires, Argentina: Maucci Her manos, Caye Cuyo 1070. Segunda edición, corregida y aumentada. Tomado de http://cdigital.dgb .uanl.mx/la/1080011103 /1080011103.PDF

De Bary Nee, V. G. & De Bary Nee, B. (1973). *Longtime Californ': A Documentary Study of an American Chinatown,* New York, NY: Pantheon Books.

De Hostos, E. M. (1939). *Obras Completas,* en *Temas cubanos.* Vol IX. La Habana, Cuba: Editora Comercial.

Deleuze, G. & Guattari, F. (1972). *Capitalismo y esquizofrenia: Mil mesetas y El Antiedipo*. Paris, Francia: Editorial de Minuit.Tomado de http://patriciolepe.files .wordpress.com/2010/05/mil-mesetas-capitalismo-y-esquizofrenia-deleuze-y-guattari.pdf

Departamento de Guerra: *Informe sobre el Censo de 1899,* Wa shington, DC. 1900, p. 103. Tomado de http://ufdc.ufl.edu/UF0 0102145/00001

Deulofeu, M. (1905). *Martí, Cayo Hueso y Tampa. La emigración. Notas históricas.* Cienfuegos, Cuba: Imprenta de Anteo Cuevas y Hermano.

Díaz-Versón, S. (2002, Ene.). La dignidad del cubano. [Página Web]. Tomado de http://www.autentico.org/oa09605.php

Dunning, J. (1998). The Helms-Burton Act: A Step in The Wrong Di rection For United States Policy Toward Cuba. *Journal of Urban and Contemporary Law*, 54:213-237. Washington University, St. Luis, MO. Tomado de https://law.wustl.edu /journal/54/Dunni _.pdf

Elson, H. W. & Pardo-Riquelme, A. (1956). *Estados Unidos de América*. Barcelona, España: Salvat.

Ette, O. (1968). Apuntes para una Orestiada Americana Jose Marti y el Diálogo Intercultural entre Europa y America Latina. *Revista de Crítica Literaria Latinoamericana*, 12(24):137-145.

Ette, O. (2005). Una literatura sin residencia fija. Insularidad, histo ria y dinámica sociocultural en la Cuba del siglo XX. Universi-dad de Potsdam *Revista de Indias*, 2005, LXV(235):729-754. Tomado de http://revistadeindias.revistas.csic.es/index .php/re-vistadeindias/article/download/388/457

Falabella-Luco, S. (2005). José Martí o América como el cuerpo de la madre enferma. *Revista Electrónica: Documentos Lingüísti-cos y Literarios UACh.* Universidad Austral de Chile, Santiago, Chile. Documentos Lingüísticos y Literarios 28: 23-28. Tomado de http://www.humanidades.uach.cl/documentos_linguisticos /document.php?id=88

Figueroa, S. (1942). *Martí y las emigraciones.* La Habana, Cuba: Archivo José Martí, II (1):95-97.

Fernández-Retamar, R. (1975, Nov. 19). Desatar a América y desuncir al hombre. Notas sobre la ideología del Partido Revo-lucionario Cubano. Conferencia ofrecida en la Universidad de La Habana el 19 de noviembre de 1975. En *El Partido Revolu-cionario de José Martí*, compilación y edición de Eva Pedroso del Campo. La Habana, Cuba: Editora Política, 1982.

Fernández-Retamar, R. (1981) *Cuál es la literatura que inicia José Martí. Anuario del Centro de Estudios Martianos.*4:46-47. La Habana, Cuba: Centro de Estudios Martianos.

Fernández-Retamar, R. (2008, Oct-Nov-Dic). Apuntes sobre la cul tura de nuestra América. *Calibán*, Revista Cubana de Pensa-miento e Historia. La Habana, Cuba. Tomado de http://www.re-vistacaliban.cu/imprimir_articulo.php?article_id=15

Florida Heritage (2012, Junio 30). *La Herencia Cubana en la Flo rida.* Florida Division of Historical Resources [División del Es-tado de La Florida de Recursos Históricos]. Tallahassee, La Florida: Department of State [Departamento de Estado de La Florida]. Tomado de https://archive.org/details/floridacubi00flor

Foner, P. S. (1973). *Historia de Cuba y sus relaciones con los Esta dos Unidos*, La Habana, Cuba: Editorial Ciencias Sociales.

Foner, P. S. (1980) Visión martiana de los dos rostros de los Esta dos Unidos. En *Anuario del Centro de Estudios Martianos*.3: 218-236. La Habana, Cuba: Centro de Estudios Martianos. Tomado de http://biblioteca.clacso.edu.ar/ar/libros/cuba /marti /anuarios/Anuario03.pdf

Fornet, A. (1994). *El libro en Cuba Siglos XVIII y XIX.* La Habana, Cuba: Editorial Letras Cubanas.

Fornet, A. (1996). El (otro) discurso de la identidad. *La Gaceta de Cuba.* La Habana., Cuba. 5:14-16. Tomado de http://www.lajiribilla.cu/articulo/3352/el-otro-discurso-de-la-identidad

Fornet, A. (2013, Feb. 9). El discurso de la nostalgia. *La Jiribilla*, La Habana. Cuba [Página Web]. Tomado de http://www. Lajiribilla .cu/articulo/3378/el-discurso-de-la-nostalgia.

Fowler, W. W. (1958). *Aeneas at the site of Rome, Observations in the eighth book of the Aeneid.* New York, NY:B. H. Blackwell, Broad Street. p.24, 86. Tomado de https://archive.org/details /aeneasatsiteofr00fowl

Franklin, J. (2001).U.S. Policy toward Cuba: from Neocolony to state of Siege. [Página Web]. Tomado de http://andromeda.rutgers.edu/~hbf/resist.htm

Franklin, J. (2006). *Cuba and the United States a Chronological His tory* [Cuba y los Estados Unidos una Cronología Histórica]. Victoria, Australia: Ocean Press. Segunda edición. Tomado de http://janefranklin.info/Cuba_and_the_US_book .pdf

García, P. A. (2011, Feb. 10). Una pelea cubana contra la injeren cia. Revista *Bohemia.* La Habana, Cuba. Tomado de http: //www.bohemia.cu/2011/02/10/historia /enmienda-platt.html

García, P. A. (2001, Feb. 24). Proyección latinoamericanista del 24 de febrero. Periódico *Granma*, La Habana, Cuba. Tomado de http://www.granma.cu/gran mad/secciones/26-julio-2011/de-jose-marti/articulo-3.html

García-Iturbe, N. (2010, Dic. 20). La actualidad del pensamiento martiano. *Cuba y su Historia* [Página Web]. La Habana, Cuba. http://gustanes.blogspot.com/2010/12 /la-actualidad-del-pensamiento-martiano.html

García-Iturbe, N. (2007, Ene. 1). *Estados Unidos, de raíz.* La Ha bana, Cuba: Centro de Estudios Martianos.

García-Moreno, M. L. (2011, Marzo 2). Patria: un periódico alto y hermoso. Unión de Periodistas de Cuba, UPEC [Página Web] .Tomado de http://www.upec.cu/marti_ periodista/65.htm

García-Moreno, M. L. (2012, Sept. 7). Nacimiento de una hermosa tradición: el Día de la Patria. *Cubaperiodistas* [Página Web]. Tomado de http://www.cubaperiodistas .cu/marti_periodista/95 .htm

Geschwender, J. A. (1978). *Racial Stratification in America,* Dubu que, Iowa: William C. Brown.

Gobierno General de la Isla de Cuba (1886) Política. Reservado. Revistas decenales, 1886. Citado en: *Historia del movimiento obrero cubano: 1865-1958.* Instituto de Historia del Movimiento Comunista y la Revolución Socialista de Cuba. La Habana, Cuba: Editora Política. 1985 (1987).

Gómez, J. G. (1968). Independencia o Muerte, Libertad o Muerte, Patria o Muerte. Respuesta a comunicación del Gobernador Militar de Cuba en relación con la Enmienda Platt. IX. Documento discutido en sesión secreta de la Convención Constituyente del 1ro de Abril de 1901. Revista *Pensamiento Crítico*, La Habana, Cuba: nº 13, pp186-190. Tomado de http://www.filosofia.org/rev/pch/1968/pdf/n 13p186.pdf

Gómez, J. G. (1974). *Por Cuba Libre.* La Habana, Cuba: Editorial de Ciencias Sociales. Instituto Cubano del Libro.Editorial de Ciencias Sociales, Instituto Cubano del Libro, 1974

Gómez-Barata, J. (2009, Ene. 26). La emigración cubana: miradas. *Cubadebate.* [Página Web]. Tomado http://www.cubadebate.cu /opinion/2009/ 01/26/la-emigracion-cubana-miradas

Gómez-Martínez, J. L. (2005). Reflexiones para la lectura "Mi raza". *Ensayistas.org* [Página Web]. Tomado de http://www.ensayis-tas.org/curso3030/textos/ensayo /raza-r.htm

Gómez-Miller, V. (2011, Mayo 18). El Delegado del Partido Revolu cionario Cubano, José Martí. *Radio Coco*. La Habana, Cuba. Tomado de http://www.radiococo.icrt. cu/index.php?option=com _content&view=article&id=19232:el-delegado-del-partido-revo-lucionario-cubano-jose-marti&catid=90:marti-en-la-historia& Ite-mid=46

Goñí, F. (1848).Tratado de las relaciones internacionales de Es paña. Lecciones Pronunciadas en el Ateneo de Madrid. Madrid, España: Establecimiento tipográfico de Don Ramón Rodríguez de Rivera, Editor. Calle de la Manzana, No. 14. páginas 233-265. Tomado de http://www.filosofia.org/aut/002/1848fg.htm

González-Echevarría, R. (1997, Sept.-Dic.). El contrapunteo y la li teratura. Revista *Actual*, 37:151-162. Dirección de Cultura de la Universidad de Los Andes. Mérida, Venezuela.

González-Munné, P. (2001). *Las Casas, un fraile poseído por la verdad,* pp107-113. En *Al sonido de mí mismo.* Coral Gables, FL: Editorial Letra Viva.

González-Ripoll-Navarro, M. D. (1998, Ene.-Abr). La emigración cu bana de Cayo Hueso (1855-1896): Independencia, tabaco y Revolución. *Revista de Indias*, Madrid, España.1998, 58 (212):237-254. Tomado de http://revistadeindias .revistas .csic.es/index.php /revistadeindias/article/viewFile /772/842

Griñán-Peralta, L. (1943). *Martí, líder, político.* La Habana, Cuba: Editorial Jesús Montero.

Griñán-Peralta, L. (1970). *Martí: líder político.* La Habana, Cuba: Instituto Cubano del Libro, Editorial Ciencias Sociales.

Guanche, J. (2003). África en Cuba y América: las heridas de la es clavitud. *Revista del CESLA*, Centro de Estudios Latinoameri-canos. 4(5):71-88. Universidad de Varsovia, Polonia. Tomado de http://www.cesla.uw.edu.pl/www/images/stories /wydawnict wo/czasopisma/revista/revista_5/guanche.pdf

Guerrero, R. (1895). *Crónica de la Guerra de Cuba (1895-96).* Es crita por Rafael Guerrero con los datos suministrados por los corresponsales de Habana y New York y documentos adquiridos al efecto. 5 tomos. Barcelona, España: Editorial de M. Maucci, 1895-97. Tomado de http://ufdc.ufl.edu/UF00074011 /00003

Guerra y Sánchez, R. (1935). La expansión territorial de los Esta dos Unidos a Expensas de España y de los países hispanoamericanos. La Habana, Cuba: Editorial Cultural.

Guerra y Sánchez, R. & Pérez-Peña, F.E. (2003). The territorial ex pansion of the United States: at the expense of Spain and the Hispanic-American countries [La expasión territorial de los Estados Unidos a expensas de España y los Países Latinoamericanos. Maryland, EEUU. University Press of America.

Guerra-Díaz, R. (2010, Feb. 2). Martí y los tabaqueros. *Monografías* [Página Web]. Tomado de http://blogs.monografias.com/marti-otra-vision/ 2010/02/02/ marti-y-los-tabaqueros/

Hart-Dávalos, A. (2005). *Marx, Engels y la condición humana. Una visión desde Cuba.* La Habana, Cuba: Editorial Ciencias Sociales. Tomado de http://educarteoax .com/pedagogizando/descar gas/otros/Marx_Engels.pdf

Hart-Dávalos, A. (2008, Oct.). Jose Marti y el pensamiento funda cional. Revista *Honda*, 23:4-5. Tomado de http://www.cubarte .cult.cu/periodico/letra-con-filo/jose-marti-y-el-pensamiento-fundacional-de-la-revolucion-cubana/7015.html

Hidalgo Paz, I. (2003). José Martí 1853-1895. Cronología. 2003. *Jo semarti.cu.* La Habana, Cuba. Segunda edición. CD-R. Tomado de http://www.josemarti.cu /index.php?q=node/19

House Executive Documents, 1854, 33 Congress 2 Session, Volumen X Doc. 93. *Ostend Manifesto.* Washington, DC.

Hudson, R. A. (1947). *Cuba: a country study.* Federal Research Division, Library of Congress, edited by Rex A. Hudson, 4th edition. Washington, DC. Tomado de http://lcweb2.loc.gov/frd /cs/pdf/CS_Cuba.pdf

Hunt, N. (2014). La Independencia Norteamericana. *La historia de Cuba desde su Descubrimiento hasta nuestros días.* [Página Web] Tomado de http://www .cubahistory.org/es/ocupacion-inglesa-e-independencia-norteamericana /independencia-norteamericana.html

Isern, J. (1971). *Pioneros cubanos en USA, 1575-1898*, Miami, FL: Cénit Printing.

Jefferson, T. (1824, Oct. 24). To the President of the United States [Al Presidente de los Estados Unidos] (James Monroe) Monticello, October 24, 1823. University of Groningen. Groningen, Holanda. A hypertext on the history of the United States from the colonial period until modern times [Página Web]. Tomado de http://www.let.rug.nl/usa/presidents/thomas-jefferson/letters-of-thomas-jefferson/jefl275.php

Krauze, E. (2007, Feb.) El Che, la vida y milagros. Revista *Letras Libres.* Ciudad de México, México. 65:18-24. Tomado de http://www.letraslibres.com/revista /convivio/el-che-vida-y-milagros?page=full#

Kossok, M. (1989). *La revolución en la historia de América La tina: estudios comparativos.* Editorial de Ciencias Sociales, 1989.

Lamas, J. (2010, Enero 26). Ecos Vigueses de la Guerra de Cuba. *La Voz de Galicia.* Arteixo, A Coruña, España. Tomado de http://www.lavozdegalicia.es/vigo/2010/01/27/0003_8254668.htm

Leal, E. (1995, Nov. 8). La migración histórica cubana. Conferen cia en el Palacio de Las Convenciones. *Nación y Emigración*, La Habana. Tomado de http:// anterior.nacionyemigracion.cu /Antecedentes/Conferencia2_ConferenciaEusebioLeal.html

Limia-Díaz, E. (2014, Ene. 30). El Martí que nos convoca. *Dialogar, dialogar* [Página Web]. Tomado de http://dialogardialogar.word press.com/2014/01/30/el-marti-que-nos-convoca/

Lizaso, F. (1953). *Martí, Martyr of Cuban Independence* [Martí, Már tir de la Independencia Cubana. Albuquerque, NM: The University of New Mexico Press.

Loynaz del Castillo, E. (1089). *Memorias de la guerra.* La Habana, Cuba: Editorial de Ciencias Sociales.

López-Blanch, H. (1997, Julio 20). Testimonio. Patriotas del Cayo. Revista *Bohemia.* La Habana. 89(13):12-15. Tomado de http://www.scribd.com/doc/2663142/Cubanos -en-Key-West.

López-Civeira, F, (2003, May). Tampa en Marti, Martí en Tampa. In vestigadora Asociada del Centro de Estudios de Migraciones Internacionales, Universidad de La Habana, Cuba.Tomado de http://mailman.acomp.usf.edu/pipermail/ccs/2004-June/000 168.html

Loyola-Vega, O. (1998). La alternativa histórica de un 98 no consu mado. Revista *Temas,* no 12-13. La Habana, Cuba.

Macías-Reyes. R. & Peña-Frómeta, R. (2010. Sept.). Fernando Or tiz: Ciencia, Conciencia y Paciencia, en *Contribuciones a las Ciencias Sociales, Eumed.* La Habana, Cuba. Universidad Central de las Villas. Tomado de http://www.eumed .net/rev/cc css/09/mrpf.pdf

Madison, J. (1809, Abr. 27). *The James Madison Papers.* Thomas Jefferson to James Madison. Original: Image 2013 of 2138. Tomado de http://memory.loc.gov/cgi-bin/am page?collId=mjm &fileName=25/mjm25.db&recNum=2012&itemLink=h? ammem /mjm:@field(DOCID+@lit(mjm0 22316))

Mainadé-Martínez. M. (2010, Ene. 28). José Martí y su antimperia lismo. *Prensa Latina.* Radio Juvenil [Página Web]. 10:39. Tomado de http://www.radiojuvenil.icrt.cu /index.php/2013-04-02-21-51-56/historia/1495-jose-marti-y-su-antimperialismo

Mañach, J. (1950). *Martí. The Apostole of Freedom.* Martí. El Após tol de la Independencia. Prólogo de Gabriela Mistral. Nueva York, NY: The Devin-Adair Co.

Mañach, J. (2001). *Martí. El Apóstol.* La Habana, Cuba: Editorial Ciencias Sociales.

Marinello, J. (1977). *Americanismo y Cubanismo literarios, Ensa yos*, La Habana, Cuba: Editorial Arte y Literatura.

Martí-Pérez, J. (1973). Fragmentos, *Obras Completas*. La Habana, Cuba: Instituto Cubano del Libro.

Martí-Pérez, J. J. (1980). *Correspondencia particular para El Partido Liberal*, El Partido Liberal, México, 4 de Julio de 1886, en Anuario del Centro de Estudios Martianos, 3. Edición Ela López Ugarte. La Habana, Cuba: Centro de Estudios Martianos.

Martí-Pérez, J. J. (1980a). *La inmigración en los Estados Unidos y en Hispanoamérica. Aviso a México*, en Nuevas Cartas de Nueva York. Edición de Ernesto Mejía Sánchez. Ciudad de México, México: Siglo XXI Ediciones.

Martí-Pérez, J. J. (1980b). *José Martí, Nuevas cartas de Nueva York. Correspondencia Particular: El Partido Liberal, México, julio de 1886*. Investigación, introducción e índice por Ernesto Mejía Sánchez. Ciudad de México, México: Editorial Siglo XXI.

Martí-Pérez, J. J. (1982). *Escenas Neoyorquinas*, en Anuario del Centro de Estudios Martianos (CEM), 5. Edición Ela López Ugarte. La Habana, Cuba: CEM. Tomado de http://www.mproyecetro.inter.edu/cai/martianos/Anuario05.pdf

Martí-Pérez, J. J. (1983). *Otras crónicas de Nueva York*. La Habana, Cuba. Centro de Estudios Martianos y Editorial de Ciencias Sociales.

Martí-Pérez, J. J. (2001, Nov. 7). *Obras completas*. Edición Digital de las Obras Completas de José Martí. Centro de Estudios Martianos, Karisma Digital. Versión de los 27 volúmenes de la Segunda Edición de las Obras Completas publicada por la Editorial de Ciencias Sociales, en La Habana, Cuba, 1975.

Martínez, M. B. (2003, Abr.-Jun.). Ocho notas en torno al cuerpo de/en José Martí. *Islas*, Revista de la Universidad Central "Marta Abreu" de Las Villas. 45(136):18-38. Tomado de

Masó y Vázquez, C.C. (1998) *Historia de Cuba,* Editado por Leonel A. De La Cuesta. Miami, FL: Ediciones Universal.

Medina Castro, M. (1968). *Estados Unidos y América Latina: Siglo XIX.* La Habana, Cuba: Casa de las Américas.

Mesa-Zamora, D. E., Carrillo-Zulueta, A. & Rodríguez-Esmorí, D. (2012). El Partido Único de la Revolución Cubana. *Monografías* [Página Web]. Filial Universitaria de Ciencias Médicas "Dr. Eusebio Hernández Pérez". Matanzas, Cuba. Tomado de http://www.monografias.com/trabajos98/partido-unico-revolucion-cubana /partido-unico-revolucion-cubana.shtml

Milton, J. (2012). *El paraíso perdido* (*Paradise Lost* en inglés). Tampa, EEUU: Editorial Doulos.

Molina, M. de la (2009, Abril 3). Respuesta de la destacada historiadora Mildred de la Torre Molina al artículo titulado El autonomismo: más que un debate, del profesor Alexis Pestano Fernández, que aparece en la sección Tema Polémico correspondiente al número 1-2009 y que fue publicado en el Suplemento Digital No. 61. *Espacio Laical.* Publicación del Consejo de la Arquidiócesis deLa Habana. Suplemento Digital 63. Tomado de http://espaciolaical.org/contens/esp/sd_ 062.pdf

Nabel-Pérez, B. (2011, Nov, 30). Presencia y actualidad de Martí en Tampa. *Librínsula.* Revista de la Biblioteca Nacional "José Martí". La Habana, Cuba. Tomado de http://librinsula.bnjm.cu

National Archives (1958). *Passenger Lists of Vessels Arriving at New York, 1820-1897*, microfilm, Roll 440: Jul. 19-Ago. 18, 1881. Washington, DC. En Ripoll (1976). *José Martí. Letras y huellas desconocidas.* Colección Torres Library of Literary Studies nº24, p. 70. New York, NY: Eliseo Torres & Sons,

Navarro, S.J. (2008). Del imperialismo político al neocolonialismo cultural: El mito de la Madre Patria y sus proyecciones mediáticas. *Arte y Cultura en la Globalización.* Ed. Carlos Borro. Buenos Aires, Argentina: Editorial La Bohemia.Tomado de http://www.sjuannavarro.com/files/madre.patria.pdf

Olivera-Pérez, D. (2000, Abr.-Jun.). Análisis martiano del fenómeno migratorio. *Islas*, 42(124):70-79. Revista de la Universidad Central "Marta Abreu" de Las Villas. Tomado de http://revistas.mes

.edu.cu/greenstone/collect/repo/import/repo /20090319-u/00471 54200208.pdf

Ortiz, F. (1934, May-Jun). De la música afrocubana. Un estímulo para su estudio. En *Revista Universidad de La Habana*. 1(3): 111-125.

Ortiz, F. (1947). *El huracán: su mitología y sus símbolos*. México: Fondo de Cultura Económica. Tomado de http://www.ram-wan .net/restrepo/latinoamericanas/ortiz .pdf

Ortiz, F. (1955, Ene-Dic). Más y más fe en la ciencia. *Revista Bi mestre Cubana*, 70(1): 161-183

Ortiz, F. (1987). *Contrapunteo cubano del Tabaco y el Azúcar*, Pró logo y Cronología de Julio Le Riverend. Caracas, Venezuela: Biblioteca Ayacucho.

Ortiz, F. (1993). Los factores humanos de la cubanidad, en *Etnia y Sociedad*. La Habana, Cuba: Editorial de Ciencias Sociales.

Ortiz, F. (1996) Fernando Ortiz y la Cubanidad 1881-1969. Funda ción Fernando Ortiz. Ciudad de La Habana, Cuba: Ediciones Unión.

Ortega y Gasset, J. (1983). *¿Quién manda en el mundo?* En: *La re belión de las masas*. Madrid, España: Editorial Orbis. XVI:149-161. Tomado de http://www.laeditorial virtual.com.ar/pages/Or-tega_y_Gasset/Ortega_LaRebelionDeLasMasas02.htm

Pacheco, M. C. (2002). Integración o Hegemonismo: Una visión martiana. *Anuario del Centro de Estudios Martianos,* No. 25. Tomado de http://www.josemarti.cu/?q= sumario&ano=2002 &nombre=Anuario% 20del%20CEM%20No.%2025%20/%20 2002

Pérez, L. (1999-2000, Invierno). Una aproximación demográfica: De Nueva York a Miami, Revista *Encuentro de la Cultura Cubana*. Madrid, España: 15:13-23. Tomado de http://arch1.cubaen-cuentro.com/pdfs/15/completa.pdf

Pérez-Firmat, G. (1989): *The Cuban condition. Translation and identity in modern Cuban literature* [La condición de cubano. Traducción e identidad en la literatura cubana moderna]. Oxford, UK: Oxford University Press.

Pérez-Firmat, G. (1990, Jul.- Dic.). Noción de José Kozer (Estudio). *Revista Iberoamericana* LVI(1247-1256):151-160. Tomado de http://revista-ibero americana.pitt.edu/ojs/index.php/Iberoamericana/article/view/4822/4982

Pino-Torrens, R. E. (2000, Oct.-Dic.). La familia, la escuela, el presi dio y el destierro en la formación ética martiana. *Islas*, Revista de la Universidad Central "Marta Abreu" de Las Villas, Cuba. 42 (126): 89-112. Tomado de http://local.cenit.cult.cu /sites/revista _islas/pdf/126_10_Pino.pdf

Pollklas, S. (1997, Nov. 15). American History Leaflets. Colonial and Constitutional No. 2. [Página Web]. University of Virginia. Tomado de http://xroads.virginia.edu/~ hyper/hns/ostend/ostend .html

Ponte Domínguez, F. (1958). *Historia de la guerra de los diez años. Desde la asamblea De Guáimaro hasta la destitución de Céspedes.*. La Habana, Cuba: Academia de la Historia de Cuba.

Portell-Vilá, H. (1938) *Historia de Cuba en sus relaciones con los Estados Unidos y España*. La Habana, Cuba: J. Montero.

Portuondo del Prado, F. (1965). *Historia de Cuba, Hasta 1898*. La Habana, Cuba: Editorial del Consejo Nacional de Universidades. 6ª edición.

Portuondo del Prado, F. (2005). Fuentes y raíces del pensamiento de José Martí. *Nuestra América*. Prólogo. Segunda Edición. Caracas, Venezuela: Biblioteca Ayacucho. Tomado de http:// www.ufrgs.br/ppghist/documentos/sumulas/Nuestra %20Am%C 3%A9rica%20-Jos%C3%A9%20Mart%C3%AD.pdf

Portuondo-Pajón, G. L. (1997, sep,-dic). El problema antropológico y la superación del Positivismo en Fernando Ortiz, Revista *Actual*. Dirección de Cultura de la Universidad de Los Andes, Mérida, Venezuela. Nº 37:163-186.

Portuondo-Pajón, G. L. (1998, Junio). Fernando Ortiz: una cubani dad entre el Etnos y la Historia. Revista *Vivarium*. Centro de Estudios de la Arquidiócesis de La Habana. XVI. Tomado de http://www.letralia.com/86/en02-086.htm

Portuondo-Pajón, G. L. (2000, Feb. 7). La transculturación en Fer nando Ortiz: imagen, concepto, contexto. *Letralia*. 86. Cagua, Venezuela. Tomado de http://gladys leandraportuondo.blogspot .com/2012/07/gladys-l-portuondo-la-transculturacion .html

Portuondo, M. I. (2011) .Dos concepciones de la unidad: Latinoa mericanismo vs. Panamericanismo. Sus orígenes Facultad de Ciencias Médicas de la Habana "General Calixto García", Cuba. *Ilustrados.com* [Página Web].Tomado de http://www .ilustrados.com/tema/11084/concepciones-unidad-Latinoameri-canismo-Panamericanismo-origenes.html

Prieto, A. (2001, Junio). Cultura, cubanidad,cubanía. *La Jiribilla* No. 2 [Página Web]. Tomado de http://www.lajiribilla.cu/2001/n8_ju-nio/203_8.html

Quesada y Miranda, G. de (1935). *Papeles de Martí*. Miscelánea, Carta a José Martí de Fausto Teodoro del Aldrey, 3 de mayo 1882.La Habana, Cuba: Imprenta El Siglo XX, A. Muñiz y Her-mano.

Quesada y Miranda G. de (1940). *Martí, hombre*. Dibujos simbólicos por Oscar Salas. La Habana, Cuba: S. Scoane, Fernández y Cía. Impresores, Compostela 661, La Habana.

Quesada y Miranda, G. de (1948). *Archivo de Gonzalo de Quesada. Epistolario*. La Habana, Cuba: Imprenta El Siglo XX.

Quintana-Suárez, R. (2013). Componentes ético-políticos en la ideología de la Revolución Cubana. *Biblioteca Virtual Eumed* [Página Web]. La Habana, Cuba. Tomado de http://www.eu-med.net/libros-gratis/2013a/1307/1307.pdf

Ramos, J. A. (1916). *Manual del perfecto fulanista, apuntes para el estudio de nuestra dinámica político-social*. La Habana, Cuba: Jesús Montero.

Ramírez-Cañedo, E. (2014, Ene. 22). Dardos venenosos contra la historia de Cuba: la politización autonomismo. *Cinereverso* [Página Web]. Tomado de http://cinereverso.org/?p=12185

Rauch, B. (1974). *American Interest in Cuba: 1848-1855*. London, UK: Octagon Books.

Roa, R. M. (1890). *A pie y descalzo*. De Trinidad a Cuba, 1870-71, Recuerdos de Campaña, Ayudante Secretario de Agramonte. La Habana, Cuba: Establecimiento Tipográfico, Calle de O Reilly 9. Tomado de http://www.latin americanstudies.org/book/A_pie_y_descalzo.pdf

Ripoll, C. (1976). *José Martí. Letras y huellas desconocidas*. Colección Torres Library of Literary Studies nº24, New York, NY: Eliseo Torres & Sons,

Ripoll, C. (2001, May.19). Martí, Exilio y Emigración. [Página Web]. http://eddosrios.org/marti/Article-24/exi_inmi.htm.

Rodríguez, J.I. (1900). *Estudio histórico sobre el origen, desenvolví miento y Manifestaciones prácticas de la idea de la anexión de la isla de Cuba á los Estados Unidos de América*. La Habana, Cuba: Imprenta La Propaganda Literaria. Tomado de http://www.latinamericanstudies.org/book/anexion-rodriguez.pdf

Rodríguez, M. M. (2001, Sept. 6-8). Cubanos en Key West, Dos Si glos: de Tabaqueros a Pescadores. Centro de Estudios Migraciones Internacionales, Universidad de La Habana, ponencia en *XXI International Congress of Latin American Studies Association* [Conferencia del Congreso Internacional de la Asociación de Estudios Latinoamericanos, LASA]. Tomado de http://lasa.international.pitt.edu /Lasa2001/RodriguezMartinezMiriam.pdf

Rodríguez, P. P. (2002). *De Las Dos Américas: Aproximaciones Al Pensamiento Martiano*. La Habana, Cuba: Centro de Estudios Martianos.

Rodríguez, P. P. (2006, Mayo 28). José Martí en Defensa de la Hu manidad. *Cubarte*, La Habana, Cuba [Página Web]. Tomado de *http://www.cubarte.cult.cu/periodico /opinion/13855/13855.html*

Rodríguez, P. P. (2011, Dic.). El poema de 1810: José Martí Ante las independencias Hispanoamericanas. Pontifical Catholic University of São Paulo, Brasil. Projeto História N° 43. Música e artes, pp311-318. Tomado de http://revistas.pucsp.br /index .php/revph/article/download/5735/6700

Rodríguez-Chávez, E. (1992, Enero-Junio). El patrón migratorio cu bano: cambio y Continuidad. *Cuadernos de Nuestra América,* IX(18):77-95 La Habana, Cuba: Centro de Estudios de América (CEA).

Rodríguez La O, R. (2007). *La Argentina en José Martí.* La Habana, Cuba: Ediciones Abril.

Rodríguez-Rivera, G. (2013, Feb. 2). El desamparo insular. Revista *La Jiribilla,* La Habana, Cuba. [Página Web]. Tomado de http:// www.lajiribilla.cu/2004/n1%2067 _07/167_04.htmldesamparo-insular.

Roig de Leuchsenring, E. (1975). *Cuba no debe su independencia a los Estados Unidos.* Santiago de Cuba, Cuba: Editorial Oriente. Tomado de http://www.latin americanstudies.org/1895/roig.pdf

Rojas, R. (1998). *Isla sin fin.* Miami, La Florida: Editorial Universal.

Romero, Z. M., Sánchez-Bermúdez, J. A. & Pérez-Machado, J. L. (2001, Oct.-Dic). La resistencia villareña ante la Enmienda Platt: Sagua la Grande, un caso de rebelión popular. Revista *Islas,* 43(130):117-133. Tomado de http://local.cenit. cult.cu/si-tes/revista_islas/pdf/130_12_Zoraida.pdf

Ronning, C. N. (1990). *José Martí and the Émigré Colony in Kew West. Leadership and State Formation* [José Martí y la colonia de emigrados de Cayo Hueso. Liderazgo y formación del es-tado]. Nueva York, NY: Praeger.

Rubens, H. S. (1932). *Liberty. The Story of Cuba* [Libertad, la histo ria de Cuba]. Nueva York, NY: Brewer, Warren & Putman, Inc.

Santos Moray, M. (2004). Juan Gualberto Gómez, Antiplatista y An timperialista. La Habana, Cuba. Revista *La Jiribilla* [Página Web]. Tomado de http://www.lajiribilla .cu/2004/n167_07/167

_04.html

Sarabia, N. (1982). El Plan de Fernandina y los espías del diablo. En *Anuario del Centro de Estudios Martianos*.2:200-209. La Habana, Cuba: Centro de Estudios Martianos. Tomado de http://www.latinamericanstudies.org/1895/sarabia.pdf

Sexto, L. (2013, Ene. 26) Mi Martí. Periódico *Juventud Rebelde*. La Habana, Cuba. Tomado de http://www.juventudrebelde.cu/opinion/2013-01-26/mi-marti/%20Mi% 20Martí

Soulé, P. (2008). Papers, Mss. 401, 1044, 1085, 2028, Louisiana and Lower Mississippi Valley Collections, LSU Libraries, Baton Rouge, La. Tomado de http://www.lib.lsu .edu/special/findaid/0401m.pdf

Sosa de la Cruz, H. (2005, May). Estados Unidos y sus relaciones con Cuba Durante el siglo XIX. *Ilustrados* [Página Web]. Tomado de http://www.ilustrados.com/tema/ 6724/Estados-Unidos-relaciones-Cuba-durante-siglo.html

Steinsleger, J. (2009, Nov. 8). Ethos del bloqueo por José. *La Jornada*. Universidad Nacional Autónoma de México. México, DF: México. Tomado de http://www. jornada.unam.mx/2009/11/04/index.php?section=opinion&article=019a2pol

Suárez-Salazar, L. (2008, Oct.-Nov.-Dic.). Las bicentenarias luchas por la verdadera Independencia de nuestra América: Algunas lecciones de la historia. *Calibán*. Revista Cubana de Pensamiento e Historia. La Habana, Cuba. 1, pp. 67-83. Tomado de http://www.revistacaliban.cu/articulo.php?article_id=7

Schulman, I. A. (2003, Oct.-Dic.). José Martí: Migraciones, Viajes y la creación de la Nación Cubana. *Revista Iberoamericana*, LXIX (205):927-933. Tomado de http://revista-iberoamericana .pitt.edu/ojs/index.php/Iberoamericana/article /download/5618/5766

Sevilla Soler, R. (1998, Ene.-Abr.). ¿"Opinión Pública" Frente a "Opinión Publicada"? 1898: La cuestión cubana. *Revista de Indias*, Madrid, España. 58(212):255-276.

Sixto de Sola, J. (1913, Dic.) *El pesimismo cubano*, en Cuba Con temporánea. La Habana, I(4)273-303.

Sorolla, I. (2013, Feb. 6). Apenas algunas ideas sobre la relación migración-cultura en el caso cubano. *La Jiribilla*, La Habana. Cuba [Página Web]. Tomado de http:// www.lajiribilla. cu/articulo/3397/apenas-algunas-ideas-sobre-la-relacion migracion-cultura-en-el-caso-cubano.

Suárez, M., Achucaro, C., Fretes, Y., Benítez, A., Dure, P. & Ortiz Riveros, C. E. (2012, Sept. 9). El problema de los indios [Página Web]. Tomado de http://conquistade americadelnorte .blogspot.com/p/el-problema-de-los-indios.html

Szulc, T. (2000, Feb. 8). *Fidel: A Critical Portrait*. Nueva York, NY: Avon Books.

Tabraue-Castro, C. J. (2003). Emigración y Sociedad en la Recom posición de la Nueva Cuba. LASA 2003, Universidad de Pittsburg. En *Cuba: sociedad, cultura y política en tiempos de globalización,* editado por Mauricio de Miranda Parrondo. Bogotá, Colombia: Pontificia Universidad Javeriana, 7:171-202. Enero 1ro, 2003. Tomado de http://lasa.international.pitt.edu/Lasa 2003/TabraueCastroCarlosJose .pdf

Thomas, H. (1971). *Cuba: The Pursuit of Freedom* [Cuba: la bús queda de la libertad]. New York, NY: Harper and Row.

Tinajero, A. (2007). *El Lector de Tabaquería: Historia de una tradi ción cubana*. Madrid, España: Editorial Verbum.

Toledo-Sande, L. (1887, Ago. 27). José Martí contra The New York Herald. The New York Herald contra José Martí. En *Anuario del Centro de Estudios Martianos.*10:21-72. La Habana, Cuba: Centro de Estudios Martianos.Tomado de http://www.metro.inter.edu/cai/martianos/Anuario10.pdf

Toledo-Sande, L. (2003. Ago. 27) Los Pinos Nuevos. Periódico *Granma*, La Habana, Cuba. Tomado de http://www.granma.cubaweb. cu/secciones/26-julio-2011/de-jose-marti/articulo-8.html

Toledo-Sande, L. (2010, Mayo 6). Dos Ríos y Nueva York, Revista

Bohemia, La Habana, Cuba: Tomado de http://www.bohemia .cu/2010/05/06/historia/jose-marti.html

Tornero, P. (1998). Desigualdad y racismo. Demografía y sociedad en Cuba a fines de la época colonial. *Revista de Indias*, Centro de Ciencias Humanas y Sociales, CSIC. LVIII(212)25-46. doi: 10.3989/revindias.1998.i212.763. Tomado de http:// revista-deindias.revistas.csic.es/index.php/revistadeindias/article/view /763/833

Uriarte, M. (1995, Abr.-Jun.). Los cubanos en su contexto: teorías y debates sobre la Inmigración cubana en los Estados Unidos, en Revista *Temas*, La Habana, 2:64-78.

Urrutia-Barrroso, L. de (1995). Aproximación de un análisis del pro ceso migratorio Cubano. *Papers, revista de sociología*, 1997, 52(1): 49-56. Tomado de http:// www.raco.cat/index.php/pa-pers/article/viewFile/25462/25295

Valdés-García, F. & Morán-Beltrán, L. E. (2008). Martí y el conflicto de razas, *Revista Cubana de Ciencias Sociales*. La Habana, Cuba. 38/39:137-150. Tomado de http://biblioteca.filosofia.cu /php/export.php?format=htm&id=2353&view=1

Van Stone, E. (2011, Feb. 11). Cuban Reconcentrados. *Cultura* [Pá gina Web]. Tomado de http://profe.benjaminearwicker.com/stu-dents/blog-main/tags/General-Weyler/

Vaquero, I. (2009, Ene. 2). De cómo la prensa provocó una guerra. *Cinehistoria* [Página Web]. 8:55 pm CST. Tomado de http:// www.cinehistoria.com/la_prensa_provoco _una_guerra.pdf

Varona, E. J. (1933). El *Imperialismo a la Luz de la Sociología El imperialismo a la luz de la sociología: El fracaso colonial de España. El aprismo y Haya de la Torre*. La Habana, Cuba: Editorial Apra.

Vera-León, A. (2013, Feb. 9). El uno y su doble. *La Jiribilla*, La Ha bana, Cuba [Página Web]. Tomado de http://www.lajiribilla.cu/ articulo/3358/el-uno-y-su-doble

Vitier, C. (1970) *Lo cubano en la poesía*. La Habana, Cuba: Instituto

Cubano del Libro.

Vitier, C. (2002). *Ese Sol Del Mundo Moral: Para una historia de la eticidad Cubana.* Ciudad de México, México: Siglo XXI Editores.

Vitier, C. (2004). *Vida y obra del Apóstol José Martí.* La Habana, Cuba: Centro de Estudios Martianos.

Wilson, W. & Batchelder, J. D. (1902). A History of the American People, 5 Volúmenes. Nueva York, NY: Harper and Brothers.

Zambrano, M. (1991, Feb.). La Cuba secreta. Revista *Vivarium*, II. Centro de Estudios de la Arquidiócesis de La Habana.

Anexos

PERSONALIDADES CITADAS

PEDRO GONZÁLEZ MUNNÉ

14 Bartolomé de Las Casas (1472-1566). Siguió cursos de latín y de ciencias humanas antes de partir para Hispaniola con la expedición dirigida por Nicolás de Ovando en 1502. Con Pánfilo de Narváez él llega a Cuba donde recibe el cargo de capellán y una *encomienda*, una institución socio-económica mediante la cual un grupo de individuos debía retribuir a otros en trabajo, especie o por otro medio, para disfrutar de un bien o una prestación que hubiesen recibido. La institución del Siervo sujeto a un Señorío estaba establecida en toda Europa. Paulatinamente toma conciencia de las injusticias del sistema contra los indígenas y decide combatirlo. Considera que los únicos propietarios del Nuevo Mundo son los indios y que los españoles debían ir con el objetivo de convertir a los indígenas en la fe. Esta toma de conciencia lo lleva a rechazar todas sus *encomiendas* y a comenzar una campaña defendiendo a los indios, demostrando los aspectos negativos de ese sistema. Su proyecto está dirigido al rey Fernando y al cardenal Cisneros, quien lo nombraría *Protector de los Indios* en 1516.

15 Armando Enrique Hart Dávalos (n. La Habana, Cuba, el 13 de junio de 1930) es un ex dirigente estudiantil reformista, abogado, revolucionario, político y educador cubano. Como dirigente del Movimiento 26 de Julio participó activamente en la Revolución cubana de 1958-1959. Fue Ministro de Educación de Cuba entre 1959 y 1965 y Ministro de Cultura desde 1976 a 1997 y ha sido receptor de los más altos reconocimientos en Cuba, como la orden José Martí.

17 Fernando Ortiz es una de las figuras científicas de mayor trascendencia de América Latina y el más importante etnólogo y antropólogo de Cuba.

18 Ambrosio Fornet. (1932, Veguitas) Crítico literario, ensayista, editor y guionista de cine cubano. Durante décadas uno de los críticos más notables e influyentes de la isla.

19 Juan Marinello y Vidaurreta. (1898- 1977) Poeta y ensayista cubano, una de las figuras intelectuales más relevantes de la cultura isleña, rector de la Universidad de La Habana (1962), fue vicepresidente del Consejo Ejecutivo de la UNESCO. [N. del E.]

28 Domingo María de las Nieves del Monte y Aponte, conocido como Domingo del Monte (Maracaibo, actual Venezuela (1804-1853), crítico y escritor cubano. Participó en la creación de la Academia de Literatura Cubana.

29 José María Heredia (1803-1839). Intelectual, poeta (considerado como uno de los mejores poetas cubanos, llamado *Cantor del Niágara* por su oda Niágara), abogado y periodista, exiliado en los EEUU (1823) por participar en la conspiración *Soles y rayos de Bolívar,* logia masónica por la independencia, 1er. intento de liberación de los criollos.

30 Cirilo Villaverde de la Paz (1812-1894). Contemporáneo periodista, novelista, maestro, traductor y escritor, implicado primero en la corriente del anexionismo y después de 1868 a la causa independentista. Autor de la clásica novela cubana *Cecilia Valdés o La loma del ángel*. Con Juan Manuel Macías, confeccionó la bandera de Cuba, hoy pabellón oficial: 2 franjas blancas, tres azules, un triángulo rojo y una estrella solitaria. Sobre ella juraron luchar y ofrendar la vida por una Cuba independiente.

31 Félix Varela y Morales (1788-1853), notable de la Iglesia Católica en EEUU y Cuba. Nació en La Habana, murió en San Agustín (FL), fundó periódicos en español de EEUU, *El Habanero* y *El Mensajero Semanal*.

32 José Antonio Saco (1797-1879), político, diputado a las Cortes de España, escritor, ensayista, historiador. Una de las figuras cubanas más notables del siglo XIX.

33 El General **Antonio de la Caridad Maceo y Grajales** (1845-1896), segundo Jefe Militar del Ejército Libertador. Conocido como *El Titán de Bronce*. Uno de los líderes independentistas más destacados de la segunda mitad del siglo XIX.

34 Eusebio Leal Spengler (La Habana, 1942), Historiador de La Habana. Doctor en Ciencias Históricas y Maestro en Ciencias Arqueológicas; distinguido por la restauración del Casco Histórico de La Habana, declarado por la Unesco en 1982 *Patrimonio de la Humanidad*.

35 Gertrudis Gómez de Avellaneda (1814-1873), escribió bajo el seudónimo de La Peregrina, fue una novelista, dramaturga, poetisa, cuentista, ensayista y editora cubana. Escritor prolífica, es recordado por sus polémicas y progresistas ideas, como las descritas en su novela antiesclavista *Sab* (1841). Establecidó temprano en su carrera una reputación como una talentosa escritora cuyo comportamiento no convencional era tan conocido como sus obras. En parte porque su trabajo examinó las desigualdades de género, así como de raza y clase, experimentó duras críticas de sus pares masculinos. A pesar de estas dificultades, continuó escribiendo sobre temas de interés e importancia para las mujeres, creando un cuerpo sustancial de trabajo considerada importante para su ideología abolicionista y feminista.

36 *Cecilia Valdés o la loma del Ángel* (1839) es una novela de Cirilo Villaverde, es considerada como una de las más representativas de la cubanía. Es una zarzuela basada en dicha novela, compuesta por Gonzalo Roig. La obra se desenvuelve en La Habana colonial, hacia el 1830. *Cecilia* es el nombre de la película del director Humberto Solás, que llevó al cine esta novela en 1982.

39 Juan de Mena (1411-1456), poeta español perteneciente a la escuela alegórico-dantesca del prerrenacimiento español, conocido por *Laberinto de Fortuna.*

40 Aleksandr Serguéyevich Pushkin (1799-1837) poeta, dramaturgo y novelista, funda la literatura rusa moderna. Escribe poemas sediciosos como *Oda a la libertad* y el zar Alejandro I, lo destierra. A su muerte le sucede Nicolás I, que toma a Pushkin bajo su protección y le permite regresar a Moscú.

42 Manuel Antonio Mercado y de la Paz (1838-1909). Mexicano, Licenciado en Leyes, Oficial Mayor de la Secretaría de Gobierno del Estado en Michoacán, diputado al Congreso de la Unión. Desempeñó con extrema pulcritud diversos cargos en los Tribunales de Justicia y en el gobierno. En 1882 fue nombrado Subsecretario de Gobernación. En 1875, al arribar José Martí a México, Mercado residía en la casa contigua, se conocen y comienza así una amistad que perduraría toda la vida. Lo ayudó en muy difíciles situaciones y fue su más fiel e íntimo confidente. Conservó amorosamente más de un centenar de cartas que Martí le escribiera, por lo que se han conocido valiosísimos aspectos de la vida y el pensamiento del Héroe cubano.

43 Francisco Sellén (1836-1907), escritor, poeta y traductor cubano. Lucha por la independencia de Cuba en el partido Reformista, luego en el exilio, colabora en la fundación del Partido Revolucionario Cubano.

45 Rafael María de Mendive y Daumy (1821-1886). Huérfano, su hermano mayor Pablo, se hizo cargo de su educación y le enseñó Literatura Española, Inglés y Francés. Hizo estudios de Derecho y Filosofía, obtuvo la licenciatura en 1867, viajó a Europa en 1844 y en 1848 publica aparece su primer libro de versos, *Pasionarias.* Regresó a Cuba en 1852, donde funda algunas de las principales revistas de la época, entre ellas la Revista de La Habana (1853-1857).

47 José Cipriano de la Luz y Caballero (1800-1862), educador cubano, a quien José Martí calificara de "el silencioso fundador...". Se graduó en filosofía (1817), Universidad de la Habana y en leyes en el Seminario de San Carlos.

48 Roberto Fernández Retamar (1930) Comenzó a estudiar pintura y arquitectura, pero terminó Humanidades en la Universidad de La Habana, donde más tarde se doctoró en Filosofía y Letras (1954). Profundiza sus estudios en las universidades de La Sorbona (París y Londres).

50 Francisco Pizarro (1471 ó 76–1541), conquistador español, sometió al imperio Inca en América del Sur de 1524 a 1526, destruyendo su cultura, idioma y religión.

55 Calixto García Iñíguez (1839-1898). General cubano, gran autodidacta. La mayor parte de su cultura personal fue por mérito personal, aprovechando los años que estuvo desterrado en España, estudió sobre todo el arte de la guerra por la utilidad que podría tener esto en las luchas independentistas cubanas contra la metrópoli española.

57 Sotero Figueroa, incansable defensor de la independencia de Puerto Rico del régimen colonial español, artesano y tipógrafo, fue también periodista, poeta y dramaturgo. Fue sepultado en Cuba, isla a la cual amó tanto como a su patria puertorriqueña

59 William Randolph Hearst (1863-1951) Publicista, político y magnate de la prensa y los medios estadounidenses. Consolidó uno de los más grandes imperios empresariales de la historia, con un total de 28 periódicos de circulación nacional, entre ellos *Los Angeles Examiner*, *The Boston American*, *The Atlanta Georgian*, *The Chicago Examiner*, *The Detroit Times*, *The Seattle Post-Intelligencer*, *The Washington Times*, *The Washington Herald* y su periódico principal *The San Francisco Examiner*, además de empresas editoriales, compañías y emisoras radiales, así como revistas, tal es el caso de *Cosmopolitan*, *Town and Country* y *Harper's Bazaar*, entre muchas otras. Se destacó por usar los medios como instrumentos políticos, además de famoso promotor de la prensa amarilla, generando escándalos y ejerciendo la manipulación mediática, para lograr beneficios económicos y políticos, como el caso de la *Guerra hispano-estadounidense*, así como la campaña en contra de la Revolución Mexicana debido a la inmensa cantidad de propiedades y haciendas poseidas por él en territorio mexicano, que se habrían visto en riesgo con la rebelión popular.

69 Fausto Teodoro de Aldrey, director-propietario del diario venezolano *La Opinión Nacional*.

70 Félix Rubén García Sarmiento, conocido como Rubén Darío (1867-1916) fue un poeta nicaragüense, máximo representante del modernismo literario en lengua española. Es posiblemente el poeta que ha tenido una mayor y más duradera influencia en la poesía del siglo XX en el ámbito hispánico. Es llamado *príncipe de las letras castellanas*.

86 James Gillespie Blaine (1830-1893) político republicano estadounidense, representante de Estados Unidos, vocero de la cámara de representantes, senador por el Estado de Maine y dos veces Secretario de estado.

Fue nominado para Presidente en 1884, pero fue derrotado por el demócrata Grover Cleveland. Blaine fue uno de los líderes republicanos de finales del siglo XIX.

87 Carlos A. Aldao (1860-1932). Diplomático, abogado, político e intelectual de la Argentina. Gracias a su desempeño diplomático pudo recorrer el mundo y escribió dos libros de crónicas de viaje, *A través del mundo* (1907) y *Vagando y divagando* (1924).

89 Thomas Jefferson (1743-1826), tercer presidente de los EEUU (1801-1809). *Padres Fundador de la Nación*. Principal autor de la *Declaración de Independencia* de 1776. Promotor de los ideales del republicanismo, anticipó la visión de Estados Unidos de América como un gran *imperio de la libertad* promotor de democracia y lucha contra el hegemonismo británico.

90 John Quincy Adams (1767-1848). Hijo del segundo presidente de EEUU, John Adams. Diplomático y Secretario de Estado, participó en la creación de la *Doctrina Monroe*. [N. del E.]

91 Henry Clay (1777-1852), estadista norteamericano, fue candidato a la presidencia en diversas ocasiones. Miembro de la Cámara de Representantes (1810) y Presidente del Congreso en varias ocasiones. Promocionó el proteccionismo y se interesó por fortalecer los medios del país. Fue uno de los más fieros defensores de la guerra entre EEUU y el Reino Unido.

93 Simón José Antonio de la Santísima Trinidad Bolívar y Palacios Ponte y Blanco, mejor conocido como **Simón Bolívar**, (1783-1830) fue un militar y político venezolano de la época pre-republicana de la Capitanía General de Venezuela; fundador de la Gran Colombia y una de las figuras más destacadas de la emancipación americana frente al Imperio español. Contribuyó de manera decisiva a la independencia de las actuales Bolivia, Colombia, Ecuador, Panamá, Perú y Venezuela.

96 Carlos Manuel Perfecto del Carmen de Céspedes y López del Castillo (1819-1874). Líder de los independentistas cubanos en sus inicios. Se levantó en armas contra el gobierno español el 10 de octubre de 1868, concediéndoles la libertad a sus esclavos e invitándoles a unirse a la lucha anticolonialista. Fue Mayor general del Ejército Libertador y Primer Presidente de la República de Cuba en Armas.

97 Ignacio Agramonte y Loynaz, conocido como "el Mayor" (1841-1873) redactó la primera constitución de la República de Cuba. En 1868 se unió a las fuerzas de Carlos Manuel de Céspedes (ver 241) en la insurrección de La Demajagua y se encargó de dirigir a los rebeldes en la provincia de Camagüey. Más tarde, con la conformidad de Céspedes, desempeñó el cargo de comandante de las fuerzas revolucionarias. En el combate de Jima-guayú, perdió la vida cuando no había cumplido los 32 años.

98 Francisco Vicente Aguilera y Tamayo (1821-1877). Hacendado cu-bano, colaboró estrechamente con Carlos Manuel de Céspedes. Entregó su fortuna y vida por la causa de la independencia.

99 Enrique Collazo y Tejada (1848-1925), General veterano de la Guerra Grande, y autor de dos cartas dirigidas a Martí y publicadas en un periódico habanero.

106 Néstor Leonelo Carbonell Figueroa: Capitán del Ejército Libertador cubano y periodista destacado. Combatiente de la Guerra del 68, conspira-dor durante la Tregua Fecunda y estrecho colaborador de José Martí en la emigración.

107 José Gómez Santoya, patriota y emigrado, destacado en la lucha por la independencia y actividad política en el destierro.

112 Andrés Sánchez Iznaga, patriota cubano emigrado, insistió desde que se radicó en New Orleans en la lucha armada por la independencia y pos-teriormente en Tampa, donde encabezó los Clubes revolucionarios (En Poyo, Gerald Eugene. *Cuban émigré communities in the United States and the independence of their homeland 1852-1895.* http://www.ar-chive.org/stream/cubanemigr ecommu00poyo /cubane-migrecommu00poyo_djvu.txt

115 José Dolores Poyo y Estenóz, periodista, escritor, poeta y lector de tabaquería, fue uno de los fundadores del Partido Revolucionario Cubano (PRC) y figura prominente de la emigración en los preparativos de la Guerra de Independencia de 1895-1898. Presidió el Cuerpo de Consejo de Cayo Hueso, elegido anualmente (1892-1898) y el Club revolucionario Luz de Yara; perteneció también al Club Cayo Hueso y el Club Serafín Sánchez. En: Diana Abad. *De la Guerra Grande al Partido Revolucionario Cubano.* Ed. Ciencias Sociales, Habana, 1995.

116 Carlos Roloff-Mialofsky, de nombre real **Karol Rolow-Miałowski**, (1842-1907), fue un inmigrante polaco que participó en las luchas por la independencia de Cuba. En 1859 abandonó Polonia, participó en la guerra secesionista (1861-1865) en los Estados Unidos. Posteriormente, ya en Cuba, fue uno de los jefes militares en la llamada Guerra de los Diez Años (1868-1878). En 1869 fue ascendido al grado de General. Después de la guerra, se destacó como activista del movimiento independentista cubano en el exilio en los Estados Unidos, representó su ala radical, colaboró con José Martí y con el Partido Revolucionario Cubano, fundado por Martí en 1892. En 1895 regresó a Cuba; durante la Guerra de Independencia (1895-

1898) fue uno de los jefes del Ejército Libertador cubano y Ministro de guerra en el gobierno de Cuba Libre, después de la guerra fue secretario general del ejército, posteriormente fue Tesorero General en los primeros años de la república, manteniendo una vida activa y pública.

117 Mayor General **Serafín Sánchez Valdivia** (1846-1896). Desde joven se integró a clubes revolucionarios y 4l 10 de octubre de 1868, con el levantamiento de Carlos Manuel de Céspedes en La Demajagua y el de los camagüeyanos el 4 de noviembre del mismo año, se pronuncia en armas contra el colonialismo español. Se une a los mayores generales Ignacio Agramonte y Máximo Gómez, forjó su índole de luchador incansable, y ascendió de grados rápidamente, alcanzando la más alta jerarquía en el Ejército Libertador. Aunque luchaba en la manigua, esto no le impidió continuar su obra como maestro, alfabetizaba a combatientes y campesinos. En 1879, con el inicio de la **Guerra Chiquita** [(1879-1880) el segundo de los tres conflictos de la Guerra Cubana de la Independencia contra España, fue la continuación de la Guerra de los Diez Años (1868-1878)] tomó las armas en Las Villas para seguir el movimiento revolucionario que se inició en el Oriente de la isla. Al fracasar el intento se trasladó a Santo Domingo junto a Máximo Gómez, con el cual y José Martí mantuvo una estrecha amistad. Viajó a Estados Unidos y a Cayo Hueso, donde se destacó como el más alto colaborador de José Martí para la Revolución independentista. **Serafín Sánchez** fue sin dudas junto a Gómez y Maceo uno de los principales caudillos de la guerra de 1895. Su posición radical, hizo que no sólo fustigara a España, al racismo y divisionismo, sino que previó las intenciones norteamericanas de tomar la isla. Se destacó como hombre de pensamiento y acción, de elevada estatura ideológica y visión política. El 18 de noviembre de 1896 protagonizó su último combate, en el Paso de Las Damas, expiraba el héroe espirituano de las 3 guerras.

118 Vicente Martínez Ybor (1818-1896) fue un empresario español famoso por ser el constructor de un complejo residencial, industrial y de ocio que acabaría recibiendo el nombre de Ybor City. En 1868, tras el estallido de la guerra por la independencia, tomó partido por los independentistas cubanos, a los que apoyó económicamente. Descubierto por las autoridades españolas, se refugió con su familia al año siguiente a Cayo Hueso, Estados Unidos.

119 Gonzalo de Quesada y Aróstegui (1868-1915). Destacado patriota, orador y publicista cubano. Conoció a Martí en un acto en Nueva York el 10 de octubre de 1889. En esa ocasión, él tuvo el honor de presentarlo y lo llamó por primera vez Apóstol y fue uno de sus más fieles colaboradores. Graduado de abogado en 1891, formó parte del consejo de redacción del periódico Patria y se desempeñó como Secretario del Partido Revolucionario Cubano. Al marcharse Martí de Nueva York en 1895, para trasladarse hacia Cuba con el objetivo de su contribución al desarrollo de la guerra que ya estaba punto de reiniciarse, le confía a Gonzalo todas las gestiones para seguir prestando ayuda material a la lucha independentista, como el envío de expediciones armadas y la realización de la propaganda necesaria. De hecho se queda como Encargado de Negocios de la República en Armas para servirla en lo que pudiera hacer falta para su sostenimiento. Martí igualmente, en emotiva carta fechada el primero de abril de 1895, catalogada como su testamento literario, le hace depositario de sus libros, trabajos y otros materiales suyos. Tras concluir la guerra en 1898 Gonzalo de Quesada es miembro de la Convención que redactó la Constitución de 1901. Posteriormente fue designado Ministro Plenipotenciario en Estados Unidos.

120 Rafael Rodríguez Agüero (1846-1905). General de División del Ejército Libertador. Se incorporó a la caballería camagüeyana bajo las órdenes del Mayor General Ignacio Agramonte, de quien fue ayudante. Figuró entre los 35 jinetes que acompañaron a Agramonte en el rescate del entonces General de Brigada Julio Sanguily en 1871. Se destacó en el combate de Soledad de Pacheco y estuvo en Jimaguayú, en 1873, donde cayó Agramonte, de cuyo Estado Mayor era jefe. En 1873, al hacerse cargo de la 1ra División Camagüey, el Mayor General Máximo Gómez lo ascendió a teniente coronel y lo ratificó Jefe del Estado Mayor. En 1875 Gómez lo designó para sustituir al Mayor General Carlos Roloff en la jefatura de la 2da División del 3er Cuerpo, de Las Villas. Siendo jefe de la caballería del 2do Cuerpo, de Camagüey, lo ascendieron a general de brigada (1877). En 1878 salió rumbo a Jamaica acompañando a Gómez. Tiempo después marchó a Honduras e ingresó en el ejército de ese país, asumiendo en mayo de 1882 el mando militar de la ciudad de Amapala. Llegó a Cuba en la expedición del segundo viaje del vapor Florida, desembarcando por Camagüey en1898. Gómez le confirió el grado de general de división y jefe de su estado mayor, convirtiéndose en el último en ocupar tal cargo. En 1899, integró la Comisión Consultiva creada por Gómez para el licenciamiento del Ejército Libertador. En 1901 fue inspector general del cuerpo de la Guardia Rural con grado de teniente coronel, siendo en 1903 jefe del Cuerpo de Artillería del Ejército Nacional, con igual grado.

121 Fernando Figueredo y Socarrás (1846-1929) se une a la causa revolucionaria en 1868 con diferentes cargos importantes, como secretario del Presidente de la República en Armas, Carlos Manuel de Céspedes y al éste ser depuesto (1873), asumió como Jefe del estado mayor de la Primera División del Primer Cuerpo del Ejército de Oriente. Luego fue Secretario del gabinete del tercer Presidente de la República de Cuba en Armas, hasta 1876, al ser electo miembro de la Cámara de Representantes. Al final de la guerra tenía el grado de coronel. Secretario del Gobierno Revolucionario y luego de la Guerra Chiquita de 1878, fue al exilio, primero a la República Dominicana y en 1881 a Cayo Hueso. En 1884, se hizo ciudadano norteamericano y fue electo representante a la legislatura de la Florida por el

Condado de Monroe. Activo políticamente, sin embargo siempre se mantuvo active en la lucha por la libertad de Cuba y en enero de 1892, José Martí y otros revolucionarios lo visitaron en su casa de Cayo Hueso, donde se fundó el Partido Revolucionario Cubano.

123 Cornelio Brito, humilde patriota negro cubano, en cuya casa se da una reunión en la que se funda la *Liga de Instrucción* patriótica, sociedad análoga a la que existe en Nueva York, con 30 miembros. Aguilera Almaguer, Osmany. *Cronología Martiana*. p. 4. http://www.monografias.com/trabajos93/cronologia-martiana/cronologia-martiana4 .shtml#ixzz2MWIZvUVh

124 Paulina Hernández Hernández de Pedroso es la madre negra a quien José Martí, según lo han atestiguado conocidos de la época de esta singular mujer apellidos que debe a don Juan Hernández, quien fuera "dueño" de sus padres, africanos de origen carabalí– nació en Pinar del Río el 10 de mayo de 1855 y murió en La Habana el 22 de mayo de 1913, según una entrada firmada por el párroco de la Iglesia San Nicolás de Bari. Paulina y su compañero de vida Ruperto Pedroso lograron trasladarse a Tampa, Florida, Estados Unidos, para el año 1885, después de una breve estadía en Cayo Hueso, y ya para el 1888 devienen en pareja. Nereida Pérez, Luz. *La madre negra de Martí.* http://bloguerosrevolucion.ning.com/profiles/blogs/la-madre-negra-de-mart

127 José Nicolás Leonardo Griñán Peralta (1892-1962) Fue una personalidad intelecutal cubana importante del Siglo XX, lo con vasta y diversa obra aportada, en jurisprudencia, pedagogía, fotografía, periodismo e historiografía. legó una nutrida obra historiográfica con libros como *Antonio Maceo. Análisis caracterológico (1936); Martí. Líder político (1943); El carácter de Máximo Gómez (1946); Bartolomé de las Casas como propagandista (1948); Carlos Manuel de Céspedes. Análisis caracterológico (1954); Ensayos y Conferencias* (1964) y *Psicografía de Martí (2002).*

130 Ramón Rivero, patriota y revolucionario, fundó con Carlos Baliño primer gremio obrero Caballeros del Trabajo *y* dos logias, siendo activo en la lucha por la independencia.

131 Carlos Baliño, patriota y revolucionario cubano. Participó activamente en el movimiento obrero. En Tampa contribuyó a fundar Ibor City. Fue cofundador, con Ramón Rivero, del gremio Caballeros del Trabajo, entre otras asociaciones. Conoció a José Martí y en 1892, en Cayo Hueso, suscribe las bases y el acta de constitución del Partido Revolucionario Cubano. Luego de la independencia, en 1906 firma el acta de constitución del Partido Socialista de Cuba, surgido de la refundición del Partido Obrero Socialista y de la Agrupación Socialista Internacional, creada también con su contribución. En unión de José Antonio Mella y de otros militantes fundó el Partido Comunista de Cuba en 1925.

132 Máximo Gómez Báez (1836-1905) Combatió en la Guerra de los Diez Años y fue el General en Jefe de las tropas revolucionarias en la Guerra del 95. Dominicano de nacimiento dedicó la mayor parte de su vida a su "querida y sufrida Cuba". Su brillante estrategia militar y su estilo de mando, célebre por su severidad, le posibilitaron llevar a cabo campañas (la Invasión y posteriores campañas) sin precedentes históricos por la disparidad de sus fuerzas, en hombres y técnica militar· Nunca pretendió protagonismo en la vida política civil de Cuba después de la independencia, a la que en realidad tenía derecho por sus extraordinarios méritos. De los grandes patriotas cubanos, se cita la trilogía de hombres fundamentales de la Guerra de Independencia, Máximo Gómez está junto a José Martí y Antonio Maceo.

133 Enrique Trujillo y Cárdenas (1850-1903). Deportado a España en 1879, logra escapar al año siguiente, y se establece en Nueva York, dedicándose al comercio. En 1885 publica el semanario *El Avisador Cubano*, el cual tuvo unos meses de vida, en 1888 lo reanuda, corriendo la misma suerte. En 1890 comienza *El Porvenir*, que duró hasta la terminación de la guerra. Regresa a La Habana y colabora como redactor de *La Discusión*, hasta su muerte. A pesar de la gran amistad que Martí le profesaba acompañó, en agosto de 1891, a Carmen Zayas Bazán, al Consulado español, donde pidió protección para ella y su hijo, motivo por el cual Martí le retiró el trato. Posteriormente Trujillo desató una fuerte campaña contra el Partido Revolucionario Cubano y contra Martí. http://www.ecured.cu/index.php/Enrique_Trujillo

135 Benjamin Guerra, patriota e Independentista exiliado cubano, Tesorero del Partido Revolucionario Cubano en EEUU.

139 Eduardo Hidalgo-Gato y Badía (La Habana, 1847-1926). Tabaquero, por conspirar contra España, emigra a los EEUU. En Cayo Hueso instaló un pequeño taller manufacturero, que se convirtió en una importante fábrica. Fundador del Partido Revolucionario Cubano, fue un importante colaborador de Martí. Contribuyó de forma decidida a la causa independentista.

145 Eugenio María de Hostos y Bonilla (1839-1903). Intelectual educador, y escritor puertorriqueño. Llamado el *Ciudadano de América* por entregar su vida a la lucha por la emancipación de su patria y de América Latina.

146 Cintio Vitier, nacido en Cayo Hueso, La Florida, EE.UU. en 1921, murió en La Habana en 2009. Destacado poeta, narrador, ensayista y crítico cubano. Vinculado en sus inicios al grupo de Revista *Orígenes*.

173 Manuel Sanguily Garrite, De padre cubano, descendiente de una familia francesa y madre de origen inglés, nace en la Habana en 1848. Al constituirse la Nueva República (1902) con Tomás Estrada Palma al frente, Sanguily ocupa un lugar en el senado y pronto se deja escuchar su voz para oponerse con todas sus fuerzas al *Tratado de Reciprocidad* que Estados Unidos impone a la joven Nación, en su afán de agenciarse a la Isla. Combatió a las órdenes de jefes importantes, entre otros Ignacio Agramonte, Tomás Jordán, Calixto García, Máximo Gómez y su propio hermano Julio, quienes contribuyeron a hacer de él un eficaz combatiente, participando en importantes acciones como Las Guásimas, Mojacasabe, Jimaguayú y Cascorro.

174 Enrique José Varona (1849-1933). Escritor, filósofo, pensador y pedagogo cubano. Combatiente en la Guerra por la independencia y ya en el destierro, a solicitud de José Martí (1895), asume la redacción del periódico *Patria*.

175 Manuel de la Cruz y Fernández. (1861-1896), periodista y escritor cubano. Se caracterizó por su pensamiento independentista. En 1892 publicó su obra: *Episodios de la revolución cubana*, la cual contribuyó a levantar los animos libertarios en Cuba y en el exilio. Redactor de *Patria*.

179 Emilio Núñez, Juan Emilio de la Caridad Núñez y Rodriguez (1855-1922) independentista cubano, dentista y político.Se graduó en 1889 en la Universidad de Pensilvania y fue cirujano dental en Philadelphia. Se unió a él ejército revolucionario cubano y luchó en la Guerra de Diez Años donde alcanzó el rango de Coronel. Exiliado, colaboró estrechamente con Martí y se naturalizó ciudadano estadounidense. Desde los EEUU envió armas, municiones y alimentos a Cuba como comandante en jefe del Departamento de Expediciones hasta 1885. Se convirtió en un General importante en la guerra de Independencia cubana.

180 El **General Antonio de la Caridad Maceo y Grajales.** (1845- 1896), segundo Jefe Militar del Ejército Libertador. Conocido como *El Titán de Bronce*, fue uno de los líderes independentistas más destacados de la segunda mitad del siglo XIX en América Latina. De tendencia democrática, expresó muchas veces su simpatía por la forma de gobierno republicana, pero hizo hincapié en buscar la fórmula para la "libertad, igualdad y fraternidad", aludiendo a los tres principios básicos de la Revolución Francesa y definiendo la búsqueda de la justicia social. Alguien intentó reclutarlo para la causa anexionista y respondió: "Creo, joven, que esa sería la única forma en que mi espada estaría al lado de la de los españoles..." y previendo las ansias de expansión de los Estados Unidos, luego de la independencia, expresó en carta a un patriota amigo: "El que intente apoderarse de Cuba, recogerá el polvo de su suelo anegado en sangre, si no perece en la lucha".

196 José Agustín Caballero y **Rodríguez de la Barrera.** (1762-1835) Se considera la figura más importante de la reforma filosófica en Cuba, pues se dedicó a la crítica de la escolástica y la introducción de la filosofía moderna.

209 José de la Cruz Porfirio Díaz Mori (1830-1915). Militar y político mexicano, fue Presidente de México, en 9 ocasiones. Fue un militar destacado y brilló por su participación en la Segunda Intervención Francesa en México.

210 Justo Rufino Barrios Auyón (1835-1885). Militar y político guatemalteco, presidente de la República (1873-1885). Su gobierno puso en marcha la llamada Reforma Liberal de 1871, decretando entre otras cosas la libertad de prensa y de cultos, la supresión de los diezmos y de las órdenes religiosas, expulsando a los jesuitas e impulsó la educación laica.

211 Antonio Guzmán Blanco (1829-1899), *"El Ilustre Americano"*, Militar, estadista, caudillo, diplomático, abogado y político venezolano, presidente del país en 3 ocasiones, se considera el ejemplo del *Autócrata Ilustrado.*

223 William Mackinley (1843-1901) Vigésimo quinto Presidente de EEUU, último veterano de la Guerra Civil estadounidense electo presidente. Con su mandato comenzó un período de dominio del Partido Republicano, durante el cual se fomentó la actividad mercantil y el país se convirtió en una potencia mundial tras su victoria en la Guerra hispano-cubana-estadounidense que le dio control de Cuba, Puerto Rico, Guam y Filipinas.

225 George Washington (1732-1799) fue el primer Presidente de los Estados Unidos entre 1789 y 1797 y Comandante en Jefe del Ejército Continental revolucionario en la Guerra de la Independencia Norteamericana (1775–1783). Se considera el Padre de la Patria, considerado uno de los Padres Fundadores de los EEUU.

226 John Adams (1735-1826) fue el segundo Presidente de los Estados Unidos. Es considerado como uno de los padres fundadores del país. Llegó a destacarse en las primeras etapas de la Revolución Americana y como delegado de Massachusetts al Congreso Continental, desempeñó un papel importante en persuadir al Congreso para declarar la Independencia, y con Thomas Jefferson redactó en 1776 la Declaración de Independencia de los Estados Unidos. Como representante del Congreso en Europa, fue uno de los negociadores principales del Tratado de París (1783) con Gran Bretaña, y de la obtención de préstamos importantes de banqueros de Ámsterdam para la naciente República. Teórico político e historiador.

227 Sebastián Francisco de Miranda Rodríguez (1750-1816) conocido como **Francisco de Miranda**, fue un político, militar, diplomático, escritor, humanista e ideólogo venezolano, considerado «*El Precursor de la Emancipación Americana*» contra el Imperio español. Conocido como «*El Primer Venezolano Universal*» y «*El Americano más Universal*» , fue partícipe de la Independencia de los Estados Unidos, de la Revolución Francesa y posteriormente de la Independencia de Venezuela, siendo líder del «*Bando Patriota*» y gobernante de la Primera República de Venezuela durante esta última, en calidad de Dictador Plenipotenciario y Jefe Supremo de los Estados de Venezuela.

228 James Madison (1751-1836), cuarto presidente de los EEUU. Abogado, político y uno de los más influyentes de los *Padres Fundadores* por su contribución a la redacción de la Constitución, a tal punto que es apodado *El Padre de la Constitución*. Secretario de Estado durante la presidencia de Thomas Jefferson y supervisó la compra de Luisiana en 1803.

229 James Monroe (1758-1831) quinto Presidente de los EEUU. Antes de llegar a la presidencia se desempeñó como soldado, abogado, delegado continental del congreso, senador, gobernador, secretario de estado y de defensa.

232 Hiram Ulysses Grant, o Ulysses S. Grant (1822-1885) fue el décimo octavo Presidente de EEUU. Logró fama internacional al liderar la Unión en la Guerra Civil Estadounidense. Se opuso a la guerra con México: "Me despertó una enconada oposición a la medida, y hasta la fecha, considero la guerra de Estados Unidos contra México como una de las más injustas que jamás haya librado una nación fuerte contra una más débil".

233 José Morales Lemus (1808- 1870) Abogado y político cubano. Participó en conspiraciones independentistas de Narciso López (1850-1851) y Ramón Pinto (1854-1855). Después de presidir la *Junta de Información a las Cortes* españolas (1866), se adhirió al *Grito de Yara* (1868) y en 1869 marchó a Nueva York, donde se esforzó inútilmente en conseguir el reconocimiento estadounidense de los independentistas cubanos.

236 Víctor Patricio de Landaluze. Más conocido como caricaturista que pintor durante el siglo19, su obra se considera con un acentuado sabor cubano, lo cual lo convirtió en el pintor costumbrista más importante de la época en Cuba.

238 Napoleón I Bonaparte (1769-1821). Militar y gobernante francés, general republicano durante la Revolución y el Directorio, artífice de un golpe de Estado que lo convirtió en Primer Cónsul de la República (1799); cónsul vitalicio (1802) hasta su proclamación como Emperador de los franceses (1804). En poco más de una década, controló casi toda Europa Occidental y Central por conquistas o alianzas. Uno de los mayores genios militares de la Historia. Sus agresivas guerras de conquista fueron las mayores operaciones militares hasta entonces en Europa.

245 Tomás Estrada Palma (1835-1908) Profesor y político. Durante la Guerra de Independencia fue Presidente de la República en Armas (1876-1877). Tras la derrota de España, Estados Unidos otorga cierta independencia a la isla, interviene militarmente y reorganiza políticamente a su nuevo territorio anexado, creando los cimientos para la nueva república.

Una asamblea constituyente es convocada y el 20 de mayo de 1902 se establece la Primera Constitución, siendo electo como primer Presidente de Cuba. Reelecto en 1906, las protestas lo obligan a renunciar y EEUU, el 20 de diciembre de 1906, interviene la isla basándose en la bochornosa *Enmienda Platt.*

246 Juan Gualberto Gómez Ferrer (1854-1933) fue un político (patriota), periodista y líder de los afroamericanos cubanos, destacado en la Independencia de Cuba. Sus artículos y crónicas, evidenciando el peculado y las genuflexas posturas de pro anexionistas, trascendieron con la rectitud de quien, aun desde la ancianidad, mantuvo una postura consecuente con el legado martiano.

247 Salvador Cisneros Betancourt, Marqués de Santa Lucía (1828-1914), político cubano, presidente de la República de Cuba en Armas de 1873-1875. Nació en Puerto Príncipe (Camagüey) en el año 1828 en el seno de una familia noble y acaudalada. Al estallar la Guerra de los Diez Años, otorgó la libertad a sus esclavos y puso sus bienes al servicio de la independencia.

248 Leonard Wood (1860-1927) fue un médico y militar estadounidense que sirvió como jefe del estado mayor del ejército de los Estados Unidos y como gobernador general de Cuba y Filipinas (ambos países invadidos por Estados Unidos). A los inicios de su carrera militar, fue galardonado con la Medalla de Honor.

249 Elihu Root (1845-1937). Político republicano estadounidense. Secretario de Guerra (1899-1903, siendo presidente William McKinley) y Secretario de Estado, siendo presidente Theodore Roosevelt, de 1905 a 1909, llegando a negociar hasta 75 tratados. En 1912 fue galardonado con el premio Nobel de la Paz.

277 Mayor General Francisco (Paquito) Borrero Lavadí (1846-1895), combatió en las dos Guerras de Independencia, compañero de marinería de Martí y sus seguidores, en el desembarco en horas nocturnas por Playitas de Cajobabo, en la provincia oriental cubana de Guantánamo, en aras de preparar la guerra necesaria. Estuvo presente en el combate de Dos Ríos.

Términos y conceptos utilizados

5 Ajiaco es el nombre dado a un tipo de sopas típicas de la Iberoamérica. Usualmente es una sopa o guiso a base de diversos ingredientes como legumbres o tubérculos picados en trozos, y diversas carnes. Puede incluir o no ají.

6 La **Guerra de los Diez Años**, conocida como *Guerra Grande* (1868-1878) fue la primera de independencia cubana contra España. Comenzó con el *Grito de Yara* y terminó con la *Paz del Zanjón*, la capitulación del Ejército Libertador Cubano frente a las tropas españolas. Este acuerdo no garantizaba los dos objetivos fundamentales de dicha guerra: la independencia de Cuba y la abolición de la esclavitud.

8 El **Golfo de Batabanó** es un amplio golfo del Mar Caribe que se encuentra en la costa sur del extremo occidental de la isla de Cuba, limitado por la península de Zapata y por la isla de la Juventud.

9. Ortiz, Fernando. *Del fenómeno social de la «transculturación» y de su importancia en Cuba.* Ortiz se refiere a la teoría del conocido antropólogo británico de origen polaco, Bronislaw Malinowski (1884-1942), considerado fundador de escuela funcionalista de antropología, abordó el trabajo de campo con la concepción de las instituciones humanas deben analizarse en contexto general de su propia cultura. Apoyó y divulgó el concepto de transculturación propuesto por Ortiz en oposición al criterio asimilacionista de aculturación, de la escuela antropológica estadounidense. [N. del E.] En Ortiz, Fernando. (1987) *Contrapunteo cubano del Tabaco y el Azúcar*, Prólogo y Cronología. Julio Le Riverend, Caracas.

10 Siboney o **ciboney** ('habitantes de cuevas' en taíno clásico, lengua arawak de los indígenas del Caribe) era un pueblo que estaba entre los ocupantes aborígenes de las Antillas del Mar Caribe. Cuando los europeos llegaron a América, los siboney ocupaban territorios en Cuba occidental y en la parte occidental de La Española (en lo que actualmente se corresponde con Haití). Los siboneyes de los tiempos de la conquista europea también son llamados **taínos-siboney** e incluso **taínos occidentales**, y tenían características culturales diferentes de los siboneyes más antiguos.

11 Los **taínos** fueron los habitantes precolombinos de las Bahamas, Antillas Mayores y el norte de las Antillas Menores. Se trata de un pueblo que llegó procedente de América del Sur, específicamente de la desembocadura del río Orinoco, pasando de isla en isla, reduciendo o asimilando a los pobladores más antiguos, como los guanajatabeyes y los ciguayos cuyas culturas son anteriores a la llegada de los taínos. La lengua taína pertenece a la familia lingüística macro-arahuacana, que se extiende desde América del Sur a través del Caribe.

12 Yucateca o **yucateco** es el gentilicio aplicado a los originarios, naturales o habitantes de Yucatán; este gentilicio es comparable con otros usados en Mesoamérica como guatemalteco, chiapaneco, zapoteco, mixteco, mazateco, entre otros

13 Criollo, es un americanismo que se empleó desde la época de la colonización de América aplicándolo a los nacidos en el continente americano, del país, pero con un origen africano o europeo. A diferencia de indígena, el *Criollo* (del portugués *crioulo*, y éste de *criar*) era un habitante nacido en América de padres africanos o europeos, o descendientes de estos.

16 La pelea de los cometas en el cielo: En artículo *El hombre antiguo de América y sus artes primitivas* (*La América*, NY, abril de 1884) Martí se refirió a una creencia indígena, la de "los cometas orgullosos, que paseaban por entre el sol dormido y la montaña inmóvil el espíritu de las estrellas". Según Arístides Rojas, amigo venezolano de Martí: "Los *macusies*, en la ... región de Orinoco, llaman al cometa *copeeseima* que quiere decir *nube orgullosa;* y también *wocinopsa,* que equivale a *un sol castigando las luces que lo siguen",* mientras "el sol dormido", entre otros idiomas americanos, según Humboldt, es la luna (*sol de noche, sol que duerme*), y *la montaña inmóvil* para los quechuas era Sirio que consideraban centro del Universo. (Cf. C.V.: *Una fuente venezolana de José Martí,* en *Temas martianos.* Segunda Serie,* La Habana, Centro de Estudios Martianos y Editorial Letras Cubanas, 1982, pp. 138-139) Toda la metáfora de los cometas que en su pelea "van por el aire dormidos [es decir, irresponsables] engullendo mundos", debe relacionarse con el siguiente pasaje de la crónica titulada *Congreso Int. de Washington* (*La Nación,* Buenos Aires, 19-20 diciembre de 1889): "¿A qué ir de aliados, en lo mejor de la juventud, en la batalla que los Estados Unidos se preparan a librar con el resto del mundo? ¿Por qué han pelear sobre las repúblicas de América sus batallas con Europa, y ensayar en pueblos libres su sistema de colonización?" OC, T. 6, p. 57.

20 El presidio **Modelo** fue una cárcel construida en los años 20 del siglo XX, semejando la construcción de una penitenciaría en los EE.UU. Compuesto por 5 edificios de forma circular con una capacidad de 5,000 reos. En los años 1930 y 1940 se convirtió en un verdadero antro de terror para los cubanos que expresaban sus ideas contrarias a la tiranía de la época.

21 La **Isla de la Juventud** (antes Isla de Pinos) es la segunda en extensión del archipiélago cubano, con una extensión territorial de 2,200 km², en la parte sur-occidental de Cuba.

22 Contrapunteo cubano del tabaco y del azúcar (1940), ensayo del antropólogo cubano Fernando Ortiz donde realiza un análisis del cambio cultural en Cuba. Su obra más leída y comentada, donde propone el concepto de *transculturación*, de gran importancia dentro del campo de los estudios culturales latinoamericanos. Esta nueva noción puede entenderse como la responsable de una serie de cambios paradigmáticos en el estudio de la raza, la nación y los enlaces en América Latina.

23 Los **guanajatabeyes** (o **guanahatabeyes**) eran un grupo indígena del Caribe que habitó Cuba hasta la época de la conquista europea. El término se refiere tanto a los guanajatabeyes históricos o modernos del siglo XVI como a los guanajatabeyes antiguos o prehistóricos, cuya cultura específica es reconocible desde al menos el 1000 A. C.

24 **Cacique** era el que designaba a los jefes de las comunidades taínas de las Antillas. A partir de la expansión colonial española en América, el término fue empleado por los conquistadores para designar a las autoridades políticas indígenas, sin atender a la diversidad de los sistemas políticos de América ni a la nomenclatura autóctona. Son derivados de este término las palabras *cacicazgo, caciquismo, cacicato* y *caciquear*.

25 Los teóricos de las ciencias sociales han acuñado un término: "**The push-pull theory**" o "Teoría de la atracción - repulsión" que simplifica la génesis del éxodo campesino hacia los centros urbanos, como desplazamientos motivados por factores de rechazo en el medio rural y, como contrapartida, de atracción en el urbano. Se aplica además a casos de movimientos migratorios desde países en desarrollo hacia los más desarrollados.

26 **Desarrollo endógeno** es un modelo de desarrollo que busca potenciar las capacidades internas de una región o comunidad local; de modo que puedan ser utilizadas para fortalecer la sociedad y su economía de adentro hacia afuera, para que sea sustentable y sostenible en el tiempo. Es importante señalar que en el desarrollo endógeno el aspecto económico es importante, pero no lo es más que el desarrollo integral del colectivo y del individuo: en el ámbito moral, cultural, social, político, y tecnológico. Esto permite convertir los recursos naturales en productos que se puedan consumir, distribuir y exportar al mundo entero.

27 El **destierro** es una sentencia impuesta por un Estado a una persona por incumplir las leyes de un país. Consiste en expulsar a alguien de un lugar o de un territorio. En la antigüedad, era una pena muy común, se utilizaba como la sentencia inmediatamente inferior a la pena de muerte. Lo normal era que el incumplimiento de la pena de destierro se sancionara con la muerte.

38 **Desterrado.** Echar a una persona de un territorio por mandato judicial o decisión gubernamental, Ejemplo: a causa de sus ideas políticas se podía desterrar a una persona.

51 Cuerpo de Voluntarios Españoles, primero de *Nobles Vecinos* (1850-1868). Creado en mayo de 1850 por el entonces gobernador y capitán general de Cuba, Federico Roncalli, con el objetivo de mantener el régimen colonial.

62 La Crisis Financiera o *Pánico de 1857* (EEUU), sucede por el declive de la economía internacional y la expansión desmesurada del mercado nacional. Se considera la crisis iniciada en el otoño de 1857 como la primera crisis económica mundial.

63 La Guerra de Secesión o Guerra Civil estadounidense (*American Civil War*), conflicto significativo en la historia de los Estados Unidos de América (1861-65). Los dos bandos enfrentados fueron las fuerzas de los estados del Norte (la Unión) contra los recién formados Estados Confederados de América, integrados por once estados del Sur que proclamaron su independencia. En el trasfondo, era una lucha entre dos economías diferentes, la industrial-abolicionista (Norte) y la agraria-esclavista (Sur).

75 Guerras Indias se dice en los Estados Unidos de América al referirse al conjunto de conflictos y guerras menores entre dicho país y los distintos pueblos amerindios (o *nativos americanos*). También se suelen incluir las guerras entre los colonos de América del Norte y los nativos americanos que llevaron a la creación de los Estados Unidos. Estas guerras, que se extienden desde los tiempos coloniales hasta la Masacre de *Wounded Knee* y el establecimiento definitivo de la frontera de EEUU en 1890, en general se resolvieron con la conquista de los pueblos amerindios y su asimilación cultural o su localización forzosa en reservas. Según estimados de 1894 de la Oficina del Censo norteamericano, en más de 40 años de guerras entre 1775 y 1890 murieron 45,000 indios defendiendo sus territorios ancestrales y 19,000 blancos invasores. El estimado incluye mujeres y niños en ambos bandos, ya que era habitual la muerte de no combatientes en las masacres fronterizas, un claro ejemplo histórico de limpieza étnica.

76 Doctrina de Monroe (1823). Nombre del programa político que inspirara el expansionismo de los Estados Unidos, tras la incorporación de importantes territorios del otrora imperio español, además de sus relaciones con Gran Bretaña, Rusia, Francia y sus intereses en el continente, sintetizados por el presidente Santiago Monroe en su intervención del 2 de diciembre de 1823 ante el Congreso norteamericano, resumida en la abstención de los EEUU en los asuntos políticos de Europa y a la vez que ésta no interfiera en el hemisferio americano.

77 La ocupación del Norte de México. Entre las décadas de 1820 y 1830, miles de colonos estadounidenses se establecieron en las comunidades anglosajonas de Texas (entonces territorio mexicano). En 1846 Estados Unidos incursiona en el norte de México en una zona texana en disputa, donde las tropas son atacadas y como consecuencia en 1847 Estados Unidos le declara la guerra a México, venciéndole. Por el *Tratado de Guadalupe-Hidalgo* (1848) adquiere además de la zona en disputa, territorios mexicanos de Alta California y Nuevo México, actualmente los estados de Arizona, California, Nevada, Nuevo México, Utah, y partes de Oregón, Colorado y Wyoming.

78 La **Guerra hispano-estadounidense** se desató entre España y los Estados Unidos (1898), siendo presidente del gobierno español Práxedes Mateo Sagasta y de EEUU, William McKinley. Este conflicto es conocido en España como **desastre del 98**, o **Guerra de Cuba** y, en Cuba, **Guerra hispano-cubano-norteamericana**. Incorrectamente se conoce también como **Guerra hispano-americana** por influencia de cómo se conoce en los EEUU, *Spanish-American War*. Principales resultados fueron la independencia de Cuba y la pérdida, por España, de sus restantes colonias en América y Asia (Puerto Rico, Filipinas y Guam), cedidas a Estados Unidos, desde entonces potencia colonial.

79 **El Tratado de París** de 1898, terminó la Guerra hispano-estadounidense, abandonando España su control sobre Cuba y declaró su independencia. Filipinas, Guam y Puerto Rico fueron cedidas a los Estados Unidos por $20 millones. Aunque durante las negociaciones España intento incluir numerosas enmiendas, al final aceptó todas y cada una de las imposiciones estadounidenses, ya que había perdido la guerra y estaba consciente de podría poner en peligro otras posesiones españolas en Europa y África. El tratado se firmó sin la presencia de los representantes de los territorios invadidos por EEUU, con gran descontento entre la población de esas excolonias, especialmente en las Filipinas, lo cual concluyó con la guerra Filipino-Americana.

82 El **panamericanismo** o integración panamericana, pretende la aglutinación de América y la unificación política y cultural del Continente, con arreglo a las normas e instituciones del pueblo norteamericano. El término se diferencia de *americanización*, que es la admiración por la cultura y el estilo de vida estadounidenses.

92 La doctrina del **Destino Manifiesto** (en inglés, *Manifest Destiny*) afirma que los Estados Unidos de América es una nación destinada a expandirse desde las costas del Atlántico hasta el Pacífico. Este concepto se utiliza también para justificar otras adquisiciones territoriales, planteando que la expansión no es sólo buena sino también obvia (manifiesta) y certera (destino). Se puede comparar con la teoría nazista del *Lebensraum (*en alemán *espacio vital*) para justificar la expansión hacia el este de Europa y Asia Central. La frase pasó a convertirse con el tiempo en un *cliché* teniendo una connotación ideológica y posteriormente, doctrinaria. El término *Destino Manifiesto,* aparece por primera vez en el artículo *Anexión* del periodista

John L. O'Sullivan publicado en la revista *Democratic Review* de Nueva York en 1845: "El cumplimiento de nuestro destino manifiesto es extendernos por todo el continente que nos ha sido asignado por la Providencia, para el desarrollo del gran experimento de libertad y autogobierno. Es un derecho como el que tiene un árbol de obtener el aire y la tierra necesarios para el desarrollo pleno de sus capacidades y el crecimiento que tiene como destino..." [sic].

100 Guerra Necesaria o *Guerra del 95*. Acción armada organizada por José Martí para lograr la definitiva independencia de Cuba. Desde la emigración y como conductor del Partido Revolucionario Cubano, había organizado la insurrección en Oriente, al igual que en el resto del país. Para alcanzar sus objetivos independentistas, Martí se apoyó en las figuras más cimeras de la gesta anterior, y logró vertebrar un movimiento que respondió a sus órdenes sin vacilaciones. El estallido independentista ocurrió el 24 de febrero de 1895.

103 San Agustín (o Saint Augustine en inglés) es el asentamiento europeo más antiguo en EE.UU., sólo San Juan (Puerto Rico) la supera como ciudad más antigua de los Estados Unidos. Los españoles ya habían explorado la zona en expediciones que tuvieron lugar entre 1513 Juan Ponce de León y 1563, pero sin llegar a levantar ninguna fortificación estable. Pedro Menéndez de Avilés fundó la ciudad de San Agustín de La Florida, el 28 de agosto de 1565 cuarenta y dos años antes de que los ingleses establecieran la colonia de Jamestown (Virginia), cincuenta y cinco años antes de que desembarcaran los Padres Peregrinos.

110 El Partido Revolucionario Cubano (PRC). Organización política para la independencia de Cuba, creada por José Martí el 10 de abril de 1892. El día 3 de enero de 1892, en el Club San Carlos de Cayo Hueso (Key West), José Martí dio a conocer a José Francisco Lamadrid, José Dolores Poyo Estenoz y al Coronel Fernando Figueredo Socarrás, su idea de fundar el Partido Revolucionario Cubano (PRC), conocido también como el Partido Revolucionario Cubano-Puertorriqueño. En una reunión presidida por José Martí en Nueva York, se discuten y aprueban las Bases y Estatutos del Partido Revolucionario Cubano, el 5 de enero del mismo año.

111 Uno de los eventos más trágicos de la Guerra de los Diez Años, fue el **Fusilamiento de 8 estudiantes de medicina**, bajo el gobierno del General español Blas Villate y de la Hera, Conde de Balmaseda (o Valmaseda). Arrestados en su aula universitaria el 25 de Noviembre de 1871, por el propio Gobernador español de La Habana, acusados falsamente de arañar la tumba de un periodista español. Procesados, dos veces, fueron condenados a muerte, siendo ejecutados el 27 de Noviembre de 1871, 2 días después de su arresto. Día de Duelo Nacional en Cuba.

114 Periódico **Patria**, fundado por José Martí el 14 de marzo de 1892 con el fin de a través de sus páginas impulsar el propósito de alcanzar la total independencia de Cuba y Puerto Rico del dominio español mediante la lucha armada. Apareció, inicialmente, cada sábado, al precio de cinco centavos, constaba de cuatro páginas a cuatro columnas, con un tamaño poco usual en la actualidad (52 x 36 cm.). Se distribuía principalmente por correo. Contribuyeron financieramente los tabaqueros de Tampa y Cayo Hueso, e intelectuales cubanos y puertorriqueños que vivían en Nueva York. Su último número fue el 522, con fecha 31 de diciembre de 1898.

137 El **Instituto San Carlos** es un edificio histórico en Cayo Hueso (Key West), La Florida. Fundado por líderes del exilio cubano como escuela y centro cívico patriótico. Hoy funciona como museo, biblioteca, galería de arte, teatro, y escuela. El *San Carlos se* considerado como la cuna del movimiento pro-independencia de Cuba. José Martí afectuosamente se refería al San Carlos como *La Casa Cuba*.

140 Ybor City es un vecindario histórico en Tampa, La Florida, EEUU, situado al noreste de esa ciudad. Fundado en 1885 por un grupo de tabacaleros dirigido por Vicente Martínez Ybor, fue poblado originalmente por italianos (principalmente de Sicilia), cubanos y españoles (principalmente de Asturias) inmigrantes, obreros en fábricas de tabaco. La comunidad fue extraordinaria en el sur norteamericano por su naturaleza multiétnica y sus organizaciones cívicas.

141 Se conoce como **Paz de Zanjón** o **Pacto de Zanjón** al documento que establece la capitulación del Ejercito Libertador cubano frente a las tropas españolas, poniendo fin a la llamada Guerra de los Diez Años (1868-1878). Este acuerdo no garantizaba ninguno de los dos objetivos fundamentales de dicha guerra: la independencia de Cuba, y la abolición de la esclavitud. Las causas de esta capitulación son varias: el marcado regionalismo imperante en el Ejército Libertador, escaso apoyo de los emigrados, y constantes pugnas entre la Cámara de Representantes, el Ejecutivo, y entre los jefes militares, entre otras.

143 Guerra Chiquita (1879-1880), segundo de los tres conflictos de la Guerra de los cubanos por la Independencia contra el colonialismo español. Continuó a la Guerra de los Diez Años (1868-1878) y precedió a la Guerra de Independencia, que logró la libertad. Comenzó en 1879, y luego de algunos sucesos menores, terminó cuando los rebeldes fueron derrotados en 1880.

147 Política de la **Fruta Madura** formulada en abril de 1823 por el presidente Adams, su línea de política exterior referente a Cuba, históricamente una demostración de las aspiraciones expansionistas de los Estados Unidos.

148 American Way of Life es un concepto **del** siglo XX, según el cual todo el mundo tiene derecho a la "libertad, la vida y la búsqueda de la felicidad".

149 "La bandera mística del juicio final". Entre otros pasajes bíblicos, puede referirse a Isaías (18,3): "Vosotros, todos los moradores del mundo y habitantes de la tierra, cuando se levante bandera en los montes, mirad; y cuando se toque trompeta, escuchad."

150 "Los gigantes que llevan siete leguas en las botas": Alude al personaje de cuentos infantiles, utiliza para simbolizar la desproporción y peligro de los países poderosos (cuyo desarrollo es "siete veces" más rápido) en sus relaciones con los pequeños y débiles. En *Meñique* en *La Edad de Oro* (1889), Martí ilustra para los niños América, mediante el cuento de Laboulaye, la tesis de que "el saber vale más que la fuerza". (OC, LH, 1963-1973, t. 18, págs. 310-324. En su última carta a Manuel A. Mercado (Campamento de Dos Ríos, 18 mayo 1895) consagrará políticamente, a partir del relato bíblico (1 Samuel 17), imagen del pastorcillo David venciendo al gigante Goliat (OC. T. 4, p. 168).

151 "Como la plata en las raíces de los Andes": Otro símil telúrico para expresar una idea semejante, en carta a Federico Henríquez y Carvajal, Montecristi, 25 marzo 1895: "Hagamos por sobre la mar, a sangre y a cariño, lo que por el fondo de la mar hace la cordillera de fuego andino." (OC, T. 4, Pág. 112)

152 "Vayan al Prado, de faroles": Ref. Paseo del Prado, en Madrid. "Ir de faroles", "farolear", *Dic, Lengua española,* significa "fachendear" ("Hacer ostentación vanidosa o jactanciosa") o "papelonear" ("Ostentar vanamente autoridad o valimiento"). El *Dic. de Americanismos,* Francisco J. Santamaría (México, Ed. Pedro Robredo, 1942), se llama "farol" a "sujeto de poca miga que presume de personaje y se da mucha importancia". En *Léxico Mayor de Cuba* (La Habana, Lex, 1958), Esteban Rodríguez Herrera, se llama "farol" a "embuste" o mentira exagerada, con todas las características de un engaño"; "farolear": "tirar o echar faroles o mentiras", "fanfarronear"; y "farolero": "persona amiga tirar o echar faroles."

153 "Vayan a Tortoni, de sorbetes", no parece referirse a "sorbetes" como refrescos congelados en forma cónica, sino a su acepción mexicana: "sombrero de seda, de copa alta", o "de pelo, chistera". Tortoni era un famoso restaurante parisién.

154 "América que ha de salvarse con sus indios": En *Arte aborigen* (*La América,* NY, enero 1884) escribió: "O se hace andar al indio, o su peso impedirá la marcha." (OC. T. 8, P. 329), y *Autores americanos aborígenes* (*La América,* abril 1884): "¿No se ve cómo del mismo golpe que paralizó al indio, se

paralizó a América? Y hasta que no se haga andar al indio, no comenzará a andar bien la América." (OC, T. 8, P. 336-337)

155 "La América del Norte, que ahoga en sangre a sus indios": Cf. *Los indios en los Estados Unidos*, en *La Nación*, Buenos Aires, 4 dic. 1885. (OC, T. 10, Pág. 319-327)

156 "Nuestras repúblicas dolorosas de América": Discurso *Madre América*, dijo ante los delegados de la Primera Conferencia Internacional Americana, el 19 de diciembre de 1889: "Pero por grande que esta tierra sea, y por ungida que esté para los hombres libres la América en que nació Lincoln, para nosotros, en el secreto de nuestro pecho, sin que nadie ose tachárnoslo ni nos lo pueda tener a mal, es más grande, porque es la nuestra y *porque ha sido más infeliz*, la América en que nació Juárez." (OC., T. 6, p. 134)

172 A pié descalzo, de Ramón Roa (1844-1912), quien peleó con la pluma y el machete por la independencia de Cuba. Fue un hombre del 68 y de quién dijera el Generalísimo Máximo Gómez: ""No olvidemos la historia, mi querido Roa, sobre todo los que como tú se ofrendaron al gran sacrificio para que este pueblo la ostente tan gloriosa. Ninguno como tú, que jamás te has manchado con la mentira, puede escribir episodios de aquella hermosa y honorable época. Escribe". En: http://librinsula.bnjm.cu/secciones/246/ expedientes/246_exped_1.html, La Habana, 20 septiembre 2009.

176 Al inicio de la organización del Partido Revolucionario Cubano, el libro del veterano Ramón Roa, *A pie y descalzo*, fue considerado inoportuno por Martí por su posible influencia negativa en los patriotas de la nueva generación. De ahí el discurso de Tampa, el 26 de noviembre de 1891, condenando el libro. Varios amigos de Roa, salieron a su defensa, entre los cuales Enrique Collazo, veterano de la Guerra Grande, y autor de dos cartas dirigidas a Martí y publicadas en un periódico habanero. Martí contestó la primera carta, y la ofensa de Collazo provocó una fuerte reacción favorable a Martí, de los exiliados cubanos de Nueva York, Tampa y Cayo Hueso.

222 El **Tratado de San Lorenzo** de 1795 (también conocido como Tratado de amistad, límites y navegación o tratado Pinckney en los EEUU) fue firmado con España por los Estados Unidos para definir las fronteras con las colonias españolas en Norteamérica y regular los derechos de navegación en el río Misisipi. El acuerdo fue firmado en San Lorenzo de El Escorial el 27 de octubre de 1795 por Manuel de Godoy en nombre de Carlos IV de España y por Thomas Pinckney en representación de Estados Unidos. Luego ratificado por el presidente estadounidense George Washington el 7 de marzo de 1796 en Filadelfia, y por el rey de España en Aranjuez el 25 de abril del mismo año.

230 La **Costa de Mosquitos**, también llamada **Mosquitia**, es un área costera ubicada en su mayor parte en las actuales Honduras y Nicaragua. Antes de la llegada de los europeos, estaba poblada por pueblos indígenas que hablaban lenguas misumalpa como el misquito y el sumo y lenguas chibchas como el rama.

231 La **Guayana Esequiba (Territorio del Esequibo)** es el nombre del territorio del escudo guayanés comprendido al oeste del río Esequibo hasta –referencialmente- el hito en la cima del monte Roraima. Tiene una extensión de 159.500 km² que la República Cooperativa de Guyana administra como propio pero cuya soberanía es reclamada por Venezuela.

235 Liborio, personaje creado por el caricaturista Ricardo de la Torriente, basado en personajes del folclore cubano de finales del siglo XIX, particularmente el carácter del *guajiro* descendiente de isleño (nativo de las Islas Canarias).

240 Se refiere al término de **Indias Occidentales**, las cuales eran así conocidas desde descubrimiento y la conquista de América durante y entre los siglos XV y XIX, integrándolas en la Cristiandad y en la civilización de los conquistadores y sobre todo los colonos europeos (sobrepuesta a las civilizaciones autóctonas), supuso su incorporación a los países occidentales, situación que a diferencia de África y Asia, no solo no cambió con la Independencia, sino que se agudizó, transformándose durante el siglo XIX las antiguas colonias en Estados-nación modernos, algunos de los cuales llegaron a ser grandes potencias rivalizando con las europeas, especialmente los vastos territorios de EEUU, México, Paraguay, Argentina y Brasil.

241 La Toma de La Habana por los ingleses tuvo lugar durante la Guerra de los Siete Años en agosto de 1762. Este hecho dejó al descubierto las debilidades de las defensas españolas en el Mar Caribe. El mismo se produjo al entrar los ingleses en conflicto con la corona española, puesto que esta última se había aliado con Francia, otro tradicional enemigo de Inglaterra. En un principio los ingleses intentaron establecer una especie de colonia llamada *Cumberland* que sirviera de punto de apoyo a una invasión en la isla, por el Sur, hoy la provincia de Guantánamo, pero las condiciones fueron hostiles tanto por el terreno, así como la resistencia de la población, por lo que desistieron.

243 El término **mambises** (**mambí**, en singular) se utiliza para referirse a los guerrilleros independentistas cubanos y filipinos, que en el siglo XIX participaron en las guerras por la independencia de Cuba y las Filipinas.

244 La **Enmienda Platt** fue un apéndice agregado a la Constitución de Cuba en el período de la primera ocupación militar estadounidense en la

isla (1899–1902), propuesta el 28 de febrero de 1901 por el senador esta-dounidense Orville H. Platt y que respondía a los intereses de los Estados Unidos, aprobada bajo chantaje de no desocupar militarmente la isla. Para ganarse a la opinión pública, se realiza una intensa campaña propagandís-tica, en la cual hablaban de la incapacidad de los cubanos para terminar la guerra y critican el método de la Reconcentración, llevado a cabo por Es-paña. Tras esto, el fundador de la Cruz Roja pidió permiso para auxiliar a las víctimas de la Reconcentración, siéndole negada la autorización. Ver Texto completo en Textos Importantes.

276 Diario de Cabo Haitiano a Dos Rios. OC. T. IX. P. 212. publicado por primera vez en el *Diario de Campaña del Mayor General Máximo Gómez*, 1868-1899 (pp. 287-325). en edición homenaje al cumplirse el 104 aniver-sario del natalicio del General Máximo Gómez, 18 de noviembre de 1940, y por separado, en edición extraordinaria, con una introducción y notas biblio-gráficas y pensamientos martianos, en 1941, por cl historiador Gerardo Cas-tellanos G., hijo del comandante Gerardo Castellanos Lleonart, hombre de toda la confianza del Maestro y su primer comisionado a la Isla, después de fundado el Partido Revolucionario Cubano. En esta labor de dar a conocer tan precioso documento intervinieron el ya mencionado Gerardo Castella-nos G., Luis Angel Gorordo, y el doctor Bernardo Gómez Toro, hijo del Ge-neralísimo.

Abreviaturas utilizadas

PEDRO GONZÁLEZ MUNNÉ

OC   -   Obras Completas

NY   -   Nueva York

L.H.   -   La Habana

Ob. Cit. -   Obra citada

pp.   -   páginas

Ibídem -   Se repite cita anterior

Vol.   -   Volumen

T.   -   Tomo

UH   -   Universidad de la Habana

Ed.   -   Edición, Editores

N del E -   Nota del Editor

A. C.   -   Antes de Cristo

Et al.   -   Cuando la cita es un trabajo colectivo de tres o más autores.

PEDRO GONZÁLEZ MUNNÉ

Abril 2014

Editorial Letra Viva ©

251 Valencia Avenue, #253
Coral Gables, FL 33114

www.ingramcontent.com/pod-product-compliance
Lightning Source LLC
Chambersburg PA
CBHW071827270326
41929CB00013B/1923